U0942708

聊城经济发展研究报告

(2018-2019)

RESEARCH REPORT ON LIAOCHENG'S ECONOMIC DEVELOPMENT (2018-2019)

主　编／王志刚　马中东

副主编／杨宏力　梁树广　宁朝山

社会科学文献出版社
SOCIAL SCIENCES ACADEMIC PRESS (CHINA)

编撰指导委员会

顾　　问　郭建民　刘　强

咨询委员会主任　洪玉振　徐传光

咨询委员会副主任　刘延勇　孙玉臣

咨询委员会成员　姚绪智　赵存吉　孙福亮　王泽军　魏华南

编委会主任　胡海泉　王昭风

编委会成员（以姓氏笔画为序）：

王玉珠　巨荣良　任忠民　李合亮　黄富峰

主　　编　王志刚　马中东

副 主 编　杨宏力　梁树广　宁朝山

撰 稿 人（以姓氏笔画为序）：

马中东　公维才　布茂勇　宁朝山　乔美华

刘　冰　刘秀红　杨宏力　李绍东　张延辉

张宪昌　郭　斌　高建刚　黄少安　梁树广

序　言

《聊城经济发展研究报告（2018－2019）》是聊城发展研究院、聊城质量发展研究中心对当前经济形势进行研判以及近两年来课题研究成果的积累和结晶，是聊城发展研究院组织编纂的第四本区域发展蓝皮书。

聊城发展研究院（以下简称“研究院”）成立于2011年1月12日，是聊城市委、市政府决定并依托聊城大学成立的产学研智库，其宗旨是服务于地方经济发展、推动聊城大学学科建设、促进产学研结合新机制的建立，借助聊城大学的智力平台，整合无边界的智力资源，为区域经济社会发展献力献策。研究院的指导精神是：坚持“务实创新、执着追求、解决问题、团结和谐”；工作宗旨是：实现理性思考与实际操作的结合，实现顶天与立地的结合，实现专家、行家和实干家的结合。研究院成立以来，主要围绕服务政府决策咨询、企业管理研究、人力资源培训、政产学研合作四个方面开展了一系列工作。在课题研究过程中，研究院认识到，从全省经济发展的角度，甚至在全国的视野下对聊城市经济发展有个系统的认识，成为聊城经济课题研究的基础工作。为此，研究院依托聊城大学并组织无边界研究人员策划编写了《聊城经济发展研究报告（2018－2019）》。

聊城质量发展研究中心（以下简称“中心”）成立于2016年1月16日，是中国检验检疫学会的学术研究机构，由中国检验检疫学会和聊城市人民政府、山东省质量技术监督局、山东出入境检验检疫局依托聊城大学共同建设，主要提供宏观质量分析、质量政策建议、产业质量发展分析、质量培训等质量发展领域的相关服务，助推企业转型升级和区域经济发展。中心成立后，按照学校要求与聊城发展研究院采取“两块牌子、一个机构，两位一体”的运行模式。

目前，中国资源禀赋状况已经发生很大的变化，劳动力比较优势呈现弱化的趋势，人口红利逐渐缩小。同时，资金、土地等要素边际收益递减的趋势日益明显，推动经济增长的作用弱化。一系列的新变化表明，依靠大量劳动力及资本投入的发展模式已经不可持续，不可避免地会面临要素价格上涨、资源和环境污染等问题。提升经济发展质量需要进一步挖掘技术进步的红利，不断探寻新旧动能转换的实现路径，进而实现经济的高质量发展。党的十九大报告指出，中国经济已由高速增长阶段转向高质量发展阶段，正处在转变发展方式、优化经济结构、转换增长动力的攻关期，建设现代化经济体系是跨越关口的迫切要求和中国发展的战略目标。当前，中国经济作为世界经济的重要组成部分，应积极应对新一轮工业革命背景下知识化、信息化、经济全球化的新挑战和新机遇，实现新旧动能转换，推动经济实现高质量发展。2018 年 1 月 10 日，国务院正式批复《山东新旧动能转换综合试验区建设总体方案》（国函〔2018〕1 号），同意设立山东新旧动能转换综合试验区。2018 年 4 月 8 日，聊城市人民政府印发《聊城市新旧动能转换重大工程实施规划（2018－2022 年）》的通知。为此，我们以聊城发展研究院和聊城质量研究中心研究人员为基础，整合无边界资源，策划编写了以聊城市新旧动能转换为主题的《聊城经济发展研究报告（2018－2019）》经济蓝皮书。

为编写好此本蓝皮书，聊城发展研究院和聊城质量研究中心成立了咨询委员会和编委会，编写工作得到聊城市委、市政府和聊城大学校领导的大力支持，先后多次组织召开编写工作会议，邀请市委、市政府政研室、市发改委、市经信委、市统计局领导和有关县市领导来研究院（中心）座谈，解决编写过程中遇到的学术问题和资料信息等问题。在咨询委员会和编委会的指导下，主编、副主编和撰稿人反复研究，邀请政府人员、行业家、专家确定本书写作的指导原则、基本框架以及突出重点。初稿完成后，又汇集相关领域专家、行家召开会议进行了集中统稿，会后专家们分工审稿，并分别提出具体修改意见，对书稿质量的提高起到关键作用。同时本书也是山东省产业升级与经济协同发展软科学基地与聊城发展研究院项目成果。

全书分为四部分：新旧动能转换宏观篇、新旧动能转换理论篇、新旧动能转换产业与案例篇和专题研究篇。其中，新旧动能转换宏观篇主要分析 2018 年国家、山东省、聊城市的宏观经济发展形势及对 2019 年经济发展形势进行展望。新旧动能转换理论篇主要从一般理论上分析新旧动能转换动力、要素、路径与机制。新旧动能转换产业与案例篇主要分析聊城市农业、工业、服务业新旧动能转换以及聊城市新旧动能转换的重点案例。专题研究篇是对研究院（中心）近两年来研究成果的系统总结，也是在课题研究成果基础上的进一步阐述，体现了研究院（中心）研究工作“以问题为导向，以整合无边界智力资源为路径，以服务于区域经济发展、发挥智库职能为宗旨”的特点。在撰写过程中，我们按照无边界整合智力资源的要求，邀请专业人士为蓝皮书撰稿。宏观经济形势篇，我们邀请到国务院发展研究中心原副主任侯云春指导聊城发展研究院宏观经济课题组撰写此报告；山东省经济形势与展望，我们邀请到山东省宏观经济研究院撰写报告。理论篇，我们邀请了山东大学经济研究院院长黄少安教授对中国经济发展到现阶段到底处于什么阶段，经济增长的动力源泉在哪里，增长的动力结构和源泉是否和为什么改变，哪些是旧动能、哪些是新动能，怎样实现新旧动能转换，作为中国经济大省的山东，与全国比较，新旧动能转换的共性和特殊性是什么等问题进行了具体的分析。同时，我们还邀请了聊城发展研究院博士作为执笔人，将其研究成果作为展示并借此分析聊城市经济发展。

国家层面和省级层面的经济发展蓝皮书的出版发行已经非常成熟，中国社科院以及其他研究机构，每年从不同角度对经济运行以及热点问题进行分析总结，并提出对策建议。地级市层面的蓝皮书还不太常见，地级市的经济范围较小，研究内容较为具体，提出的对策建议针对性较强，因此第三方研究机构面临较大的研究难度。聊城发展研究院和聊城市质量发展研究中心作为服务于区域经济的产学研结合平台，有责任对聊城经济发展进行分析和研究，并尝试探索聊城经济发展的规律和特点，预测经济发展趋势，提出合理化建议。这是研究院编写聊城经济蓝皮书的初衷和目的。当然，在编写过程中会遇到新的问题，存在一些不足，请读者多提宝贵意见，以便今后不断完善提升。

《聊城经济发展研究报告（2018－2019）》编写委员会

2019年3月

目　录

第一篇　新旧动能转换宏观篇

第二篇　新旧动能转换理论篇

第三篇　新旧动能转换产业与案例篇

第一篇　新旧动能转换
宏观篇

第一章　2018年世界经济发展形势分析及2019年展望

2018 年是国际金融危机爆发 10 周年，亚洲金融危机爆发 20 周年，也是全球贸易争端事件、政治冲突、政策调整等矛盾事件多发之年，这些矛盾从规则、结构和技术等方面深刻影响未来经济走势和经济全球化进程。2018 年世界经济在“大摩擦”和“大调整”中总体实现稳定增长，增速与上年基本持平。但与 2017 年各国经济同步强劲回升不同，2018 年全球经济增长出现了较为明显的分化。除美国等少数国家增速持续提升外，大多数经济体经济增速均出现了一定回落，全球经济下行迹象值得警惕。

一　世界经济形势分析

根据国际货币基金组织 2019 年 1 月 21 日发布的最新一期的《世界经济展望》（见表 1－1），2018 年，全球产出增长率为 3.7%，与 2017 年相比下降 0.1 个百分点，世界经济增长有所放缓，主要是由于一些新的政策实施、贸易紧张局势、新的规则体系正在建立和世界经济格局处于大变革时期。虽然世界经济增长率保持稳定，但不同国家的情况存在差异。其中，2018 年，美国经济增长速度为 2.9%，高于欧元区 1.1 个百分点，发展中国家和新兴经济体出现了意料之外的增长减缓，主要是由特定因素造成的。本部分主要从经济增长速度观察世界各国的经济形势。

2018 年，发达经济体维持相对强劲增长，主要发达经济体维持相对稳定状态，经济增长率为 2.3%，略低于 2017 年 0.1 个百分点。

2018 年，美国经济增速为 2.9%，高于 2017 年 0.7 个百分点。这与美国实施货币政策正常化、贸易保护主义、税收改革、美联储加息和规则高标准化的政策组合有关，尤其是美国特朗普政府加紧推行贸易保护政策，坚持“美国优先”，立足于支持国家安全、强化美国经济、达成更好的贸易协议、积极执行国内贸易法、改革多边贸易体制，这些政策正在诱使或迫使全球资本向美国流动，以新规则为基础强化发达经济体“统一战线”，美国失业率创造了近 18 年来最低，通货膨胀保持稳定，资金不断流入美国。

2018 年，日本经济 GDP 增速为 0.9%，低于 2017 年 1 个百分点，日本经济一直比较疲软，运行困难。由于内需低迷，发生自然灾害，日本经济一度陷入萎缩。但是随着日本经济政策的刺激，经济正处于复苏状态。

2018 年，欧元区经济增速为 1.8%，低于 2017 年 0.6 个百分点，经济增速有所放缓。由于德国实行新的燃料排放标准，工业生产下滑，私人消费疲软，以及外部需求不振；法国启动 5 年期大规模投资计划，推进劳动力市场；欧洲“火车头”德国和法国的经济增速放缓，不过继续发挥龙头和引擎作用；希腊经济经历长期衰退后复苏步伐有所加快。2018 年德国、法国经济增速均为 1.5%，分别低于 2017 年的 1 个和 0.8 个百分点；英国、西班牙、意大利等国家与 2017 年相比增速也有所下降。

2018 年，新兴市场和发展中经济体增速 4.6%，略低于 2017 年 0.1 个百分点。亚洲经济为世界经济做出重大贡献，但也面临诸多挑战。随着外部市场需求减弱、投资疲软、新的贸易规则建立、技术进步等因素，新兴市场和发展中经济增速有所分化。印度着手统一商品与服务税改革，并重组银行资产，经济增速较快，2018 年增速为 7.3%，已超过中国经济增速的 6.6%。中国经济和东盟五国经济增长维持稳定局面，与 2017 年相比，分别下降 0.3 个百分点和 0.1 个百分点。独联体经济趋于良好，尤其是普京连任总统后，面对俄罗斯仍较脆弱的经济，正启动新的经济改革计划，将国内民生放在首位，俄罗斯经济走出持续两年的衰退。2018 年俄罗斯经济增速为 1.7%，高于 2017 年 0.2 个百分点。在贸易增长拉动下，拉美私人消费和投资趋强，主要国家正制定中长期经济发展规划，加大基础设施投资，提高高等教育普及率，为经济结构转型做好人才储备。拉美国家政府财政收入提高，墨西哥、巴西经济增长率分别达到2.1%和1.3%。亚洲经济增长率为6.5%，与2017 年持平。受大宗货物价格变动影响，欧洲、拉丁美洲和加勒比、中东、北非、阿富汗和巴勒斯坦、撒哈拉以南非洲经济增速明显放缓。

表 1-1　2019 年 1 月国际货币基金组织《世界经济展望》最新预测

单位：%

经济体	实际值		预测值	
	2017 年	2018 年	2019 年	2020 年
世界产出	**3.8**	**3.7**	**3.5**	**3.6**
发达经济体	**2.4**	**2.3**	**2.0**	**1.7**
美国	2.2	2.9	2.5	1.8
欧元区	**2.4**	**1.8**	**1.6**	**1.7**
德国	2.5	1.5	1.3	1.6
法国	2.3	1.5	1.5	1.6
意大利	1.6	1.9	0.6	0.9
西班牙	3.0	2.5	2.2	1.9
日本	1.9	0.9	1.1	0.5
英国	1.8	1.4	1.5	1.6
加拿大	3.0	2.1	1.9	1.9
其他先进经济体	2.8	2.8	2.5	2.5
新兴市场和发展中经济体	**4.7**	**4.6**	**4.5**	**4.9**
独联体	2.1	2.4	2.2	2.3
俄罗斯	1.5	1.7	1.6	1.7
除俄罗斯外	3.6	3.9	3.7	3.7
亚洲	**6.5**	**6.5**	**6.3**	**6.4**
中国	6.9	6.6	6.2	6.2
印度	6.7	7.3	7.5	7.7

续表

经济体	实际值		预测值	
	2017 年	2018 年	2019 年	2020 年
东盟五国	5.3	5.2	5.1	5.2
欧洲	6.0	3.8	0.7	2.4
拉丁美洲和加勒比	1.3	1.1	2.0	2.5
巴西	1.1	1.3	2.5	2.2
墨西哥	2.1	2.1	2.1	2.2
中东、北非、阿富汗和巴勒斯坦	2.2	2.4	2.4	3.0
沙特阿拉伯	-0.9	2.3	1.8	2.1
撒哈拉以南非洲	2.9	2.9	3.5	3.6
尼日利亚	0.8	1.9	2.0	2.2
南非	1.3	0.8	1.4	1.7
备忘项				
低收入发展中国家	4.7	4.6	5.1	5.4
按市场汇率计算的世界增长	3.2	3.1	3.0	2.9
世界贸易总量（货物和服务）	5.3	4.0	4.0	4.0
发达经济体	4.3	3.2	3.5	3.3
新兴市场和发展中经济体	7.1	5.4	4.8	5.2
大宗商品价格（美元）				
石油	23.3	29.9	-14.1	-0.4
非燃料（根据世界商品出口权重计算的平均值）	6.4	1.9	-2.7	1.2

注：1. 其他先进经济体不包括七国集团（加拿大、法国、德国、意大利、日本、美国）和欧元区国家。2. 东盟五国指印度尼西亚、马来西亚、菲律宾、泰国和越南。

资料来源：国际货币基金组织 2019 年 1 月《世界经济展望》。

二 世界经济形势总体特点

2018 年是世界经济格局大发展大变革大调整的一个重要转折点，世界经济延续温和增长，但动能有所放缓。主要经济体增长态势、通胀水平和货币政策分化明显，美国经济表现超出市场预期。美联储持续加息，新兴经济体资本流出加剧，金融市场持续震荡。保护主义和单边主义抬头，美国、墨西哥和加拿大达成新的高标准贸易协定，WTO 改革箭在弦上，国际经济规则酝酿深刻调整。总体看，美国的系列政策举措成为 2018 年影响世界经济增长、扰动国际金融市场和改变国际经贸规则的主要源头。

（一）世界经济实现温和增长，但动能有所放缓

2017 年，世界经济触底反弹，进入相对强势复苏轨道，周期性因素和内生增长动力增强，金融环境改善，市场需求复苏，支撑了主要经济体经济加快增长，但 2018 年经济增速有所放缓。从图 1－1 可以看出，自 2009 年以来，2016 年是经济增速最低的一年，2017 年开始复苏，经济增速达到 3.8%，增速创 3 年来新高。2019 年新的一期国际货币基金组织（IMF）预计 2018 年世界经济增长为 3.7%，比 2017 年的 3.8% 低 0.1 个百分点。从图 1－1 也可以看出，2018 年世界经济延续温和增长，但动能有所放缓，各大经济体增速分化明显。一是发达经济体与新兴市场和发展中经济体（EMDE）二者都出现复苏，二者的增速差距正在不断缩小。二是发达经济体维持相对强劲增长，发达经济体增长为 2.3%，较 2017 年降低 0.1 个百分点，美国经济表现突出，复苏强劲（见图 1－2）。受贸易保护主义影响，日本、加拿大经济有所下滑。欧元区经济有所下滑，欧元区德国、法国、意大利、西班牙的 GDP 增速 2017

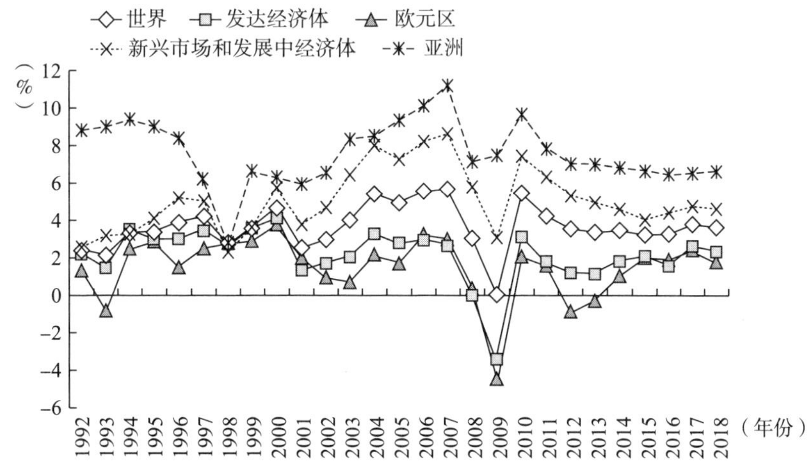

图 1－1　1992～2018 年各主要经济体 GDP 实际增长速度对比

资料来源：Wind 数据库、IMF 数据库。

年有所下滑。三是新兴市场和发展中经济体实现不同程度复苏（见图1－3），增速为4.6%，低于2017年0.1个百分点。印度经济增长比较强劲，增速达到7.3%，超过中国经济增长速度。中国经济增长速度为6.6%，创1991年以来新低。2018年国际油价继续震荡上行，4月铁矿石价格稳中有升，俄罗斯、巴西等能源资源出口国经济保持复苏态势。

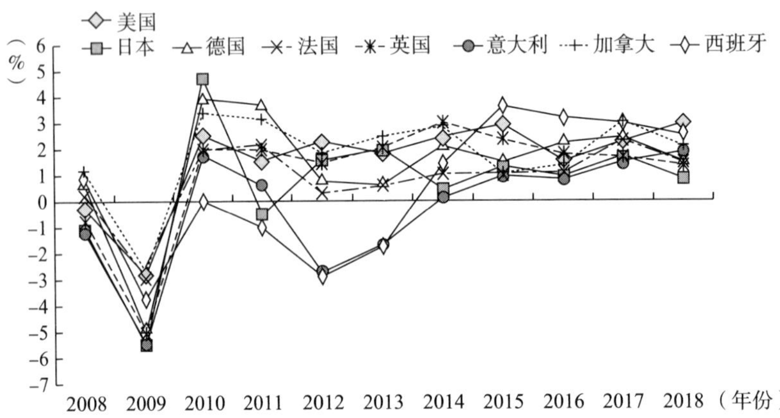

图1－2　主要发达经济体经济增长速度

资料来源：Wind数据库。

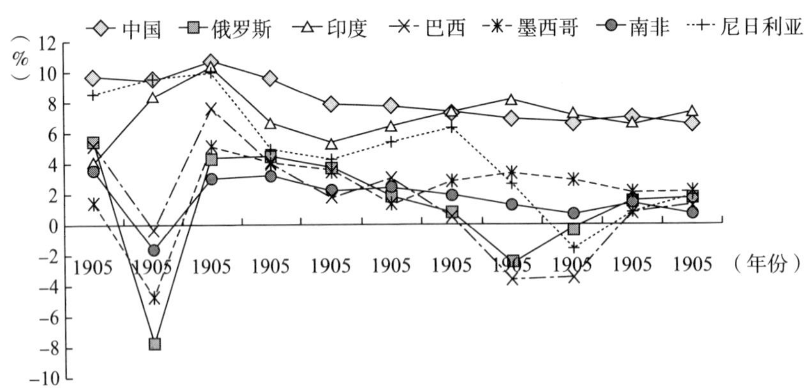

图1－3　主要新兴经济体经济增长速度

资料来源：IMF数据库。

另外，世界经济体在实现温和增长同时，动能有所减弱，主要是发达经济体增长率已达到潜在经济增长率，新一轮科技革命还未实现完全突破，经济增长速度有可能难以为继。受贸易保护主义影响，国际贸易和跨境投资作为世界经济增长的重要动能，2018 年表现不佳。国际货币基金组织预计，2018 年全球货物贸易量增长 4.0%，远低于上年 5.3% 的增速。联合国贸发会议报告显示，主要受美国税改推动其跨国公司利润回流影响，2018 年全球直接投资同比下降 19%。

（二）全球外国直接投资持续下滑，各个经济体出现分化

当前，全球贸易 80% 是由跨国公司的全球价值链实现，而全球产业链扩张是靠外国直接投资来实现。因此，外国直接投资已成为全球的一个重要指标。联合国贸易和发展组织发布最新的《全球投资趋势监测报告》显示，2016 年、2017 年、2018 年全球外商直接投资（FDI）持续下滑，从 2016 年的 1.52 万亿美元下降至 2018 年的 1.2 万亿美元，降至国际金融危机后的新低。2018 年全球外国直接投资下滑主要集中在发达国家，美国在实施税收改革和美联储持续加息后，其跨国公司将累积海外收益大量汇回美国，导致曾经为美国跨国公司提供财务中心职能的欧洲国家全球外商直接投资出现前所未有的减少。而亚洲发展中经济体表现良好，流入亚洲发展中经济体的全球直接投资约 5020 亿美元，增长 5%（见图 1－4）。东亚和东南亚是流入外资最多的地区，占 2018 年全球外国直接投资的 1/3，尤其中国仍是全球第二大外资流入国以及外资流入最多的发展中经济体，并且稳定创造历史新高。

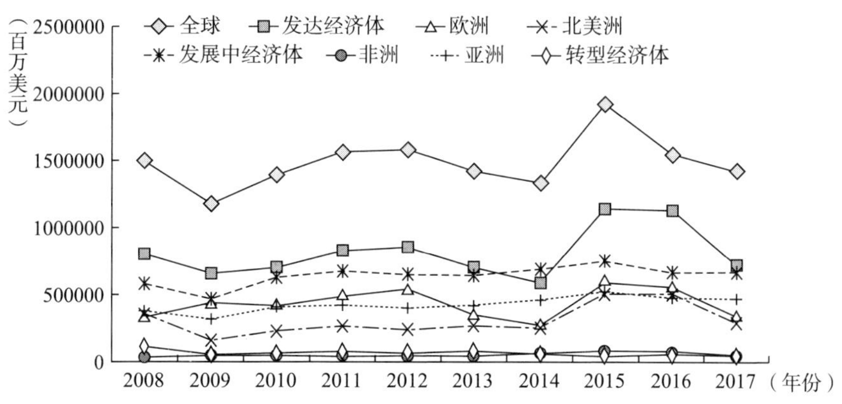

图 1－4　主要经济体外商直接投资

（三）全球通货膨胀呈现分化，失业率保持稳定

就业和物价数据显示，经济复苏后续支撑力度不足。控制失业率和通胀是全球多数央行多年来的重要目标，特别是就业问题一直是2008年国际金融危机以来政策制定者最为关注的问题之一。世界经济、发达经济体和欧元区CPI年均增长率呈上升趋势，而新兴市场和发展中经济体和亚洲（EDA）CPI年均增长率保持稳定。受能源价格上涨影响，美欧通胀压力上升，其中美国尤其明显。2018年以来，美国CPI同比涨幅一直在2%以上，超过2%的目标通胀率，通胀压力明显增加，这为美联储加快货币政策正常化提供了依据。欧元区调和消费者价格指数同比涨幅攀升至2%以上。日本通胀率一直在2%以下徘徊。中国、俄罗斯、印度、巴西等主要新兴市场通胀率基本稳定可控，彻底摆脱高通胀压力。近期原油、金属和农业大宗商品价格下降，在发达经济体，消费者价格近几个月普遍仍然受到抑制。但在美国，经济增长继续超过趋势水平，通胀已小幅上升。在新兴市场经济体，随着石油价格下跌，通胀压力在缓解。值得关注的是，世界经济复苏尚未达到促使企业加薪吸引用工的程度，这导致消费无力、物价疲软。与此同时，共享经济、电子商务等新模式普及应用降低了商品和服务价格，加上能源价格低迷，都令物价水平难以回升至预期目标。

随着经济复苏加快，许多国家总体失业率已经回到衰退之前的水平，但

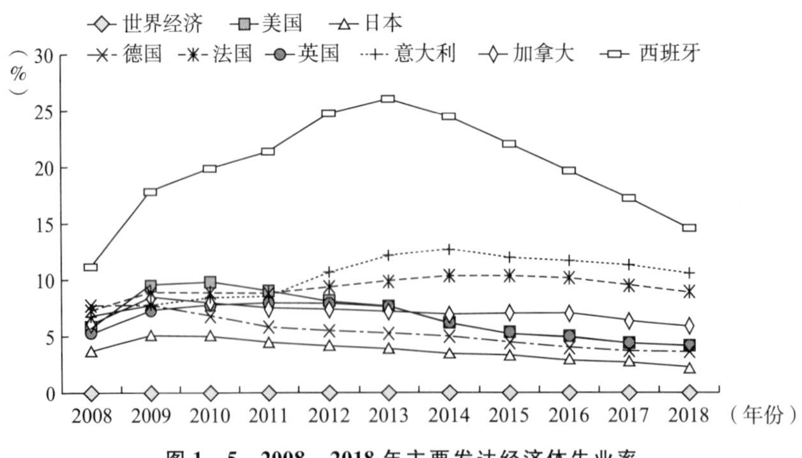

图1－5　2008～2018年主要发达经济体失业率

劳动力市场疲软的根本格局并未改变。国际劳工组织预计，2018 年，全球失业率维持在 5.5%，与 2017 年 5.6% 的失业率相比有略微改善，主因是普遍的经济增长。其中美国处于充分就业状态，失业率将至 4.04%。欧元区劳动力市场处于持续改善（见图 1－5）。

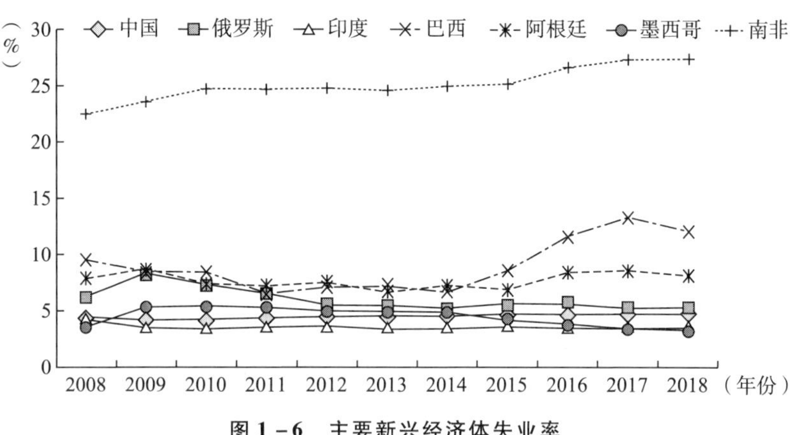

图 1－6　主要新兴经济体失业率

（四）经济改革和政策调整出现分化，金融市场风险压力加大

一是 2018 年各国竞推经济改革，加大结构性调整力度，重塑比较优势。美国能源政策改革、放松金融监管以及 2017 年年底通过税改立法将对美及世界经济产生影响。法国启动 5 年期大规模投资计划，推进劳动力市场。印度着手统一商品与服务税改革，并重组银行资产。普京连任总统后，面对俄罗斯仍较脆弱的经济，正启动新的经济改革计划，将国内民生放在首位；优化产业结构，提高制造业竞争力；改善投资环境，释放经济自由度等。此外，沙特阿拉伯、泰国、印尼、蒙古等国也在继续推行经济与财政改革。二是各国在实施经济改革同时，收紧货币政策。随着世界经济复苏步伐加快，主要发达经济体央行开始逐步退出刺激经济的量化宽松货币政策，这将对金融市场、通胀走势和经济增长前景造成重大影响。据国际金融协会估计，到 2017 年底，各大央行对国债及抵押债的新增购买额缩减至相当于全球 GDP 总额 2.4% 的水平；到 2018 年底降至 0.8%；到 2019 年中，发达经济体央行将实现资产净收缩。与此同时，发达经济体央行加息步伐也在加快。自 2015 年以来，美联储已经 6 次提高利率，已达到 2.25% ~2.5%，加拿大、澳大利亚也

都先后实施加息，进一步显现全球货币政策的紧缩趋势。欧洲央行也在逐步退出、结束其量化宽松措施。发达国家货币政策逐步趋同，与发展中国家政策分化扩大，全球流动性收紧加快，利率面临上行压力。特别是，美国收紧货币政策可能导致的美元升值和新兴市场资本外流，将给高杠杆、资产负债表错配、汇率与美元挂钩的经济体带来压力。目前，发展中国家本币贬值、资本流出、金融波动性上升等风险不容忽视。三是金融危机以来，主要经济体一般政府总债务不断攀升。发达经济体一般政府债务占 GDP 比重居高不下。2017 年，美国、日本总债务占 GDP 比重达到 105%、238%；欧元区债务比重有所下降，为 87%；新兴经济体政府总债务占 GDP 比重较低，为 49%，但是，印度、巴西债务比重较高（见表 1－2）。若主要国家央行加速收紧利率，低收入、高外债比重的新兴市场国家将承受利率升高和货币贬值的直接冲击。过高债务随时可能引发系统性风险，更严重压缩财政、货币政策弹性。世界经济整体增长态势向好，但面临的不稳定、不确定风险的根源并没有完全消除，风险随时会卷土重来。

表 1－2　全球主要经济体一般政府总债务占 GDP 比重

单位：%

年份	2008	2009	2010	2011	2012	2013	2014	2015	2016	2017
世界				79	81	79	80	80		
发达经济体	79	92	98	102	106	104	104	103	106	103
美国	73	86	95	99	103	105	105	105	107	105
日本	192	210	216	232	229	232	236	231	236	238
欧元区	70	80	84	86	90	92	92	91	89	87
德国	67	75	80	78	80	78	75	71	68	64
法国	67	78	81	85	91	93	95	96	97	97
英国	52	67	76	82	84	85	87	88	88	88
意大利	106	116	115	116	123	129	132	132	132	132
西班牙	52	67	76	82	84	85	87	88	88	88
加拿大	71	83	85	82	85	86	85	91	91	90
新兴经济体	36	40	39	38	37	38	40	44	47	49
中国	32	36	37	35	34	37	40	41	44	47
印度	75	73	67	69	69	69	68	70	70	71

续表

年份	2008	2009	2010	2011	2012	2013	2014	2015	2016	2017
俄罗斯	8	11	11	11	12	13	16	16	16	16
巴西	63	67	63	61	62	60	62	73	78	84
墨西哥	43	44	42	43	43	46	49	53	57	54
南非	27	32	34	38	41	44	47	49	52	53

资料来源：Wind 资讯。

（五）贸易和投资保护主义快速升温，国际经贸规则有待重新建立

保护主义仍将威胁全球经济复苏进程。世界经济呈现复苏态势，但贸易和投资保护主义并未彻底消退，一旦出现新的恶化，可能导致世界经济复苏进程停滞甚至再度出现危机。2018 年，世界经济持续复苏是支撑贸易复苏的重要条件，但是 2018 年全球贸易增长没有延续 2017 年速度，IMF 预计世界贸易总量增长率为 4%，低于 2017 年 1.3 个百分点。世界贸易组织（WTO）最新预测，2018 年贸易增长 4.4%，较上年有所下调。这与一些国家除继续使用传统的“本国优先”、提高壁垒、滥用国际规则等保护手段外，开始转向对其他国家边境后措施的监督，以及重新制定更加符合自身利益的经贸规则有关。2017 年以来，美国特朗普政府相继退出跨太平洋伙伴关系协定（TPP）、气候变化《巴黎协定》和联合国教科文组织，降低对世行等国际多边经济机构的资金支持力度，威胁不会遵从世贸组织争端解决机制裁决，突出“美国优先”、偏重双边主义立场，希望借双边谈判寻求“公平”协定条件。同时，与加拿大和墨西哥重谈北美自由贸易协定（NAFTA）、与韩国修改贸易协定等，都给全球贸易环境带来新的不确定性。诺贝尔经济学奖得主斯蒂格利茨直言不讳地指责特朗普屡屡破坏战后来之不易的全球经济治理架构。此外，投资保护主义沉渣泛起，多国出台限制外来投资的法律、收紧并购政策、加强有针对性的审查制度，这有悖于全球化发展趋势，将阻碍世界经济复苏进程。

就在世界经济复苏亟须巩固之际，作为头号经济体的美国频频挑起事端，并将矛头指向了中国，致中美贸易摩擦成为 2018 年以来影响世界经济增长的最大不确定因素。目前，中美贸易摩擦“神经紧绷”，短期内并无双方都满意

的解决方案。从当前形势来看，中美两国贸易摩擦将长期存在，这与两国经济制度、发展方式和发展道路有密切关系。世界经济论坛年初发布的《全球风险报告》指出，重商主义和保护主义压力在很多国家出现，将触发更广泛的全球风险。报告预测2018年“贸易战接连爆发，多边机制无力应对。对全球化认同下降，保护主义情绪加深，贸易争端触发报复行为，破坏全球供应链，打击全球经济，导致新的不平等和沮丧情绪，助力更积极的重商主义，引发更深的地缘政治紧张和贸易炮舰外交风险”。

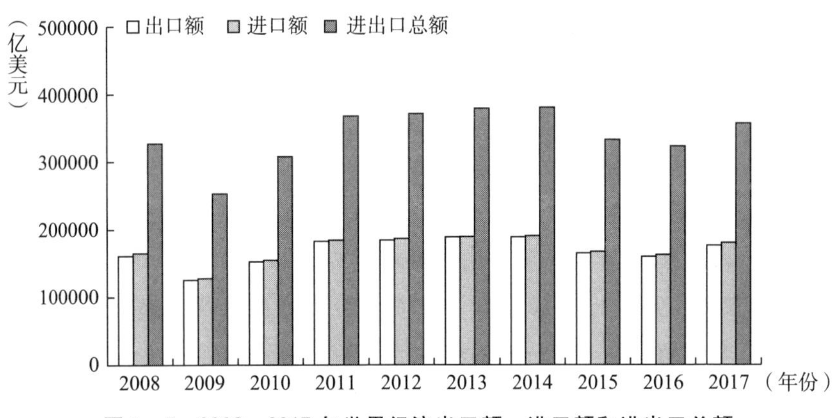

图1－7　2008～2017年世界经济出口额、进口额和进出口总额

三　国内经济形势主要特点

2018年以来，国内外经济形势发生了诸多变化，这些变化给中国经济发展、预期和风险带来不确定性和不稳定性。国内经济在以习近平新时代中国特色社会主义思想为指导，坚持稳中求进工作总基调，统筹推进“五位一体”总体布局，协调推进“四个全面”战略布局，贯彻巩固、增强、提升、畅通的方针，坚持以供给侧结构性改革为主线，打好三大攻坚战，统筹推进稳增长、促改革、调结构、惠民生、防风险、保稳定工作，保持了经济持续健康发展。国内经济形势主要从短期和长期角度分析，短期主要分析就业、物价、经济增长、消费、贸易与投资，长期主要分析人口、技术进步、资源变化等。下面把短期分析与长期分析结合起来谈谈当前国内经济形势的特点和变化，并对2019年中国经济甚至更长一段时间的经济形势进行展望。

（一）国民经济运行平稳、稳中有进，保持在合理区间

2018 年，在以习近平同志为核心的党中央坚强领导下，坚持稳中求进、坚持推动高质量发展，坚持以供给侧结构性改革为主线，实现了国内经济风险总体可控、人民生活持续改善。2018 年，国内生产总值 900309 亿元，按可比价格计算，比上年增长 6.6%。一、二、三次产业增加值比为 7:41:52，分别增长 3.5%、5.8%、7.6%。从图 1-8 可以看出，虽然近几年中国经济增长速度呈下行趋势，经济增长保持 6% 以上的增长速度，从全球经济增速来看，依然名列世界前茅，对全球经济增长的贡献率超过 30%。1~11 月工业企业利润同比增长 11.8%，单位国内生产总值能耗下降 3.5%，经济发展的质量和效益明显提高。

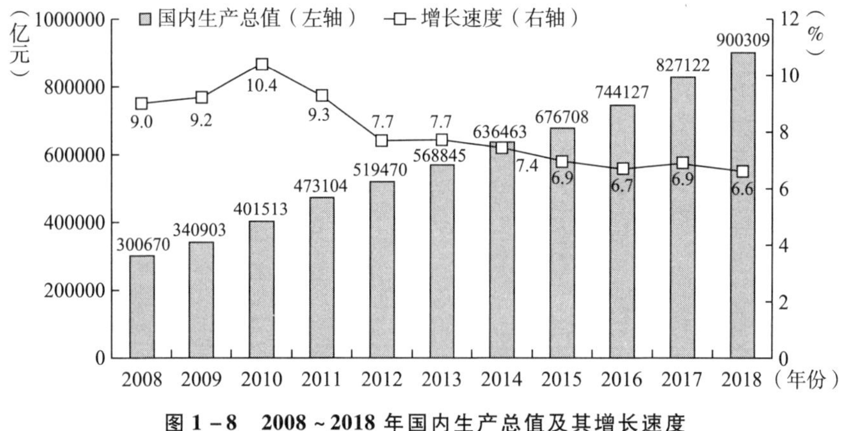

图 1-8　2008~2018 年国内生产总值及其增长速度

（二）供给侧结构性改革深入推进，三大攻坚战开局良好

当前，供给侧结构性改革仍然是中国当前经济运行的主要矛盾和主线。2018 年中央经济工作会议提出继续贯彻巩固、增强、提升、畅通的方针进行供给侧结构性改革，推动经济高质量发展。2015 年，党中央决定实施供给侧结构性改革，经过几年的努力，取得了重要阶段性成效。钢铁、煤炭“十三五”去产能目标基本完成，一大批“散乱污”企业出清，工业产能利用率稳中有升，传统产业加快改造，科技创新成果不断涌现，新动能加快成长，特别是去产能使重点行业供求关系发生明显变化。实施供给侧结构性改革，进

一步激发了市场活力、增强了内生动力、释放了内需潜力，推动经济保持中高速增长，产业迈向中高端水平，改善供给结构，提高经济发展质量和效益。

党的十九大报告首次指出，要坚决打好防范化解重大风险、精准脱贫、污染防治的三大攻坚战。防范化解重大风险被列为三大攻坚战之首，是全面建成小康社会必须跨越的重要关口。为打好此攻坚战，成立了国务院金融稳定发展委员会，出台了一系列针对金融风险和地方政府隐性债务风险的监管政策，2018 年，M2/GDP 为 202.9%，比上年下降 3 个百分点。2018 年末，全国银行业境内总资产达 261.4 万亿元，不良贷款率为 1.89%，在可控范围之内；全国地方政府债务余额为 183862 亿元，控制在全国人大批准的限额之内。规范金融秩序力度加大，金融乱象治理效果明显。总体看，中国经济金融风险可控。2018 年，是打好精准脱贫攻坚战的关键一年。中央统筹、省负总责、市县抓落实，开展建档立卡，精准识别贫困人口，选派驻村工作队，加强一线工作力量，加大投入，强化政策举措，在全社会共同努力下，中国在解决区域性整体贫困上迈出坚实步伐。2018 年，预计全国农村贫困人口减少超过 1000 万人，280 个左右贫困县脱贫摘帽，280 万人易地扶贫搬迁建设任务顺利完成。国务院扶贫办预计，2018 年底中国现行标准下农村贫困人口将减少 85% 以上，贫困村将退出 80% 左右，贫困县脱贫摘帽 50% 以上。为换回碧水、蓝天、净土，2018 年以来污染防治攻坚战不断发力，2018 年，万元国内生产总值能耗比上年下降 3.1%，清洁能源消费量占能源消费总量的比重比上年提高约 1.3 个百分点。全国 338 个地级及以上城市空气质量平均优良天数比例为 79.3%，比上年提高 1.3 个百分点；PM2.5 浓度为 39 微克/立方米，下降 9.3%。

（三）就业形势总体稳定，物价温和上涨

坚持实施积极的就业政策，出台一系列政策措施，确保了 2018 年就业大局的总体稳定。2018 年末，全国就业人员 77586 万人，相比 2017 年末的 77640 万人有所下降，但这是 1961 年以来的首次下降。中国 16～59 岁劳动年龄人口继续减少，自 2012 年起，中国劳动年龄人口的数量和比重连续 7 年出现双降，7 年间减少了 2600 余万人，受劳动年龄人口持续减少的影响，劳动力供给总量下降，2018 年末全国就业人员总量也首次出现下降，但劳动年龄人口总量仍近 9 亿人，就业人口总量仍达 7.8 亿人。全年城镇新增就业 1361

万人。年末城镇登记失业率为3.8%，略低于2017年末的0.1%，是近10年来最低（见图1-9）。

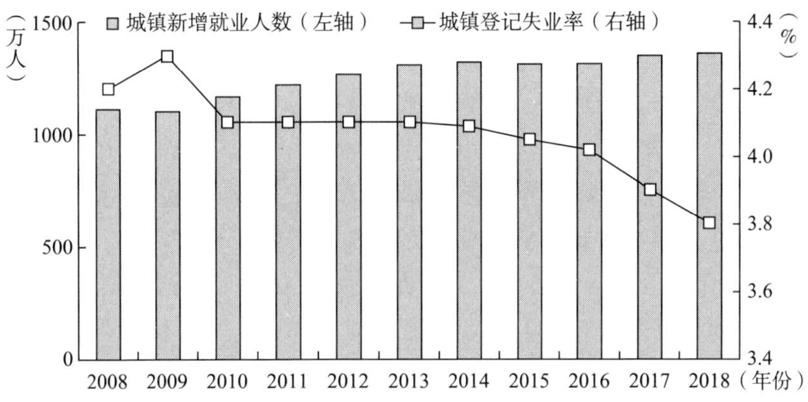

图1-9　2008~2018年城镇新增就业人数和城镇登记失业率

实施稳健中性的货币政策，切实保障重要商品供给，搞活流通，降低物流成本，2018年CPI涨幅是2.1%，PPI是3.5%，都属于温和上涨，市场供求形势总体稳定。2018年，居民消费价格比上年上涨2.1%，与民生相关的消费品和服务市场供应充足，价格涨幅较低，居民得到更多实惠。食品烟酒、衣着和生活用品及服务价格分别比上年上涨1.9%、1.2%和1.6%，均低于全部居民消费价格涨幅。工业品价格涨幅回落。2018年，工业生产者出厂价格

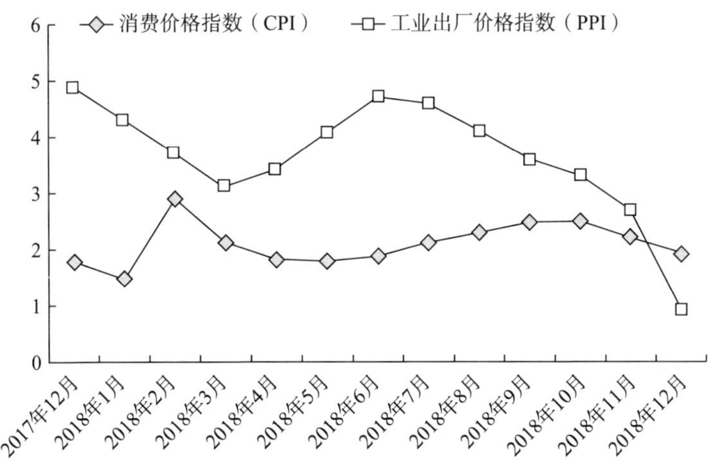

图1-10　2018年12个月CPI和PPI

比上年上涨3.5%，涨幅比上年回落2.8个百分点（见图1–10）。

（四）积极应对中美贸易战，对外开放水平进一步提高

积极拓展外贸多元化，加快推进通关便利化，大幅降低进口关税，进出口实现了稳中向好。2018年，中国货物进出口总额46230亿美元，即305050亿元人民币，首次突破30万亿元，比上年增长9.7%。其中，出口增长7.1%，进口增长12.9%；货物贸易顺差23303亿元，比上年收窄18.3%。2018年，全国新设立外商投资企业60533家，同比增长69.8%；实际使用外资8856.1亿元，同比增长0.9%（折合1349.7亿美元，同比增长3%）。全国新设立外商投资企业60533家，同比增长69.8%，实际使用外商直接投资金额8856亿元（折合1350亿美元，同比增长3%），实际使用外资创历史新高，继续位居发展中国家首位。非金融类对外直接投资1205亿美元，与上年基本持平。2018年12月末，中国外汇储备余额为30727亿美元，持续保持在3万亿美元以上，相比2017年末减少672.37亿美元，2018年全年降幅约为2.1%；人民币兑美元汇率为6.86元/美元，比10月末升值1.48%（见图1–11）。

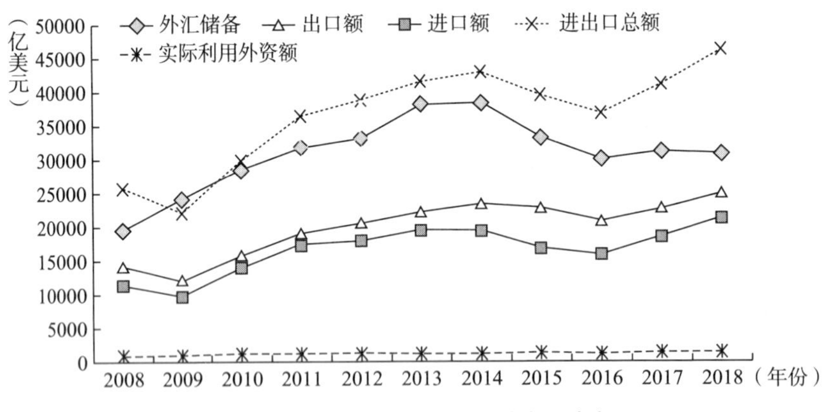

图1–11　2008～2018年中国对外开放水平

（五）新业态新模式不断呈现，发展质量效益逐渐提高

数字化、信息化、新业态、新模式发展比较快，产业结构里面，高端装备、制造、机器人等占比不断提高，服务业比重逐年增加。坚持“放水养鱼”，深入推进减税降费，全年减税降费规模约1.3万亿元，政府收入、企业

利润和居民收入保持较快增长。2018 年，全国一般公共预算收入 183352 亿元，首次突破 18 万亿元，比上年增长 6.2%。2018 年 1～11 月，全国规模以上工业企业利润总额同比增长 11.8%，主营业务收入利润率比上年同期提高 0.16 个百分点。居民收入与经济增长基本同步。2018 年，全国居民人均可支配收入实际增长 6.5%，快于人均 GDP 增速。农村居民收入增长快于城镇居民，城乡居民收入比值比上年下降 0.02%。

四　国内经济形势面临的问题

总的来看，2018 年国民经济继续运行在合理区间，实现了总体平稳、稳中有进。2018 年，中国经济一方面进入“深水区”的经济转型面临内生性风险，包括房价失速下跌、地方财力紧张、社保资金缺口隐忧、企业去杠杆和重组困难、货币政策收紧过快致增长脱轨等多年叠加起来的问题。另一方面，目前的外生性风险较为突出，发达国家越来越可能采取更具限制性、攻击性的经贸政策，中美贸易摩擦，经济运行稳中有变、变中有忧，外部环境复杂严峻，经济面临下行压力，企业发展预期不明确。

（一）经济下行压力加大，稳中有变、变中有忧

总的来看，2018 年国民经济继续运行在合理区间，实现了总体平稳、稳中有进。同时也要看到，经济运行稳中有变、变中有忧，外部环境复杂严峻，在这个过程中，原来的政策是三大攻坚战，去产能，防风险，因为融资平台要去杠杆，财政政策紧了，货币政策紧了，监管政策也紧了，环境污染的政策也紧了，再加上外贸，这些政策加在一块，使经济下行压力在加大。经济面临下行压力，企业发展预期不明确。这些问题是前进中的问题，既有短期的也有长期的，既有周期性的也有结构性的。

（二）实体经济仍较困难，预期不稳、信心不强

实体经济是国民经济的基石，关系到国家的长治久安。当前，中国实体经济面临外部经济环境不稳定因素增多、资金过度进入虚拟经济等挑战，在发展中遇到不少困难；在中低端徘徊、内生发展动力不足等因素，亦导致一些企业抗风险能力弱、盈利能力下降。再加上当前政府在保护实体经济产权

以及环境污染治理政策、财政政策、货币政策和产业政策经常调整，甚至有时有些政策之间矛盾，造成了市场混乱，市场预期不明朗和企业发展信心不足，给未来发展带来更多不确定性。

（三）中美贸易摩擦给中国经济发展带来不确定性加大

国际金融危机以来，世界经济呈现“总量需求增长缓慢、经济结构深度调整”的特征，使中国的外部需求出现常态性萎缩。在经济全球化背景下，中国经济发展越来越受到世界经济影响，当前世界各国贸易保护主义逐渐抬头，尤其是中美贸易摩擦不断升级，给中国经济发展带来更多不确定性。中美贸易摩擦本质上是发展模式之争，具体矛盾在于美国贸易逆差、知识产权保护、外资准入和企业补贴等问题，从2018年7月6日对340亿元的中国商品征收25%关税开始，后来又对2000亿元征收10%关税，总体对中国GDP影响不大，但是更深远影响了产业链、价值链、人才交流和技术进步，影响了中国经济长远发展和带来更多不确定性。目前，中美贸易摩擦“神经紧绷”，短期内并无双方都满意的解决方案。2019年，中美双方都在努力达成一致的协议，但是，这种摩擦在未来不可避免，中国出口和对外投资也将长期受此影响。

（四）财政金融风险进一步凸显，防范和化解金融风险面临严峻挑战

中国房地产行业总量大、产业链条长、涉及范围广，是拉动经济增长的重要动力。过去5年，房地产投资年均增长22%左右，对经济增长贡献约为4%。2014年房地产市场进入量价齐跌的调整期，未来房地产销售和投资对中国经济的拉动作用将继续减小。经过几年的大量举债，地方政府进入偿债高峰。与此同时，在房地产和制造业投资放缓的情况下，要稳定经济增长就只有增加政府基础设施建设投资，这要求地方政府的融资平台公司继续向银行、信托等金融机构融资，一方面增加了地方政府债务负担和财政风险，另一方面由于相当部分新增资金进入基础设施建设领域而影响了其他行业的资金供给。与房地产调整、产能过剩、政府性债务相关的金融产品违约风险开始暴露，地方政府财政收支压力增大，实体经济的问题开始向财政金融领域传导。去杠杆过程中，地方政府的基础设施建设的资金来源受到一定影响。这些问题相互交织、相互传导，加大了经济下行的压力，也导致财政金融风险上升。

（五）新旧动能转换仍在持续，质量、效益需要进一步提升

中国经济已由高速增长阶段转向高质量发展阶段。在经济高质量发展阶段，中国经济发展模式和发展动力都需要转换，但当前中国在技术进步的过程当中，新业态、新模式发展得很快，但是旧动能还在，新旧动能转换的过程存在很多的问题。

五　国际国内经济展望

目前，世界经济整体增长态势向好，但面临的不稳定、不确定风险的根源并未完全消除。2019 年，随着贸易保护主义倾向抬头、国际经济规则调整、美国政策调整、欧洲内部债务风险、中国经济增长减缓、英国脱欧进程等增加了全球经济复苏变数，新的不确定性因素和风险正在集中显现，经济下行压力加大。总体看，当前世界经济呈现动能趋缓、分化明显、下行风险上升、规则调整加快的特点，美国的系列政策举措成为今年影响世界经济增长、扰动国际金融市场和改变世界经济形势的主要源头。世界大变局既意味着经济全球化进程已发生深刻转变，也意味着全球多边主义体制正酝酿深刻调整，更意味着现有国际体系和全球秩序亟待深刻转型和重塑。2019 年面临的不确定不稳定因素增多，预计全球经济在 2019 年仍能维持缓慢增长态势，但伴随着全球贸易摩擦对经济传导的加剧，不排除 2020 年将导致经济增长出现下滑的可能。IMF 预计 2019 年和 2020 年世界经济增长率为 3.5%、3.6%，均低于 2017 年。

美国：特朗普上台后，进行能源政策改革、放松金融监管、税改立法、制造业回归、保护关税等政策，再加上美联储加息，受到这些政策刺激，美国经济恢复速度将好于预期，但是美国不断退出国际组织，挑起贸易摩擦。美国的经济活动在经历了 2017 年、2018 年强力反弹，失业率创造了 18 年来最低，经济已经接近充分就业。虽然美国各种经济数据良好，延续了强劲上升势头，但是其外部性是相当负面的，是一种损人利己的“景气”。2018 年底美股连续大跌、利率倒挂等诸多现象，都预示着美国经济可能已经见顶，处在拐点时期。随着取消财政刺激、联邦基金利率暂时超过中性利率，预计 2019 年增长率将下降到 2.5%，2020 年进一步降至 1.8%。

欧元区：鉴于欧元区结构性改革逐步取得进展，减轻了财政拖累。一方面，整体上，欧元区经济开始重返增长轨道，复苏速度取决于改革动力及商业自信心，但实施共同财政后的后续支持工作仍有待完成，金融一体化和财政分开的矛盾仍然无法克服，经济犹如走在平衡木上。另一方面，欧元区内部各国增长步伐不一，如英国、西班牙、意大利复苏趋势稳定，而有些国家下调。IMF 预计欧元区的复苏不容乐观，欧元区的增长率将从 2018 年的 1.8% 下降到 2019 年的 1.6%（比上年秋季预计的低 0.3 个百分点）和 2020 年的 1.7%。许多经济体的增长率被下调，德国、意大利、西班牙和英国的增长低于 2018 年，特别是德国（原因是私人消费疲软，实行新的汽车排放标准后工业生产下滑，以及外部需求不振）、意大利（原因是国内需求疲弱，主权债券收益率居高不下导致借款成本上升）以及法国（原因是抗议活动和工业行动带来的负面影响）。2019～2020 年英国经济增长率在 1.5% 左右徘徊，且具有相当大的不确定性，主要是英国脱欧进程的不确定性。

日本：对日本而言，经济仍将“低温”徘徊，复苏缺乏后劲。虽然宽松货币政策和结构性改革计划在一定程度上会支撑经济在 2016 年小幅增长，但由于受国内高额债务、低潜在增长率以及消费税上调的冲击，加之存在取消财政刺激的预期，经济增长平稳性受到影响，将继续低位波动。2020 年增长率预计将下降到 0.5%。IMF 预测日本将在 2016 年和 2017 年继续下滑，甚至衰退，经济增速达到 0.8% 和 0.55%。

新兴市场和发展中经济体：当以美国为代表的发达经济体经济稳定复苏之际，全球货币政策的分化、大宗商品价格跌势以及地缘政治日趋紧张等不利因素将严重影响新兴经济体的增长趋势。从整体来看，新兴经济体面临“内忧外患”的复杂环境，虽然增长率仍然领先于发达经济体但低于其过去 10 年水平，且国内经济结构调整前景依旧不明，经济强劲复苏的动能减弱。IMF 估计新兴市场和发展中经济体 2019 年的总体增长率将小幅降至 4.5%（2018 年为 4.6%），2020 年将升至 4.9%。

亚洲新兴市场和发展中经济体的增长率将从 2018 年的 6.5% 降到 2019 年的 6.3% 和 2020 年的 6.4%，与 2018 年 10 月《世界经济展望》预测一致。尽管中国采取了财政刺激措施，对美国关税提高的影响产生了一定抵消作用，但在必要的金融监管收紧措施以及与美国贸易矛盾的共同作用下，经济增长将减缓。由于石油价格下跌，并且收紧货币政策的步伐因通胀压力缓解而慢于预期，印度经济增长在2019年将加快。印度经济增长速度预测为7.2%、7.7%，超过中国经济增长速度。在其他新兴亚洲经济体，印度尼西亚的增长预测下调，原因是私人投资弱于预期；泰国增长预测也已下调，原因是消费和旅游业减缓。拉丁美洲增长率的下调在很大程度上反映了以下因素：阿根廷和巴西在2016年下半年增长表现弱于预期之后，短期复苏预期减弱；墨西哥金融环境收紧，来自美国相关不确定性的不利影响加剧；以及委内瑞拉形势继续恶化。在中东，沙特阿拉伯2017年的经济增长预计将弱于早先的预期，原因是石油产量因石油输出国组织近期达成的协议而被削减。同时，在其他一些国家，国内冲突继续对经济造成严重不利影响。

拉丁美洲的经济增长未来两年将复苏，从2018年的1.1%上升到2019年的2.0%和2020年的2.5%（目前对这两年的预测都比先前的预测低0.2个百分点）。调整增长预测的原因是，墨西哥2019～2020年的增长前景因私人消费下降而恶化，委内瑞拉的经济收缩将比先前的预期更为严重。增长预测的下调仅在一定程度上被巴西2019年预测上调所抵消，预计巴西经济将继续从2015～2016年的衰退中逐步复苏。在阿根廷，由于旨在减轻失衡的政策收紧措施会减缓国内需求，因此，其经济在2019年将收缩，2020年将恢复增长。

中国：在世界经济环境下，中国经济在深刻地影响着世界，世界经济也在深刻地影响着中国。国内基本面和改革因素仍可支撑经济中高速增长，但一些短期、结构性与风险性因素将会对经济增长造成冲击和制约，保持经济持续平稳增长仍面临诸多挑战。2018年以来，中国经济走势平稳，转型加快。经合组织（OECD）预计中国经济2019年仍将保持强劲增长，但出口和投资有所放缓；联合国预计，受内需和积极财政政策的有力支撑，中国经济增长稳固，但受再平衡措施影响，增速将逐步放缓；世界银行称，审慎货币政策、金融监管趋紧、经济结构调整和去杠杆化持续推进将使经济增速轻微下降。摩根士丹利称，中国经济将步入“增速更慢、质量更高”阶段。2013年以来中国经济增速呈现下滑趋势，2013～2018年经济增速分别为7.7%、7.4%、6.9%、6.7%、6.9%、6.6%，表明中国经济增长速度已经进入换挡期，由从改革开放至2008年的年均增长率9.88%，转为年均增长率约为7%的发展速度阶段。按照第一个百年目标，“十三五”期间的增速是6.53%，也就是我们增长速度的底线是6.5%。在经济下行压力加大、外部环境发生深刻变化的复杂形势下，中国在2019年、2020年增长速度在6.5%或者6.4%已经是我们增长的最高限。国际货币基金组织预测2019年、2020年中国经济增速为6.5%、6.0%。

参考文献

国家统计局：《2018年经济运行保持在合理区间发展的主要预期目标较好完成》，http://www.stats.gov.cn/tjsj/zxfb/201901/t20190121_1645752.html。

国家统计局国际统计信息中心：《国际权威机构观点综述》，《全球化》2018年第12期。

宁吉喆：《发展目标较好实现稳中有进态势持续》，《改革》2019年第3期。

杨长湧：《世界经济2018年形势和2019年展望》，《丝路时评》2018年第11期。

张运成：《当前国际经济新形势与新动向》，《前线》2018年第8期。

张运成：《当前世界经济形势及存在的风险》，《现代国际关系》2018年第7期。

【聊城发展研究院宏观经济形势分析课题组】

第二章　2018年山东经济运行分析及2019年走势预测

2018 年，是全面贯彻落实十九大精神的开局之年，山东省供给侧结构性改革扎实纵深推进，新旧动能转换全面起势，推动经济运行稳中向好。2019 年是新中国成立 70 周年，是全面建成小康社会关键之年，支撑经济持续平稳向好的积极因素不断集聚，稳的格局将更加巩固，好的优势将更加突出，但是经济运行中存在的矛盾和问题不容低估。

一　2018年经济运行基本特点

2018 年，山东省紧紧抓住稳中求进工作总基调，对外积极应对复杂变化的环境挑战，对内加快实施新旧动能转换重大工程，把好“稳和进”的平衡，统筹推进“六稳”各项工作，经济运行稳中有进，但也进中带忧、快中有缓，总体呈现以下特征。

一方面，稳中有快，“旧”结构持续优化，“新”动力持续提升，服务业主导型经济基本确立，消费驱动模式稳定形成，装备制造业牢牢占据支撑地位。另一方面，稳中有缓，转型升级阵痛凸显，经济下行压力有所加大，2018 年经济增速破 7 且逐季放缓，一季度、上半年、前三季度、全年全省 GDP 分别增长 6.7%、6.6%、6.5% 和 6.4%，分别低于全国平均水平 0.1 个、0.2 个、0.2 个和 0.1 个百分点，伴随着投资、消费增速同步放缓。

（一）经济运行总体平稳

全年主要经济指标总体保持平稳增长。供需双侧运行在合理区间。生产及需求累计增速虽较上年有所减缓，但仍旧保持平稳符合预期。2018 年，全省规模以上工业增加值增速破 6，但二季度以来稳定在 5.2% ~5.5%，全年增长5.2%；固定资产投资全年累计增速不断放缓，一路破7、破6、破5，由1～2月的6.9%，累计逐月下降到全年的4.1%，低于全国平均水平1.8个百分点；社会消费品零售总额保持稳定，最高增速是一季度的9.8%，其余各月基本保持在9.2%左右，全年增长8.8%；对外贸易稳中有升，虽然增速不及2017年，但2018年保持升势，全年进出口增长7.7%，其中出口、进口分别增长6.1%和9.7%。就业、物价保持平稳。2018年，全年就业基本保持两位数增长，截至2018年12月底城镇新增就业136.8万人，增长6.7%，超额完成年度计划的124.4%；居民消费价格保持2%以上温和上涨态势，2018年全年累计达到2.5%，也是全年的最高值，新型消费引领服务价格上涨态势不变（见表2－1）。

表2－1　2018年山东省主要经济指标增速

单位：%

指标	2017年	2018年			
		一季度	上半年	前三季度	全年
地区生产总值	7.4	6.7	6.6	6.5	6.4
规模以上工业增加值	6.9	5.2	5.3	5.5	5.2
固定资产投资	7.3	6.6	6.1	5.8	4.1
社会消费品零售总额	9.8	9.8	9.3	9.3	8.8
进出口总值	15.2	1.9	1.2	4.8	7.7
其中：出口	10.1	4.4	1.4	5.6	6.1
进口	22.2	－0.8	0.9	3.9	9.7
居民消费价格指数	1.5	2.2	2.2	2.5	2.5
工业生产者出厂价格指数	5.5	3.9	4.1	4.2	3.7
工业生产者购进价格指数	7.3	3.8	3.9	4.0	3.6

资料来源：山东省统计年鉴。

（二）经济结构持续优化

转型发展步伐加快，经济结构不断优化。从产业结构看，有效供给持续扩大。“三二一”产业格局更加稳固，2018年，三次产业结构调整为6.5∶44.0∶49.5，第三产业比重比上年提高1.5个百分点，服务业占据半壁江山，主导作用稳固，对经济增长的贡献率达到60%，贡献率和拉动点均高于农业、工业和建筑业三者之和。工业结构“高增低降”特点突出，装备制造业、高技术制造业等高端行业增加值增速全年基本保持7%以上，最高超过规模以上工业4个百分点，装备制造业引领作用不断增强，对规模以上工业增长贡献率达到1/3以上，2018年增加值增长7.5%，高于规模以上工业2.3个百分点，全年各月累计增速始终快于规模以上工业，是支撑工业增长的重要驱动力量；低端高耗能行业的增加值增速不断放缓，且比规模以上工业低，同比保持回落，2018年前三季度增长5.3%，低于规模以上工业0.2个百分点。

从投资结构看，产业升级、重点领域及短板弱项投入持续扩大。服务业累计投资，占山东省全部固定资产投资的比重已经接近6成，2018年前9个月增速保持两位数，最高达到19.2%，高于第一、第二产业投资增速21.6个、25.6个百分点，2018年增长了7.1%，比全省固定资产投资高出3个百分点，占比58.8%，比上年提高10.3个百分点；工业技改累计投资，2018年7月结束上半年负增长局面，8月明显提速达到5.7%，全年增长9.6%，高于全部投资5.5个百分点；2018年，新技术新产业新业态新模式等产业共计投资增长速度为4.5%，比全省固定资产投资高出0.4个百分点；从高技术制造业看，投资增长速度逐月加快，明显好于制造业投资，2018年全年累计增长17.6%，高于全部投资14.3个百分点；高耗能行业累计投资，2018年一季度增速为零，4月首次下降，下降幅度逐月扩大，11月高耗能行业、产能过剩行业投资分别下降8.8%和10.9%。

从消费结构看，实物消费不断提档升级、服务消费持续提质扩容、消费模式加快推陈出新。文化娱乐、精品旅游、医养健康等升级类消费热度不减，新能源汽车、智能家居等新兴消费快速成长。传统消费通过线上线下的融合，推动转型升级。2018年，书报杂志类、计算机及其配套产品、中西药品类、家用电器和音像器材类、建筑及装潢材料类分别增长75.0%、20.1%、10.3%、9.4%和9.9%，分别高于限额以上单位零售额69.2、14.3、4.5、3.6和4.1个百分点。[①]

从外贸结构看，一般贸易引领作用增强，占全部进出口比重接近7成，

---

① 山东省统计局：《解读：2018年全省居民消费呈现积极变化》，http://www.stats-sd.gov.cn/art/2019/1/30/art_6109_4592064.html。

民营企业自 2012 年成为第一外贸主体，对外贸易重要力量的地位稳固，占比超过 6 成。2018 年，一般贸易进出口增长 14.1%，占全部出口的比重为 69.0%。2018 年 1～11 月，民营企业进出口的增长为 12.6%，占全省出口的比重达到 60.7%，对全部进出口的增长贡献率接近 90%；机电产品、高新技术产品出口分别增长 2.8% 和 2.1%，占全部出口的比重分别为 37.6% 和 9.6%，民营企业出口一枝独秀，在国有及外商投资企业出口呈现降势下，逆势增长 13.7%。

（三）新旧动能加速接续转换

坚持破立并举，新旧动能已从旧强新弱向新强旧弱加速转换，高端新兴产业增幅高、低端传统产业增幅低的“新高旧低”特点更加明显。一方面，增量加速崛起，新技术、新产业、新业态、新模式快速发展。新技术。2018 年 10 月末，有效发明专利拥有量增长 18.9%，每万人口有效发明专利拥有量达到 8.61 件，比年初增加 1.03 件。[①] 2018 年，高技术产业增加值增长 9.6%，高于规模以上工业 4.4 个百分点。新产业。2018 年 1～11 月，新一代信息技术制造业、高端化工、高端装备、新能源新材料等十强产业增加值合计增长 6.3%，高于规模以上工业 1.0 个百分点，其中，新一代信息技术、高端装备制造、新能源新材料等十强产业分别增长 6.7%、6.8% 和 8.3%，分别高于规模以上工业 1.4 个、1.5 个和 3.0 个百分点。[②] 2018 年，新一代信息技术、新能源新材料、高端装备等行业增加值分别增长 6.7%、6.0% 和 5.5%，分别高于规模以上工业 1.5 个、0.8 个和 0.3 个百分点。[③] 新业态。智能制造业继续引领产业发展方向，2018 年，工业机器人、太阳能电池、服务器等新产品产量比上年分别增长 71.5%、58.9% 和 76.3%。[④] 新模式。线上线下融

---

① 青岛市统计局：《1 - 11 月全省经济运行总体平稳高质量发展蓄势起航》，http://qdtj.qingdao.gov.cn/n28356045/n32561056/n32561070/181220164239917550.html。

② 山东省统计局：《解读：1 - 11 月山东工业经济平稳增长　新旧动能转换成果凸显》，http://www.stats - sd.gov.cn/art/2018/12/21/art_6109_4288299.html。

③ 山东省统计局：《解读：2018 年全省工业新旧动能转换亮点纷呈》，http://www.stats - sd.gov.cn/art/2019/1/29/art_6109_4589942.html。

④ 山东省统计局：《解读：2018 年全省工业运行平稳　质效提升》，http://www.stats - sd.gov.cn/art/2019/1/29/art_6109_4589941.html。

合发展，网络消费增势强劲，电商交易持续扩大，增速持续高位运行。2018年，实物商品网上零售额增长23.4%，高出线上单位零售额增速17.6个百分点，对线上单位零售额增长的贡献率为15.8%①，比上年提高2.5个百分点。另一方面，存量加速变革，高耗能、高污染、低效益的落后产能加快出清，2018年，主要过剩行业生产低位徘徊，其中水泥产量下降0.7%，生铁和粗钢产量低速增长，分别为2.6%和4.6%，全年压减粗钢产能355万吨、生铁产能60万吨，提前超额完成“十三五”总体计划目标。

（四）市场活力不断增强

供给侧结构性改革深入推进，发展的内生动力持续增强。市场主体活力释放。民营企业经营好转，市场主体快速增加，2018年1～11月，新登记147.2万户，增长11.0%，占新设企业总数的98.4%；规模以上民营工业增加值增长4.5%，其中私营工业增加值增长5.5%，高于规模以上工业0.2个百分点；中小企业活力增强，实现增加值增长6.1%，比规模以上工业高出0.8个百分点，此种状况已经连续出现11个月。企业效益稳中有升。2018年，规模以上工业利润保持两位数增长，主营业务收入利润稳定在5%以上。2018年，规模以上工业实现利润增长10.3%，实现主营收入利润率为5.26%。支撑财税收入增长稳定，一般公共预算收入，2018年达到6485.4亿元，增速为6.3%，其中税收收入的增速为10.8%，占全部财政总收入的比重为75.5%，比上年同期提高3.0个百分点。企业经营环境不断优化。去杠杆降成本持续见效，2018年10月末，规模以上工业资产负债率为57.6%，同比降低0.1个百分点，处于40%～60%的合理区间，每百元主营业务收入中的成本为86.9元，同比减少0.5元，分别连续5个月和14个月保持同比降低趋势。② 2017年全年共减税降费800多亿元，市场供求关系持续改善。工业生产者出厂价格、购进价格保持平稳，累计上涨幅度均保持在4%左右的较高区间，相应的购进价格略低于出厂价格，2018年出厂、购进价格分别上涨

① 山东省统计局：《解读：2018年全省居民消费呈现积极变化》，http://www.stats-sd.gov.cn/art/2019/1/30/art_6109_4592064.html。

② 青岛市统计局：《1-11月全省经济运行总体平稳高质量发展蓄势起航》，http://qdtj.qingdao.gov.cn/n28356045/n32561056/n32561070/181220164239917550.html。

3.7%和3.6%。

（五）市场预期继续向好

先行指标势头向好，流通领域活跃程度较高。2018年1～11月，公路货物周转量、港口吞吐量分别增长3.1%和7.3%，继续保持平稳增长，工业用电量持续回升，增长7.0%。[①] 从要素支撑看，信贷投放有所加快，11月末金融机构本外币贷款余额77694.5亿元，增长9.7%。调查显示，2018年四季度山东省消费者信心指数为130.2，高于2017年同期4.8个点；企业景气指数为121.7，高于2017年同期2.6个点；企业家信心指数为118.9，与2017年同期持平。2019年伊始，央行开启全面降准，宏观政策逆周期调节开始发力，有助于提振市场信心。

二　当前经济运行中存在的问题

在肯定成绩的同时，应当看到当前国内外错综复杂的环境变化带来了国内经济运行新的下行压力，2019年召开的中央经济工作会议指出，经济运行稳中有变、变中有忧。山东省经济运行中仍然存在矛盾和问题，外部内部、短期长期、周期性结构性，相互交织。

（一）新旧动能尚未有效接续

目前，山东省正处于经济结构深度调整、新旧动能博弈胶着的关键时期，一些发展瓶颈尚未有效突破，培育壮大新动能任务艰巨。虽然山东省新旧动能转换已全面起势，新经济发展势头不断向好，但新动能实力较弱，育新调旧过程并非一帆风顺。从制造业看，投资低迷、增速大幅下滑，2018年上半年下降3.9%，其中代表未来发展方向的高新技术制造业投资下降7%，2018年7月开始扭转负增长局面，但增速不高，说明山东省企业创新能力、现代管理水平滞后。相反企业传统路径依赖惯性难改，如2018年以来，供给侧结构性改革的推动，高耗能行业盈利水平大幅上扬，带来高耗能行业发展提速、

---

① 青岛市统计局：《1－11月全省经济运行总体平稳高质量发展蓄势起航》，http://qdtj.qingdao.gov.cn/n28356045/n32561056/n32561070/181220164239917550.html。

占比提升，表明对高耗能行业的依赖仍然较强，工业结构重型化特征短期内难以改变，对资源能源消耗、环境承载力带来较大压力。说明新动能比重偏小、力量偏弱，尚未形成有效支撑，在当前国内外严峻复杂形势冲击下，增速放缓，下行压力不断加大在所难免。

（二）内需拉动作用有所减弱

2018 年以来，投资、消费动力同现不足，投资增速持续回落，累计投资从 2018 年 2 月的 6.9%，逐月走低至 11 月的 5.0%，同比回落 2.4 个百分点；消费累计增速从 2018 年 2 月的 9.5%，回落至 11 月的 9.0%，但较投资相对平稳。2018 年，基础设施投资增速大幅走低，降至 2014 年以来新低；新开工项目数及计划总投资处于下降区间，分别下降 14.2% 和 4.9%，据国家发改委动态监测，山东省拟建投资项目转化率低于 20%，排在全国倒数第 5 位，部分省市级项目也因资金不足处于缓建状态。山东省民间投资增速一直不高，远低于全国平均水平，2018 年前 5 个月出现负增长，全年增速回升至 4.1%，而全国一直保持 8% 以上的较快速度。国快民慢状况仍未有效改观，相比民间投资，国有投资保持了两位数增长，部分垄断行业隐性进入障碍仍未破除，石油和天然气开采、铁路、航空、管道运输等领域民间投资占该行业的比重不足 10%；民企与国企难以享受同等待遇，民企比国企贷款周期短，且利率普遍上浮 20% ~50%。

（三）企业融资难融资贵问题突出

融资难融资贵一直是困扰民营企业的“老大难”问题，2018 年表现尤为突出，制造业及民营中小企业出现严重的流动性困难，加上担保圈、担保链影响，资金断链风险隐患较大。2018 年前三季度，全省大中型企业贷款增加 2329.9 亿元，占新增企业贷款的 90.7%，同比提高 19.3 个百分点；小微企业贷款增加 238.3 亿元，仅占新增企业贷款的 9.3%，同比下降 19.3 个百分点。同期，苏浙粤三省小微企业贷款分别增加 1553.7 亿元、1214.8 亿元和 465.5 亿元。突出表现为，企业首次贷款较难，没有贷款记录的企业首次申请贷款的通过率为 37.4%，低于全国平均水平 18 个百分点；非利息费用偏高，小微企业在融资中除了需要支付利息，部分企业还需向第三方机构支付担保费、评估费、通道费、顾问费等；抵质押物不足对轻资产小微企业贷款制约较大，部分股份制银行对抵押品范围要求严格，多家地方法人机构只接受抵押不再发放保证类贷款等；发债难、发债贵，一些民营企业出现债市违约事件，金融市场和部分金融机构对民营企业的风险偏好有所下降。山东省正在全力帮助民营企业渡过难关，新一轮纾困政策集中加码，近期设立了 40 亿元纾困基金，后期再次推出 60 亿元纾困专项公司债，用于缓解企业流动性压力，化解区域性金融风险。

另外，可能出现的流动性陷阱值得注意，针对 2019 年中央开始的逆周期调节，央行推出年内首次全面降准。多家大型银行已经下调了对小微企业的贷款利率，甚至降至几乎无法覆盖银行资金成本和相应违约风险的水平，但生存环境的变化以及找不到理想投资标的，企业却不敢轻易贷款了，充裕的资金淤积在银行贷不出去，最需要水的地方，水却流不过去，出现“水漫银行间”的现象，最终会导致经济增速下降，甚至通缩。

（四）实体经济发展面临困境

严峻的国际形势，转型升级的倒逼，当前民营企业受阻于“市场的冰山、融资的高山、转型的火山”三座大山，普遍经营困难，中央和山东省相继召开民营企业座谈会，全力解决企业发展难题。企业数量有所减少。2018 年前三季度，全省规模以上工业企业比年初减少 1992 家。中小企业生存压力较大，2018 年前 7 个月全省规模以上中小工业企业 37395 户，比 2017 年底减少了 1982 户；主营业务收入、利润分别比 2017 年同期减少 13880 亿元和 999.9 亿元，亏损企业 4832 户，同比增加 5.83%。增盈压力仍然较大。目前工业利润增长的 60% 得益于去产能、严整治倒逼腾出的市场空间，钢铁、煤炭、建材、化工产品等价格高涨成为支撑工业利润回升的主要动力，但供给侧结构性的不断加力，能源、原材料价格上涨空间有限。随着市场供求关系变化，预计 2019 年工业品出厂价格将进一步回落，对财税增长、企业增收、投资意愿等都将产生不利影响。同时，实体企业减税降费获得感不强，税费负担依然较重，土地及租赁成本大幅上涨等，也挤压企业利润。市场预期不稳定。过剩产能化解、环保治理政策的不确定性加重企业家投资顾虑，“一刀切”式的环保治理做法使部分企业频繁实施限产停产，部分环保达标企业也无法正常生产，导致企业投资更加谨慎；中美贸易摩擦前景不明导致企业家预期不稳，个别企业甚至暂停后续投资。

（五）金融风险防控压力加大

近年，打好三大攻坚战一直是中国经济工作的重要任务，2019 年中央经济工作会议仍然提出针对突出问题打好重点战役。2018 年 10 月末全省银行不良贷款率为 3.45%，较年初上升 0.92 个百分点。主要面临以下风险，大企业担保圈化解难度大，2018 年以来大企业风险仍呈加速暴露态势，部分大企业担保圈风险处置缓慢，风险外溢，鲁北鲁西地区（东营、滨州、菏泽、德州、聊城）以及日照不良贷款率均超过 5%，制造业不良贷款率均超过 7%；中小法人银行经营风险加大，不良贷款率高于 5% 的 67 家，拨备覆盖率小于 100% 的 51 家，资本充足率小于 10.1% 的 38 家；企业债券潜在违约风险比较突出，全省 2018 年 11 月、12 月到期 51 单、456.5 亿元，到期兑付压力较大。直接融资市场透明度高、传导快的特点，易导致风险在信贷市场、债券市场、股票市场之间相互传导，进一步推高企业融资成本，增大企业接续融资难度。

三　2019年全省经济运行走势预测

2019 年，国际国内、省内省外发展形势喜忧参半，机遇挑战并存。党的十八大以来，习近平总书记两次视察山东，指明了山东省发展方向，山东省思想大解放、观念大变革的干事创业氛围加速形成，经济发展好的基础在积累，优的态势在巩固。

从国际看：世界面临百年未有之大变局，发展环境发生明显变化。一是经济增长动力减弱。一些主要发达经济体和新兴经济体的主要经济指标增长出现回落，美国股市暴跌、增速放缓，一些国际机构对 2019 年、2020 年世界经济增长的预期进行了下调。二是国际贸易增长放缓。波罗的海干散货指数 BDI，2018 年 11 月每日均值比 10 月低 350 多点。联合国贸易和发展组织发布的《全球投资趋势监测报告》指出，受贸易保护主义、逆全球化影响，国际贸易和制造业活动疲软，贸易紧张局势仍然有加剧趋势，全球外国直接投资（FDI）2018 年上半年大幅下降了 41%，预计 2019 年将继续下滑。三是全球流动性加速趋紧。在美联储加息的影响下，欧洲央行也准备在 2018 年底终止 QE，2019 年夏季后可能开始启动加息进程；2017 年 7 月以来，日本就购买的国债的规模实施缩减；英国、加拿大、印度、阿根廷等国家，从 2018 年开始不同程度地上调基准利率。四是地缘冲突等形势依然复杂。近期，世界银行发布《2019 全球经济展望报告》指出，发达经济体的政策刺激逐渐失去活力，一些新兴市场和发展中经济体将在不同程度上面临经济压力，但东亚和太平洋地区仍然是世界上增长最快的发展中地区之一，其中，中国的经济2019 年仍然能保持6%的较好增长率；2019 年至 2021 年，全球经济下行风险仍然十分严峻，随着贸易摩擦加剧和制造业复苏失去动力，2019 年全球经济增长将放缓至 2.9%。

从国内看：从 2018 年看。一方面，中国经济一直保持稳定运行，处于合理区间，经济结构不断优化升级，消费的基础支撑作用不断强化，新经济引领带动作用不断增强，中国经济发展新动能指数，2015 年为 123.5，2016 年为 156.7，2017 年为 210.1，逐年攀升趋势明显。2018 年，最终消费支出对经济增长的贡献率走高至 76.2%，比 2017 年提高 18.6 个百分点，高于资本形成总额 43.8 个百分点；2018 年 4 月以来的连续 8 个月，制造业投资增速持续反弹；2018 年，高技术制造业增加值比上年同期增长 11.7%，比规模以上工业快 5.5 个百分点，装备制造业增加值比上年同期增长 8.1%，比规模以上工业快 1.9 个百分点。另一方面，2018 年，GDP 增速逐季走低，第三、第四季度增速是2008 年金融危机以来的次低水平，2018 年全年 GDP 增速较 2017 年有所回落；从 2018 年 12 月开始，制造业 PMI 降至 49.4%，触及 2016 年 3 月以来新低并首度跌至荣枯线下方，2019 年 1 月，制造业 PMI 为 49.5%，仍低于 50%的临界点，下行压力较大。总体看，中国发展仍处于并将长期处于重要战略机遇期，但转型发展、转换动力的关键时期将面临诸多难以预料的困难。预计 2019 年中国 GDP 增速将有所回落，但中央经济工作会议已经定调2019 年逆周期宏观政策，政策空间和市场韧性仍将助力中国经济行稳致远。

从山东看：习近平总书记提出的“两个走在前列、一个全面开创”和“四个扎实”重要指示为山东发展指明了方向。新旧动能转换、乡村振兴、经略海洋以及打造对外开放新高地等一系列重大战略任务推动全省高质量发展全面起势。推出实体经济高质量发展、扩内需补短板促发展等多项政策，正在陆续推出 15 项制度创新项目，一系列政策措施落地将释放更多改革红利，实现最优政策组合和最大整体效果。但是，山东省仍处于新旧动能转换瓶颈突破胶着期，经济结构转型不会一蹴而就，阵痛不可避免。综合分析，一系列重大战略的强力实施，巨大潜能将不断释放，发展空间将不断拓展，为经济持续平稳健康发展奠定坚实基础，预计 2019 年山东省 GDP 增速将保持 6.5% 左右的合理区间。

（一）投资将呈现恢复性增长

目前，山东省投资增速有所放缓，在推进转型发展、高质量发展进程中，实体经济面临的转型困境，导致生产景气度下滑、盈利缩水等一系列问题和挑战，但是一些政策措施的大力跟进将促进 2019 年投资的全面回稳。新旧动能转换重大工程将纵深推进，6000 亿元的新旧动能转换基金已经设立，建立了有进有出、动态调整的“十强”产业重大项目库。“双招双引”实质推进，成功举办上合组织青岛峰会、外交部山东全球推介活动、儒商大会、鲁台经贸洽谈会、青年企业家创新发展国际峰会、央企助力山东新旧动能转换座谈会等重大活动，一大批好项目和高层次人才将落地山东。“国企 10 条”“非公 10 条”“实体经济高质量发展 45 条”“民营经济高质量发展 35 条”等一系列新制度提供了良好政策环境。国家已释放明确信号，2019 年将推动更大力度的减税降费，使企业融资难融资贵问题得到更加有效缓解，普惠性、实质性减税降费的力度将会明显加大。综合分析，随着“六稳”政策不断落实见效，2019 年投资结构持续优化，有望延续总体平稳，稳中有升的态势。

（二）消费将继续保持平稳

目前，山东省消费增速保持稳定，一系列促进消费政策的出台，将进一步对消费起到提振作用。山东省“扩内需补短板促发展 42 条”的出台，将对消费转型产生更大的推动力。同时，消费结构升级趋势仍在延续，实物消费提档升级、服务消费提质扩容；就业形势一直保持良好，2018 年超额完成年度计划的 124.4%，带来居民收入的快速增长，2018 年城乡居民可支配收入预计分别增长 7.5% 和 7.8%，超过 GDP 增速。2018 年 10 月，新个税起征点正式实施，中低收入群体税负降低，有助于扩大消费；11 月首届中国国际进口博览会举办，带来新的消费热点；2019 年国家将出台刺激汽车、家电消费的政策措施等。综合分析，在政策推动和消费一直保持稳定的共同作用下，预计 2019 年社会消费品零售总额增速依旧保持平稳，消费对经济增长的贡献率将进一步提高。

（三）对外贸易稳定向好

山东省保持出口平稳增长具有较强支撑，实行了更加积极主动的开放战略。出台了“对外开放20条”“促进外贸平衡发展20条”。加快推进对外开放新高地建设，青岛积极创建中国—上合组织地方经贸合作示范区等；加快实施自由贸易区战略，100多项自贸区试点经验在山东省落地实施等，为开放型经济发展注入了强劲动力。全面深度融入“一带一路”建设，国家发改委权威大数据显示，2018年山东省“一带一路”参与度指数跃居全国第二。应当看到，虽然中美贸易摩擦暂时出现转机，但仍存在较大变数，中美贸易摩擦的不确定性给外贸带来较大冲击，随着产业链的层层传导，对相关企业及上下游关联企业的生产和经营将带来较大制约，同时直接影响国内外市场重新布局，加剧产业相似度较高省份间的市场竞争。但是，山东省企业具有较高自我适应、自我调节能力，出口的韧性、综合竞争力总的来说较强。综合分析，2019年出口保持稳定，不会出现大的波动。

四　对策建议

当前，山东省正处在多重战略红利叠加的重大机遇期，新旧动能转换已全面起势。2019年，山东省应继续牢牢把握战略机遇，着力处理好几大关键关系，力争推进起势进一步转向胜势，推动高质量发展迈出新步伐。

（一）处理好动能转换与稳增长的关系

坚持稳中求进工作总基调，以高质量发展为导向，精准把握政策实施的节奏和力度，在稳中调，在调中进，向调整要质量要效益要后劲，防止因“中梗阻”“一刀切”给实体经济带来过度冲击。比如，在过剩产能化解、环保整治等方面，应分类对待，精准施策；在煤炭减量替代、化工退城入园中，应细化工作预案、制定实施细则，避免好项目、大项目掉在政策的“夹缝”里、堵在人为的“门槛”前。推动高质量发展离不开合理的消费、投资和出口结构，在加快推进动能转换、推进供给侧结构性改革的同时，也要更加注重构建三大需求协调共进的经济支撑体系，投资和外贸对经济增长的拉动作用依然重要。既应坚定不移扩大内需，优化消费供给，促进居民增收，夯实转型基础，更应科学把握投资、出口与经济稳定发展的大逻辑，着力发挥投资关键作用和激发社会投资热情，高度关注投资低迷和中美贸易摩擦带来的冲击，着力推动全方位对外开放，加快优化外经外贸结构，推动由商品和要素流动型开放向规则等制度型开放转变，重塑三大需求协调共进的支撑体系。

（二）处理好新旧动能转换的内在关系

传统优势产业是山东省经济发展的基础，更是实现高质量发展的关键。在新旧动能转换中，既要盯紧前瞻性、高科技、颠覆性产业，又应将传统产业转型升级放在重要位置，坚定不移建设制造强省。应结合山东省自身特点和产业优势，做好化解产能与新上项目的去增衔接，稳步推进企业优胜劣汰，充分挖掘潜力、提升动力、放大效力。应顺应时代趋势，统筹推进产业智慧化和智慧产业化，产业智慧化和智慧产业化是推进新旧动能转换的两大关键路径，产业智慧化为新业态新模式新产业的智慧产业化发展提供了广阔平台；智慧产业化为产业智慧化提供了更大可能性，拓宽了传统产业发展和提升空间，可以实现以新促旧、以新代旧、化旧为新，两大路径相互促进、协同发展，统筹推进两大路径，必将产生“1+1远大于2”的成倍放大效应。应加紧研究借鉴国内外先进地区好的经验做法，在培育智慧化市场主体、大力发展智能制造、提高数据驱动型发展水平，以及强化大学支撑能力、打造智力共享平台、营造良好发展环境等方面加紧谋划，选准方向一项一项扎实推进，确保新旧动能接续转换释放最强效能。

（三）处理好统筹推进与重点突破的关系

当前转型发展千头万绪，各项谋划紧锣密鼓，各个领域顶层设计陆续出台，应坚持全省“一盘棋”，充分保持政策的连贯性和协同性，紧抓落实落地，跟踪实施效果，及时发现和解决突出问题。同时，聚焦关键领域，加快点上突破，实现面上带动。一是加快理念转变和认识统一。应勇于打破思维定式和既有模式，尽快摆脱对原有发展路径、管理模式的过度依赖，加紧谋划，加快转变，争取赶超跨越，避免差距拉大。进一步营造担当作为、干事创业浓厚氛围，真正把容错纠错和正向激励机制落到实处，最大限度发挥各级干部积极性、主动性、创造性，带动全省工作抓起来、动起来、干起来。二是加快深化园区改革。发挥好园区作为动能转换的主阵地作用，支持重点园区加强与其他先进园区、大企业集团、战略投资者、园区运营开发商合作，以专业化的运营提高园区专业化协作水平，满足产业智慧化和智慧产业化发展相关产业、技术配套需求。三是多措并举，促进“四新”经济发展，推进突出三核引领、壮大十强产业，尽快形成竞争新优势。四是下大力气优化营商环境。新形势呼唤政府新作为。必须加快政府职能转变，主动简政放权，探索“负面清单”与“正面引导”相结合的管理方式，加快推进山东省“一次办成”改革，调整传统招商引资、审批管理、招才用才体制机制。

（四）处理好实体经济与要素配置的关系

实体经济发展是高质量发展的根基。应紧密围绕实体经济的良性发展，在不突破政策红线、不透支资源极限、不引发运行风险前提下，将资金、土地、人才、信息等要素最大限度向实体经济集聚，推动资源利用效率最大化。各级各部门应将工作重点向实体经济倾斜，全面落实《支持实体经济高质量发展的若干政策》，加快推进制度创新，不断优化实体经济发展环境。以实体经济盈利最大化为目标，实施科学合理的减税清费降负政策，加快形成有利于实体经济发展的利益分配机制。打造智力共享平台，构建开放、协同、高效的共性技术研发平台，健全以需求为导向、企业为主体的产学研一体化创新机制；建立完善知识产权保护机制和创新激励机制。建立公平开放透明的市场规则和法治化营商环境，促进正向激励和优胜劣汰，发展更多优质企业。加快建设现代市场体系，增强金融服务实体经济能力。同时，打好防范化解重大风险攻坚战，密切关注重点领域、重点企业、重点机构风险，抓好金融突发事件应急预案落实，探索实施区域不良贷款动态管理。

【山东省宏观经济研究院课题组：刘冰、李莉、刘佳】

第三章　聊城改革开放40年经济发展动能演化分析

1978 年，党的十一届三中全会做出全面实行改革开放的新决策，确立了解放思想、实事求是的思想路线，提出将党的工作重心转移到经济建设上来的决定，推动中国面貌发生了翻天覆地的变化。山东省委、省政府在坚持党中央的领导和邓小平理论、“三个代表”重要思想、科学发展观和习近平新时代中国特色社会主义思想的指导下，带领全省人民取得了巨大的成就。山东省综合实力明显提升，经济结构不断优化，人民生活日益改善，对外开放格局不断扩大，质量效益显著提高。聊城市作为山东省重要的城市，改革开放 40 年来，始终坚持以经济建设为中心，从农村到城市，从试点到推广，从对内搞活到对外开放，经济实力不断迈上新台阶。

当前，国内外形势正在发生深刻复杂的变化，中国发展仍处于重要战略机遇期。党的十九大总结了中国发展新的历史方位，中国特色社会主义进入新时代。新时代，我们迎来了新挑战。国务院总理李克强在 2015 年 10 月提出“我国经济正处在新旧动能转换的艰难进程中”。2017 年政府工作报告指出，发展新动能不断增强，新动能正在撑起发展新天地。为应对新挑战，2018 年国务院 1 号文《国务院关于山东新旧动能转换综合试验区建设总体方案的批复》同意山东省设立山东新旧动能转换综合试验区。同年 4 月，聊城市政府召开加快新旧动能转换暨开放型经济发展大会，研究推进聊城市加快新旧动能转换、促进开放型经济发展，推动聊城市经济向高质量发展的战略。

本研究通过回顾聊城市改革开放 40 年的经济发展历程，利用宏观经济数据变化背后的动能演化特点，分析推动经济发展的动力及其演化，依据动能的五次释放，将其大体划分为五个阶段：家庭联产承包责任制推动农村活力释放阶段（1978 ~ 1984）、市场化改革推动工商业活力释放阶段（1985 ~ 2001）、中国加入 WTO 推动全球化活力释放阶段（2002 ~ 2008）、以有色金属及其加工为代表的重化工业和以房地产为代表的现代服务业的活力释放阶段（2009～2015）、高质量发展推动创新活力释放阶段（2016年至今）。最后总结改革开放以来聊城市历次动能转换的经验，分析聊城市新旧动能转换过程中三次产业发展面临的问题，并为新时代下聊城市新旧动能转换提供借鉴和提出对策建议。

一　改革开放40年来聊城市经济新旧动能演化过程

从聊城市1978～2017年生产总值增长率的不平稳变动趋势来看，聊城市在国家确立改革开放的政策以来，在不同的历史阶段其经济增长速度和增长趋势均有明显的差异。在演化增长视角下，经济有进化的增长是指，微观上要素和产出数量的变化或质量的提升，中观上产业的发展方式转变和结构优化升级以及宏观上技术、制度、需求和经济结构的变化。新旧动能转换意在推动经济实现有进化的增长。[①] 从改革开放40年聊城市生产总值及其增速变动趋势可以发现，1984年、1992年、2001年、2009年前后聊城市的经济增速趋势有很大差异，并且在这几年聊城市的经济增速处于某一区间的速度最低点（如图3－1所示）。分析聊城经济增长的原因离不开对国家改革历程的研究，结合中国改革开放以来国家经济体制改革、重点工作等的转变与聊城市对国家工作的跟进可以得出，1978～1984年中国对内改革重点在农村，1985～2001年对内改革的重点放在了城市，2002～2008年受中国加入WTO及全球化浪潮影响改革重点扩大了对外开放。受次贷危机以及国际形势转向严峻的影响，2009年以来中国经济增长对外依赖程度下降，而房地产业和新能源汽车行业增长势头突起，但对于聊城市而言，带动聊城经济增长的产业最主要还是以有色金属及其加工为主的重工业。2016年以来，随着中国资源结构、消费升级、主要矛盾等的变化，为适应供给侧结构性改革的要求，中国经济发展的新动能转向了以高质量发展为目标驱动。

1978年12月，党的十一届三中全会确定对内改革、对外开放的政策后，中国的对内改革先从农村开始，全面实行了家庭联产承包责任制。“国家统计

---

① 黄凯南：《演化增长视角下的新旧动能转换》，《光明日报》2017年9月19日，第15版。

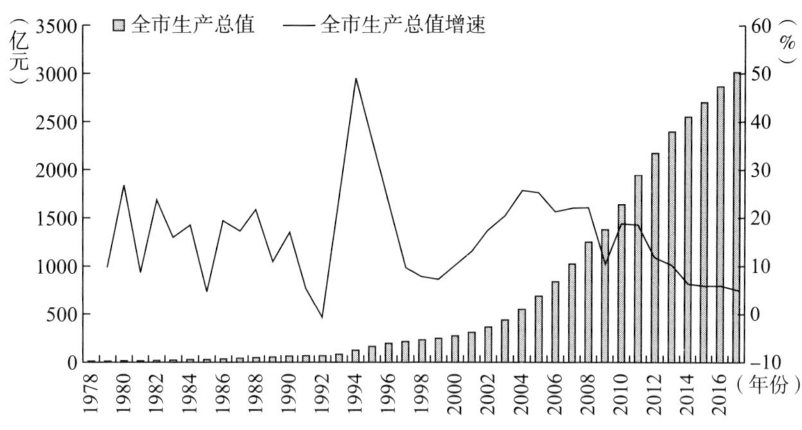

图 3-1 聊城市生产总值及其增速

资料来源：聊城统计年鉴。

资料表明，在广泛推行家庭联产承包责任制的 1978~1984 年，按不变价格计算的农业总增长率和年均增长率分别为 42.23%、6.05%，是 1949 年中华人民共和国成立以来农业增长最快的时期。其中，家庭联产承包责任制又是这一时期农业实现高速增长的最主要的原因。计量研究表明，在该时期的农业总增长中，家庭联产承包责任制所做的贡献为 46.89%，大大高于提高农产品收购价格、降低农用生产要素价格等其他因素所做的贡献。"[①] 相比人民公社制，家庭联产承包责任制成为该时期农业增长的主要贡献者的原因是，通过建立"交够国家的，留足集体的，剩下的都是自己的"这样一种激励机制诱发出劳动者生产的积极性，进而提高了生产效率。从聊城统计资料来看，1978~1984 年，农业产值占总产值平均比重为 65.7%，远远高于工业（22.6%）和服务业（11.6%）所占比重。农业总增长率和年均增长率分别高于聊城市 GDP 总增长率和年均增长率 13.2 和 1.16 个百分点，工业总增长率和年均增长率都低于聊城市 GDP 总增长率和年均增长率，虽然第三产业增长速度也极快，但是第三产业产值对聊城市经济增长的贡献极小。因此本研究认为，这一阶段聊城市经济增长主要依赖于家庭联产承包责任制改革释放了农村活力。

1984 年，中国对内改革对象的重点由农村向城市转移，城市改革主要以

① Lin, Justin Yifu, "Rural Reforms and Agricultural Growth in China," The American Economic Review (1992): 34-51.

增强城市企业活力为工作中心，并围绕国有企业改革展开了税收体制、金融体制、价格机制等多方面配套改革。城市改革模仿了农村改革成功的经验，从转变企业经营机制出发，实行企业承包责任制。经营自主权的扩大增加了对企业生产的激励，聊城市工业增长率远高于同期生产总值增长率，并且其增长速度超越了农业增速。但从聊城市生产总值增速来看，1984 ~ 1992 年其增速并没有显著提升，根本原因在于计划商品的经济体制阻碍了企业活力的充分释放。1992 年党的十四大提出建立市场经济以后，中国的改革开放进入了新时期。新时期最显著的变化就是政府减少了对经济的直接干预，更多依赖市场对资源进行调节。在市场经济中，生产要素会自发地从低生产率部门向高生产率部门流动，而工业部门对生产要素利用率高于农业，民企对生产要素利用率高于国企。1992 ~ 2001 年，工业产值对聊城市生产总值贡献率超越了农业部门，而民营经济的发展不仅提高了工业增长率，也推动了国企改革。从聊城市的宏观数据来看，1985 ~ 2001 年，推动聊城经济增长最大的动力便是市场化改革。

1978 年后，虽然中国对外开放程度不断扩大，但是对外贸易发展仍然相对缓慢。2001 年，中国加入 WTO，中国对外开放才开始向纵深方向迈进，利用引进外商投资、吸收先进技术，改造提升了国内产业，实现了对外贸易的飞越发展。“加入 WTO 以来，中国经济表现卓越，延续了改革开放后高增长势头，每年 GDP 增长百分点保持在两位数，增长率位居所有经济大国之首。”“中国成了名副其实的‘世界工厂’，‘中国制造’的产品行销到世界各地。有学者测算，加入 WTO 对中国经济增长的贡献率达到 20% - 30%，为全球经济增长做出巨大贡献。”从聊城市的统计数据可知，聊城市生产总值保持了高速增长趋势，三次产业在对外开放中都获得了增长，第二、第三产业尤为显著，根本原因是国际国内市场的开放增强了国内外企业间的分工与合作，新的生产方式和消费趋势引导工业实力增强和新兴服务业兴起发展。

对外贸易带动中国经济增长的力量在 2008 年国际金融危机中受到冲击，虽然危机后增速有所回升，但是经济发展的外向依存度相对下降。中央在此次危机中通过实施持续宽松的货币政策与积极的财政政策释放了巨大的投资动能，引导经济增长由依赖出口向扩大内需转变，进一步强化了高速增长方式。聊城市在这一时期紧抓中央宏观调控政策，积极争取项目资金，抓住工业尤其是重工业大头，进行了一系列工业振兴计划方面的投资，并重点着眼于有色金属、新能源汽车等优势产业的发展。因而2009～2015年投资动能带动了以有色金属及其加工为代表的重工业创造出巨大产值，成为聊城市经济增长的主要动力。

2015年以来，中国经济进入一个新阶段，经济增长持续下行，外需减少且内需动力不足，供给体系不能满足变化的消费需求结构，中低端产品产能过剩而高端产品供给不足，等等。面对经济结构有待改善、经济增长动力亟须转换、主要矛盾发生改变等问题，中央提出要着力加强供给侧结构性改革的要求。聊城市紧抓国家政策机遇，以提高经济增长的质量效益为中心，推进结构性改革，坚决打赢提高总量和转型升级两场攻坚战，实施创新驱动、质量强市和大项目带动三大战略，为经济发展提供新的引擎。因此，新时代经济发展的新动能应是在供给侧结构性改革下满足高质量发展要求的创新驱动动能。

在国家改革与发展背景下，基于聊城市宏观经济数据变化背后的动能演化特点，分析聊城市改革开放40年经济发展的动能演化如下。

第一阶段：家庭联产承包责任制的推行释放了农村的活力（1978～1984）

在改革的起步阶段，作为传统的农业地区，聊城市大力开展农村改革，全面推行家庭联产承包责任制。统分结合的双层经营体制和家庭联产承包责任制，改变了农村旧的经营管理体制，解放了农村生产力，极大地调动了广大农民的生产经营积极性。在这期间，聊城市第一产业产值占全市生产总值比重在65%左右，第一产业产值、粮食产量、农民收入迅速增长，增长速度保持高位，第一产业年均增长率为18%，粮食产量年均增长率为11%，农民人均纯收入年均增长率为38%（如图3－2所示）。“要发家，种棉花”的口号在当时鼓舞了全市农民，1984年聊城棉花产量达351100吨，是1978年棉花产量的9倍，占全省产量的1/5，占全国产量的1/10，聊城成为全国重要的商品棉和出口棉基地（如图3－3所示）。

以家庭联产承包责任制为主的农业领域改革，释放了农村的活力，农业生产总值显著提高，农民收入不断增加，为工业化发展提供了资金支持。同时，粮食产量不断提升，全市的温饱问题基本得到解决。农村改革的成功经验，点燃了聊城市各个领域改革的星星之火，农村经济发展对城市的要求，为以城市为重点的整个经济体制的改革提供了有利条件。

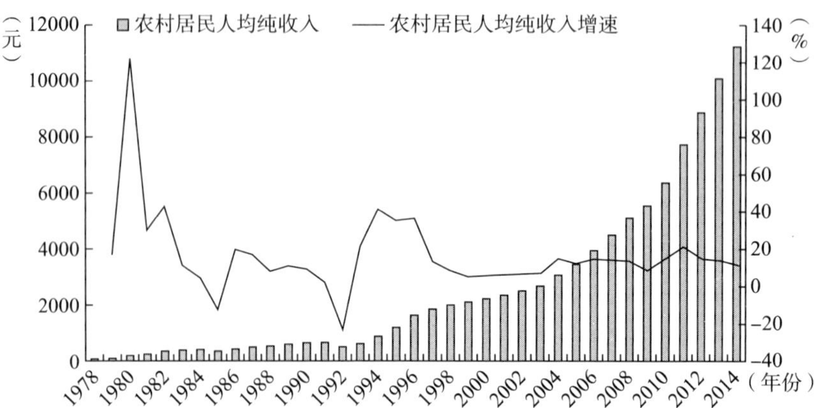

图 3－2　聊城市农村居民人均纯收入及其同比增速

资料来源：聊城统计年鉴。

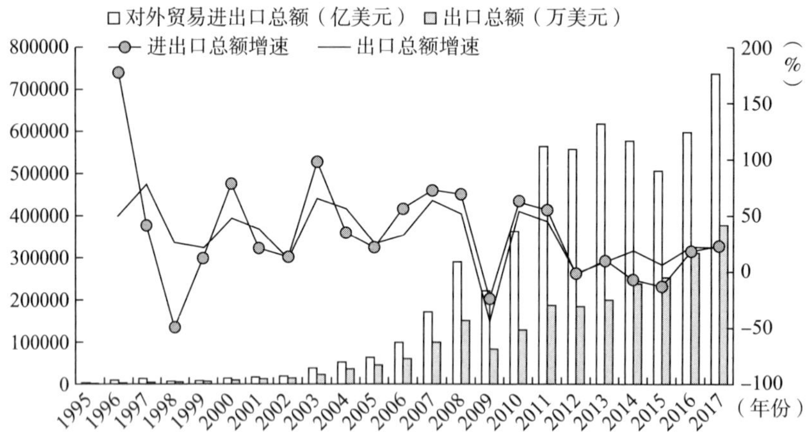

图 3－3　聊城市进出口总额、出口总额及其增速

资料来源：聊城统计年鉴、山东统计年鉴。

第二阶段：以市场化为导向的经济体制改革释放了工商业的活力（1985～2001）

从 1984 年起，中国经济体制改革的重点由农村转向城市。以 1991 年为分界线，分为两个阶段，商品经济阶段（1985～1991）和市场经济阶段（1992～2001）。

1984～1991 年，是中国计划商品经济体制时期，当时经济工作的中心是转变城市企业经营体制，目的是增强企业活力，特别是大、中型的全民所有制企业，对企业实行所有权和经营权分离，普遍推行企业经营承包制。这一时期，以企业经营承包制为主的多种形式经济责任制释放了一部分城市企业的活力。聊城市各县、区的工业系统改革企业领导体制，全面实行厂长负责制，全市多家企业开始实行承包经营责任制，生产效率提高，工业实现了超常规、跳跃式发展（如图 3－4 所示）。同时，以公有制为主体的股份制开始试点，并逐步推行，但主要集中在国有企业。

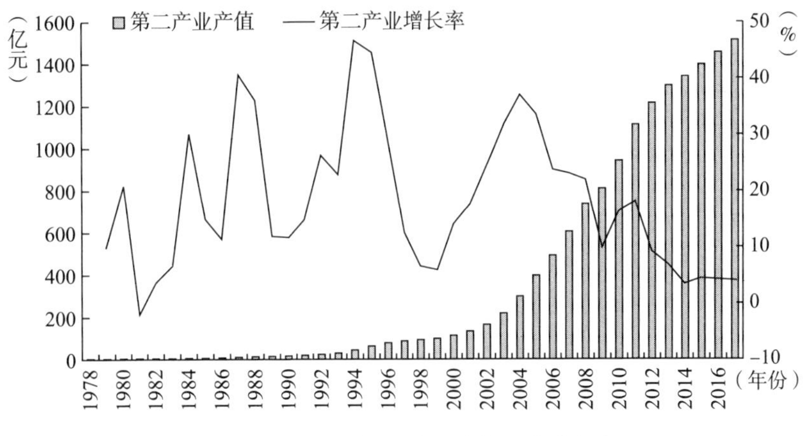

图 3－4　聊城市第二产业产值及其增长率

资料来源：聊城统计年鉴。

1992 年，党的十四大提出建立社会主义市场经济体制的改革目标，强化市场机制的作用，使市场在社会主义国家宏观调控下对资源配置起基础性作用，中国经济体制由有计划的商品经济转向市场经济。聊城市以建立社会主义市场经济体制为目标，不断深化市场取向的改革。全市经济顺利实现了由旧经济体制向新经济体制的过渡。市场作用开始充分发挥，经济活力进一步得到极大的释放。聊城市全市生产总值增长率上升极快，经济发展保持比较高的增长速度，其中工业产值增速连续多年保持在 10% 以上，最高达 46%。如图 3－4 所示，1997 年聊城市工业产值占全市总产值的比重历史上第一次超越农业产值占全市总产值的比重，工业在聊城经济发展中占据了主导地位，聊城市逐渐实现由传统农业大市向工业城市转变。

以市场为取向的改革，也为农村经济注入了新的活力。乡镇企业异军突起，成为推动经济新高涨的一支重要力量，为农村致富和逐步实现现代化，为工业和第三产业发展开辟了一条新道路。个体经济、民营经济带动农村产业结构、就业结构的变革，转移了农业富余劳动力。以乡镇企业为代表的非国有经济具有较高的经营效率，进入市场对国有企业改革造成压力，有力地促使了国有经济进行增强企业活力的改革。

随着市场经济体制地位确立，国有大中型企业改革向建立现代企业制度的公司制方向进行，股份制改革逐步推行，对外开放的步伐不断加快。在此期间，规模以上工业总产值及其利税迅猛增加，增长速度加快（如图3－5所示）。聊城市的时风集团、泉林集团、冠洲集团等一批骨干企业在这个时期强势崛起。一些国有企业进行股份制改体，企业活力得到释放，并逐渐发展成为当地支柱产业。

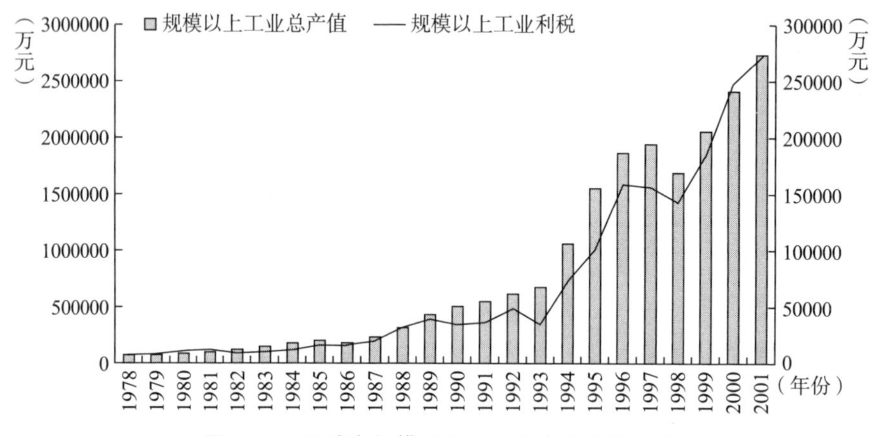

图3－5　聊城市规模以上工业总产值及其利税

资料来源：聊城统计年鉴。

总的来说，以市场化改革为取向的经济体制的改革释放了聊城市工商业的活力，激发了一批重工业与低端制造业企业的生产动力，工业实现了迅速赶超与发展。

第三阶段：以中国加入WTO为标志的更加对外开放释放了全球化的活力（2002～2008）

2001年，中国加入WTO，意味着中国在改革开放的道路上更进了一步，为长期封闭的经济注入了生机和活力。在全球化浪潮的推动下，聊城坚持

“聊城以外都是外”，全方位、多层次、宽领域地推进对内对外开放，引进了一大批项目、资金、技术和人才，对外开放迈上了新台阶。聊城市对外贸易迅速增长，2007 年聊城市进出口总额突破 10 亿美元，2008 年进出口总额突破 20 亿美元。2008 年与 2001 年相比，进出口总额由 17155 万美元增加到 290621 万美元，年均增长 15.94%，其中出口总额由 12628 万美元增加到 151546 万美元，年均增长 11%，都超过了全市生产总值年均增长率（如图 3－6 所示）。

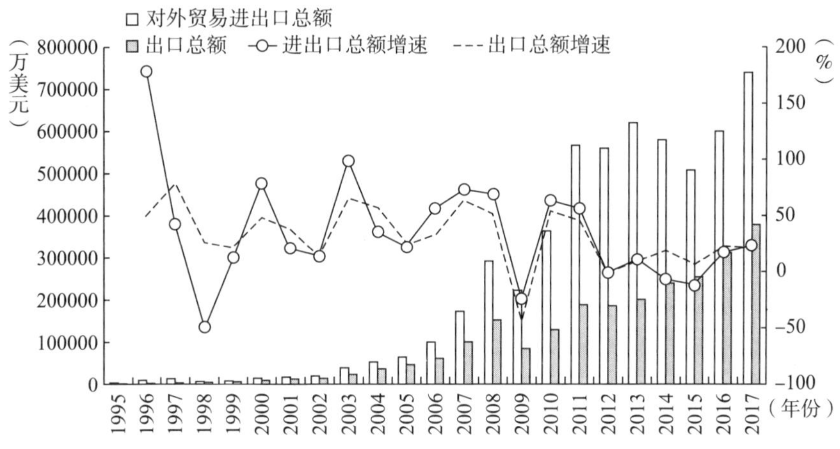

图 3－6　聊城市进出口总额、出口总额及其增速

资料来源：聊城统计年鉴、山东统计年鉴。

对外开放的进一步扩大促进了聊城市第一、第二、第三产业的发展。聊城市农产品出口总额增加并在全国农产品出口中占有重要比例，引导聊城市农业生产向规模化和现代化发展，提高农产品质量，加快创建农产品品牌。在全球化和国际化大背景下，聊城市有色金属及其加工、纺织服装、化工医药等制造业部门与国外企业的技术交流和贸易往来增加，传统制造业部门通过技术引进等方式加快形成产销增长。国际市场还带动聊城商贸物流业、文化旅游业等新兴服务业发展，服务业占比稳步提高，2002 年服务业产值占总产值的比重历史上第一次超越了农业占比，服务业产值增速不断加快，聊城产业结构优化转变，聊城市三大产业比例由 1978 年 61.8∶26.8∶11.4 转变为 2002 年 26.6∶45.2∶28.2。

总的来说，2001 年中国加入 WTO 后，聊城对外开放加大引发的经济增长动能，使聊城市产业结构发展实现了某种程度上的升级，进一步带动了聊城市工业化、城市化迅速发展。然而，随着2008年美国次贷危机的爆发与蔓延，国际金融危机带来的抑制全球经济活动的因素滋长，各种形式的保护主义明显抬头，世界经济向低速增长态势发展，国内经济由危机前的快速发展期进入深度转型调整期。同时，聊城市经济发展增速放缓，扩大出口和利用外资也面临着不少困难，2009年进出口总额明显减少，增速显著下降。

第四阶段：以重化工和房地产投资驱动为主的工业化和城市化活力释放阶段（2009～2015）

面对对外贸易持续低迷，国内经济下行的状况，国家实行积极的财政政策和适度宽松的货币政策，努力扩大内需和保经济增长。聊城坚持工业强市、三产兴市方针，鼓励增加消费和投资，推进工业转型升级，积极发展新兴服务业。在巨大的投资刺激下，2010年聊城市经济增速有所回升，规模以上工业总产值同比增长26.76%，进出口总额突破30亿美元。

进入21世纪以来，铜及铜加工产业、铝及铝加工产业等重工业在聊城市工业内部结构中长期占据主要地位。以有色金属及其加工为代表的重化工业成为这一时期聊城经济发展的动力，推动形成产业集群化发展，释放了聊城工业化活力。2011年，聊城市启动了“4455”工程和“3＋4”千亿产业园区建设，重点发展铜铝深加工等支柱产业。其后又实行“双百工程”、实施“万亿工业”等战略，电解铝、铝材、铜加工等产品产量稳定上升，有色金属及其加工品销售占工业销售总额比重连续多年在15%以上，重工业产值占工业比例一直在60%以上，有色金属及其加工产值占重工业产值在60%以上，为聊城市生产总值提高做出巨大贡献（如图3－7所示）。

2008年以来，房地产业以其新兴性、发展性和高增值性逐渐壮大起来，房地产业连续多年在服务业增加值中占有较高比重，房地产开发投资比重连年上升，商品房销售面积增加，商品房销售额不断增长（如图3－8所示）。带动了现代服务业的一段繁荣，释放了城市化活力，也成为这一阶段推动聊城市经济增长的动力。

但是聊城市房地产业发展不均衡，东昌府区发展较为迅速，且在城镇化加速、城市建设供地紧张与土地财政等问题的冲突下，市区的房价连年处于高位。房价畸形上涨使房屋逐渐偏离其实际价值，增强了人们的投机心理并提高了居民的杠杆率，资金越来越多地流向房地产市场也不利于实体经济的发展，房地产市场的健康发展成为目前要解决的首要问题。而国家对房地产市场总体调控的基调日益明确，房子是用来住的，不是用来炒的。随着国家调控政策逐渐产生效果，房地产业的增长也将放缓，房地产市场发展并不能带动经济长久的繁荣，必须振兴实体经济。

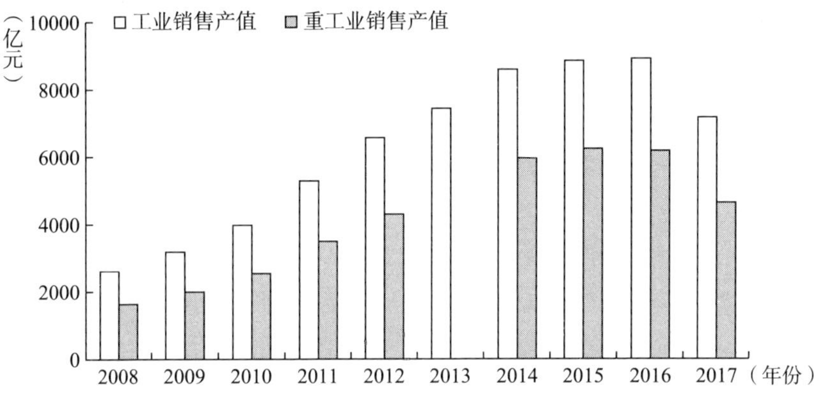

图 3－7　聊城市工业及重工业销售产值

资料来源：聊城统计年鉴。

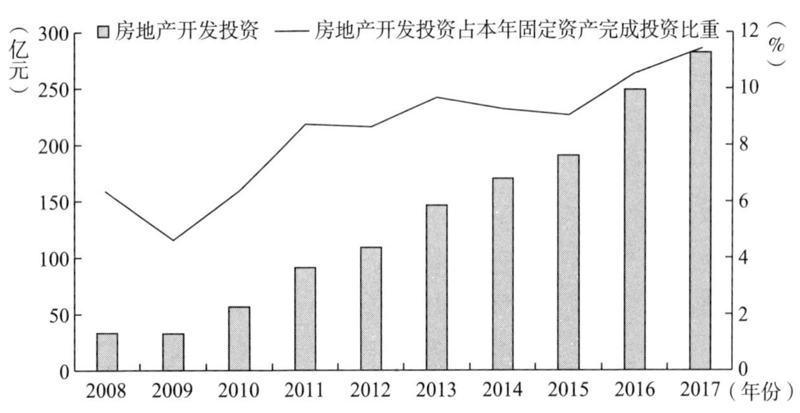

图 3－8　2008～2017 年聊城市房地产开发投资及其占当年固定资产完成投资比重

资料来源：聊城统计年鉴。

第五阶段：以高质量发展为要求的供给侧结构性改革释放了创新的活力（2016年至今）

国际上，特朗普上台后政策的不确定性增加，贸易摩擦日益加剧，中美贸易战加快国际贸易链条重新布局与福利再分配，世界经济增速下降。国内经济发展进入新常态后，经济总量虽已跃居世界第二的高位，但经济下行压力加大，中等收入群体数量增加，要跨越中等收入陷阱，经济增长的质量尤为重要，必须实现从要素驱动到创新驱动的转变。一方面，落后产能过剩比较严重，全球化红利和人口红利逐渐衰退，企业税负压力比较大。另一方面，供给不能适应需求结构的变化，改革红利需要进一步释放，传统发展动能的作用减弱。

适应中国经济发展的变化，2015 年 11 月，习近平同志在中央财经领导小组会议上强调，在适度扩大总需求的同时，着力加强供给侧结构性改革，着力提高供给体系质量和效率，增强经济持续增长动力，推动中国社会生产力水平实现整体跃升。2017 年 10 月 18 日，习近平同志在十九大报告中指出，深化供给侧结构性改革，建设现代化经济体系，必须把发展经济的着力点放在实体经济上，把提高供给体系质量作为主攻方向，显著增强中国经济质量优势。

在全球经济增速下降和中国进入新常态发展背景下，聊城市经济增长速度也进一步放缓，经济结构面临转型升级的压力。继续深化供给侧结构性改革与落实“三去一降一补”任务要求聊城市转变过去注重经济增长数量和增长速度的粗放型生产方式，向提高经济发展质量和发展效益的方式转变，实现经济可持续发展与生态环境保护协调进行。对此，聊城市委、市政府把落实质量发展纲要，深入实施质量强市战略作为聊城市经济提质增效的重要抓手。从质量教育、标准化引领、品牌提升等方面提升劳动力质量素质、促进全市产业结构转型升级和构建聊城市产品品牌。

在经济结构转变、经济增长方式转换的关键阶段，供给侧结构性改革的根本方向是提升质量，质量提升的关键在于产品质量升级，产品质量升级的重要手段依托于科技创新。以科技创新为依托、以管理创新为手段的质量创新成为新时代下新的发展动力。“互联网＋”和“信息化”的现代农业发展模式，以及农业技术推广助力农业向规模化、集约化生产。掌握自主知识产权、拥有关键核心技术的高新技术企业和战略新兴产业产品质量和品牌价值高，企业竞争力强，是推动工业结构优化的主力军。而现代金融服务业的客户服务、监管、数据获得等越来越依托金融科技的快速发展，意味着科技创新也是服务业发展的重要动力。

二　聊城市经济发展新旧动能演化过程的经验总结

（一）改革是新旧动能转换的动力来源

改革即体制创新，是经济增长和发展的最大、最根本的动力。聊城市每一次动能转换都离不开国家自上而下的体制创新。聊城从率先在全省实行农村家庭联产承包责任制，到改革城市企业经营体制向承包责任制、股份制转变，再到深入推进国有企业改革、建立现代企业制度；从计划商品经济体制到建立社会主义市场经济体制、不断深化市场取向的改革；从经济体制改革向财税制度、户籍制度、司法制度等多领域的制度创新，传统动能升级转换、新动能活力不断释放，聊城市经济显著增长。在当前供给侧结构性改革提出高质量发展的要求下，以创新驱动为引领的新旧动能转换仍然需要靠制度创新来保证。

（二）市场是新旧动能得以转换、新动能释放活力的场所

工业化、城市化动能的释放和中国加入 WTO 为标志全球化动能释放都是在市场中进行的。市场通过价格信号和竞争机制，引导微观经营单位对产品和要素的供求状况和相对稀缺性做出反应，促使企业决策者在遵守市场规则的前提下按照市场需求进行产品结构和技术选择。竞争性的市场环境提高了经济效率和资源配置效率，使劳动力、土地和资本等生产要素的作用有效发挥。市场作为全社会微观主体经济活动的场所和总体形式，还是企业进行创新活动和创新动能释放的主要场所，对于实现以“四新”促“四化”为核心的新旧动能转换仍起到主导作用，因此要继续坚持市场经济的主体地位，使市场在资源配置中发挥决定性作用。

（三）企业是推动新旧动能转换、新动能释放的主体

国有企业、民营企业和个体工商户等多种形式的市场主体推动了新旧动能的转换，特别是以乡镇企业、私营企业为代表的民营企业是聊城市几十年来经济发展过程中最具活力的部分，是提供大量就业机会、增加政府税收的重要来源，是推动聊城工业化和城市化进程的重要力量。民营企业以其有效的竞争与激励机制表现出生产运行效率高、生产积极性高、利润收入高的特点，成为提升科技水平、创新能力的主力军。企业作为市场经济活动的主体，掌握市场的最新需求，进一步强化企业的创新主体地位，提高企业的自主创新能力，进一步释放企业主体的活力，对聊城培育经济发展新动力，加快新旧动能转换，促进经济持续稳定高质量发展具有重要作用。

（四）科技创新是动能转换的成果与新动能释放的重要手段

在全球化动能释放增强经济增长活力的阶段，聊城市总体技术力量还很薄弱，工业企业 R&D 经费与人员投入很低，企业为积累技术经验只能通过技术引进和技术模仿。聊城市有色金属、化工等传统产业利用技术引进改进生产技术，是工业产值迅速提高重要原因。第四次动能释放时，聊城市中通客车、信发集团等一批企业已通过自主创新获得了规模效益。但是缺乏自主创新的能力，使聊城市农业现代化发展缓慢、服务业效益总值不高。加速新动能释放，促进经济发展方式和生产方式转变，科技创新尤其是企业的自主创新是重要手段。

（五）企业家是新旧动能转换的主要推动者

创新创业的主体是人，尤其是企业家在创新驱动发展中发挥着关键作用。在经济发展的每一阶段，都会出现众多企业家代表。企业家的思维视野和创新思想对企业文化建设、企业组织结构和企业发展方向具有重要影响，企业家通过整合资金、技术、人才等资源，提高资源利用率和企业经营发展能力。聊城市加快新旧动能转换，推进创新驱动发展需要凝聚创新型人才的合力，尤其是发挥企业家的关键作用，增强创新发展动力。

三　聊城市新旧动能转换面临的问题与对策

（一）聊城市新旧动能转换面临的问题

1. 政府干预和市场化改革的结合程度难以把握

中国经济体制的改革一直是围绕如何处理政府与市场的关系问题展开的。政府往往通过实施计划手段和制定宏观干预政策调节经济发展，市场则是依据其价格机制和竞争原则推动资源配置以实现经济增长。政府与市场对调节经济增长、提高经济效率作用机制的不同，带来了要实现经济持续稳定增长，应当如何处理好政府与市场的关系问题。一方面减少政府的计划或控制，可以为市场调节经济留出更大空间；而另一方面单纯依赖市场的作用，又难以避免市场失灵产生的外部性、信息不对称等问题。

聊城市在改革开放 40 年的历程中，同中国改革和发展面临的问题一样，具有“一活就乱，一乱就收，一收就死，一死就放”的循环往复特征。[①] 每一阶段改革释放的新动能在推动经济出现新的增长点、经济增速大幅提高的同时，也面临着新动能转换为旧动能时导致经济增速下降不可避免的问题。主要原因在于，政府和企业之间的目标存在冲突。新旧动能转换过程中，政府对于“放”和“收”的权利利用与依赖市场自我调节之间的结合度把握不准。还表现在微观经营机制的改革出现后，配套的宏观政策环境和资源配置制度没有及时跟进，这往往会造成经济发展的周期循环性，如在改革中出现的 1988 年全国范围通货膨胀，1998 年亚洲金融危机，2008 年美国次贷危机等，宏观政策没有提前预见，难以避免全国经济受到影响而导致增速下滑，聊城市也未能幸免。要实现新旧动能良好转换，政府和市场的结合度有待捏合把握，宏观政策与微观经营机制的配套体系有待进一步完善。

2. 改革的制度红利需要进一步释放

改革初期为适应国有企业改革，政府利用行政手段强制干预生产要素和产品的价格，造成了要素和产品价格双轨制的问题。虽然经过后来的体制改革，目前商品和服务的价格已经实现由市场来决定的机制，但是资本、劳动

---

① 林毅夫：《中国的奇迹——发展战略与经济改革》，上海人民出版社，2014，第 146 ~ 150 页。

力和土地等生产要素价格还没有完全市场化，尤其是资本和土地价格双轨制仍然存在。当前，国有企业的改革尚未完成，而民营企业在经济发展中表现出较快的发展速度和较强的竞争力，但是民营企业发展却存在营商环境欠佳、税费负担重、融资难融资贵等问题。要解决这些问题，相应的资源配置制度、财税体制与金融体制有待改革。

此外，改革初期不合理的户籍制度、分配制度等体制造成的遗留问题仍然存在，城乡居民在养老制度、医疗体制和教育体制上的差异化还很明显，农村基础设施建设不完善、土地流转过程中农村剩余劳动力在城市的医疗卫生等社会保障不健全等问题需要进行制度改革和保障。知识、技术、信息、数据等新生产要素对新旧动能转换发挥作用越来越大的同时，新生产要素的市场配置机制尚不健全，还存在价格扭曲现象，影响全要素生产率的提升。因此，制度创新的红利有待释放。

3. 技术创新的基础较为薄弱

改革开放以来，聊城市的技术创新之路，与全国技术创新之路具有相同的特征：是一条引进、模仿、吸收、再创新的道路。根据日本学者赤松要的雁型模式发展理论，在经济发展初期，后进国家可以通过充分模仿、引进和利用进口产品的生产工艺及技术，并使之与本国的廉价劳动力和优势自然资源相结合，不断增加某些进口产品的国内生产。如果后进国家善于把握时机，就能在进口—国内生产—出口的循环中缩短工业化的过程。聊城市在工业发展初期利用技术引进和技术模仿实现生产和加工技术升级是适应比较优势发展战略的手段，符合当时资金短缺、人才不足的现实，有利于利用先进的生产技术提高生产率和扩大生产规模。

但是，伴随改革开放后经济快速增长的现状，目前中国经济处于“买方市场”阶段，市场供给趋于饱和，市场对高质量产品需求日益增长。聊城市的产业要想开拓市场、增加竞争力，不能仅仅依赖于过去技术引进和模仿的手段，必须通过自主技术创新开发新产品或提高现有产品的质量。而聊城市高新技术产业发展起点低、传统产业居多、基础薄弱、创新机制不健全，特别是以企业为主体的技术创新体系没有真正形成，企业技术创新能力普遍不强，与国内先进技术和国外发达国家的技术水平存在很大差距。

4. 产业结构有待优化

农业现代化水平不高。聊城市农业产值占生产总值的比重仍然过高，但是农业现代化发展严重滞后于工业化和城镇化。家庭联产承包责任制导致农地细碎化，造成农业分散化经营问题，农业生产规模较小未能形成产业集群和产业链体系。这制约了农业机械化发展，也限制了农业技术的应用与推广，造成农业科技含量低、农产品质量安全和品牌标准不高。

工业发展质量有待提升。高能耗产业占比较大，高新技术产业产值占总产值比重较小。虽然聊城市工业增加值占生产总值的比重比全省平均水平高，但工业内部结构落后，重工业长期以来占60%以上，对资源能源的依赖度较高，单位GDP耗电量较大。聊城市的有色金属、化工、汽车、造纸、纺织工业等虽然在全国占有一定地位，形成了区域性的产业集群，但是大多数产业链条较短，拥有自主知识产权、高附加值产品的企业较少，工业技术创新能力较弱。

现代服务业发展的整体水平不高。聊城各县（市、区）长期实施以农业为基础、工业为主导的产业政策，直接影响了服务业和现代服务业的发展。虽然从2002年以来，聊城市服务业产值占比超过农业并逐步提高，增长速度稳步加快，但是2016年数据显示，服务业占比仍然低于工业10个百分点，并且落后于全省平均水平。传统服务业面临技术改造和升级的问题，而信息、科技和知识密集的现代服务业则面临发展壮大的问题，现代服务业增加值占第三产业增加值比重很低。

（二）聊城市新旧动能转换对策

1. 破解体制机制的障碍是新旧动能顺利转换的保障

要继续保持经济的可持续发展与实现经济转型，保障新旧动能顺利转换，需要破解经济体制机制上的多重障碍。不仅要处理好政府与市场的关系，使市场在资源配置中起决定性作用和更好的发挥政府的作用，还要建立改革配套措施实现制度创新。首先，要加大“放管服”改革，切实转变政府职能，树立科学的政企关系观念，建设“包容创新、审慎监管、运行高效、法治规范”的服务型政府[①]，努力打造最优的营商环境。其次，要完善知识产权保护与运用机制，支持建立知识产权保护中心，加快构建产学研合作平台。再次，要深化财税体制和金融体制改革，强化税收引导和财政激励功能，有效解决

① 余东华：《新旧动能转换须突破五大障碍》，《大众日报》2018年3月15日。

金融供给不足问题，促进实体经济和金融的良性循环。最后，要深化投融资制度改革，建立合理高效的审批机制，强化信息调查与监管制度，提高新旧动能转换项目资金的使用效率，加大对重点行业和关键领域的投入力度。

2. 释放创新驱动发展动力是实现新旧动能转换的关键

目前，聊城市正处于新旧动能转换引领全市经济增长的关键时期，实现从要素投资驱动转向创新驱动是新旧动能转换中的关键步骤。由于聊城市存在传统产业内部创新基础薄弱，新兴产业创新激励不足的问题，因此释放创新驱动发展动力需要驱动创新。第一，巩固传统优势产业的基础创新能力，紧抓传统产业的技术改造，着力提升核心技术。打造有色金属及其加工、绿色化工、纺织服装等产业集群，鼓励集群技术交流，增强集群创新合作。第二，加大对新兴产业的培育力度，加快新产品研发，提升自主创新能力。实施一系列财政税收激励政策，引导产业内企业加大技术创新投入，以技术创新驱动企业发展。第三，加大科技、人才投入，提高社会研发投入占 GDP 比重和 R&D 经费支出占 GDP 比重，积极发挥科技创新在三产融合创新发展体系中的作用。培育高素质创新型人才，实施知识创新驱动发展战略。创造优越的人才环境，吸引外部人才，培养本土人才。增强企业与高校的联系，利用聊城大学等高校资源，发挥大企业科研平台优势，推进校企合作。第四，发挥企业家在创新驱动发展中的关键作用。鼓励企业家之间学习交流，积极寻找合作机会，探索企业发展方向。

3. 以“四新”促“四化”，提高质量效益是新旧动能转换的核心

立足经济增长方式向集约型转变、国内消费结构升级的现实，推进新旧动能转换要围绕提高质量效益的中心，通过发展新技术、新产业、新业态、新模式，来促进产业智慧化、智慧产业化、跨界融合化、品牌高端化。第一，坚持以农业供给侧结构性改革为主线，以加快农业新旧动能转换、增加绿色优质农产品供给、增进农民增收和保障农产品质量安全为重点，大力推动农业创新发展、转型升级和增质提效，发展绿色农业和循环经济，建立起聊城市自己的农业品牌。第二，改造铜、铝等有色金属、汽车及机械装备、化工等传统产业，化解落后产能。提升新材料、新能源、高端装备、节能环保等战略新兴产业发展质量和竞争力。实施产智融合发展战略，以智慧化发展提升现代化水平。鼓励龙头企业并购国内外知名品牌及创建自主品牌，拓展国际营销网络，扩大自主品牌的出口和影响力。第三，支持传统服务业创新经济业态，引进高成长性生产服务业和高水平生活服务业，促进物流运输、金融服务等现代服务业与实体经济深度融合。第四，加快实施融合发展工程，即产业融合、产城融合、产智融合。促进一、二、三产业融合，延长产业链增强产业关联，提高产品配套生产能力、要素利用率和产品附加值，鼓励企业向着一体化模式发展。

4. 依托“新资源”，把握新产业革命机遇是新旧动能顺利转换的途径

自互联网兴起以来，知识、信息、数据逐渐成为新的生产要素，企业如果能掌握新的资源，就能创造更多的盈利机会。目前中国对互联网的应用主要集中在商业领域，如以阿里巴巴、京东等为代表的一些电商平台，但是聊城市产业对互联网资源的应用结合度不高，特别是在工业和农业上。因此，实施新旧动能转换工程，一方面，要探索信息、数据、知识、平台等新生产要素的市场配置制度和运行机制，构建创新驱动新旧动能转换的机制。另一方面，要在互联网、大数据和云计算背景下，抓住数据、信息、用户等新要素和新资源，将新要素与企业生产研发相结合。通过将互联网深度运用于三次产业生产中，加快标准化、数字化、信息化与智能化的深度融合。企业可以借助电商平台获取个性化需求信息，并使之成为驱动生产的数据，对企业内部的生产和组织流程进行再造，提高企业智能化制造水平，为旧动能增加新活力。①

参考文献

陈昌兵：《新时代我国经济高质量发展动力转换研究》，《上海经济研究》2018 年第 5 期。

陈武、李燕萍：《驱动创新发展的动力模式演变》，《科技管理研究》2017 年第 14 期。

荼洪旺：《论中国经济步入新常态的发展动力》，《中州学刊》2015 年第 1 期。

钞小静、薛志欣：《新时代中国经济高质量发展的理论逻辑与实践机制》，《西北大学学报》（哲学社会科学版）2018 年第 6 期。

郭春丽、王蕴、易信、张铭慎：《正确认识和有效推动高质量发展》，《宏观经济管理》2018 年第 4 期。

---

① 黄凯南：《演化增长视角下的新旧动能转换》，《光明日报》2017 年 9 月 19 日，第 15 版。

黄宏磊：《传统制造企业互联网战略转型路径研究》，《商业经济研究》2018 年第 24 期。

宁吉喆：《改革释放发展动力创新激发市场活力》，《宏观经济管理》2017 年第 4 期。

刘东皇：《中国经济发展动力结构转换研究》，《社会科学》2016 年第 1 期。

刘勇：《新时代传统产业转型升级：动力、路径与政策》，《学习与探索》2018 年第 11 期。

蒲晓晔、赵守国：《我国经济发展方式转变的动力结构分析》，《经济问题》2010 年第 4 期。

乔榛：《中国经济可持续增长的改革动力研究》，《学习与探索》2014 年第 5 期。

任保平、刘笑：《中国特色社会主义新时代主要矛盾变化下的发展路径转型》，《学术研究》2018 年第 3 期。

孙立坚：《2016 年中国经济发展动力何在》，《新金融》2016 年第 2 期。

王昌森、董文静、于会娟：《新旧动能转换背景下区域创新驱动能力研究——以山东省为例》，《山东工商学院学报》2018 年第 5 期。

王军：《完善经济发展方式转变的动力问题研究》，《理论学刊》2009 年第 9 期。

王雄飞、李香菊：《高质量发展动力变革与财税体制改革的深化》，《改革》2018 年第 6 期。

向晓梅、吴伟萍：《改革开放 40 年持续性产业升级的动力机制与路径——广东迈向高质量发展之路》，《南方经济》2018 年第 7 期。

杨琛、李群、王宾：《“新常态”下中国经济发展动力强弱因素研究》，《经济问题探索》2016 年第 2 期。

尹恒：《调控维护短期平稳增长 改革激发长期发展动力——中国宏观经济论坛月度数据分析报告》，《宏观经济管理》2018 年第 6 期。

张蕾：《创新驱动：马克思主义社会发展动力理论的新阶段》，《东北大学学报》（社会科学版）2014 年第 4 期。

【聊城发展研究院、聊城大学商学院（质量学院）：马中东　任海平】

第二篇　新旧动能转换理论篇

第四章　新旧动能转换与山东经济发展

中国经济发展到现阶段，到底处于什么阶段？经济增长的动力源泉在哪里？增长的动力结构和源泉是否和为什么改变？哪些是旧动能、哪些是新动能？怎样实现新旧动能转换？作为中国经济大省的山东，与全国比较，新旧动能转换的共性和特殊性是什么？本研究试图回答这些问题。

一　中国经济到底处于什么阶段？

从大的阶段划分，新中国成立以来，中国作为一个发展中国家，一直都处于工业化阶段。20 世纪 80 年代开始改革开放，标志着中国进入加速工业化和由计划经济体制向市场经济体制转轨的阶段，总体上处于工业化和城市化的中期。仅就工业化而言，从工业革命意义上划分，中国处于上一次西方发达国家领导的工业革命的中后期和新一次工业革命的前夜，也就是说，上一次工业革命中国还没有完成，就已经同时进入新的工业革命的初期，是“两期叠加”。上一次中国是跟随者，新的工业革命，中国至少可能是领导者之一。

从小的阶段划分，以2007年世界性经济危机为标志，中国经济社会发展进入一个新的阶段。这一阶段对于世界许多国家来说，可能只是新一轮经济周期波动的危机和萧条期，即经济增长低谷期和经济结构调整期，而对中国来说，是所谓的“几期叠加”，到底是几期，总结性说法不一定一致，本研究从经济意义上的概括是：第一，与世界经济周期波动一致的经济增长低谷期（尽管危机到来后的前几年我们极力反周期保持了增长的高速，但是滞后几年还是规律性增长速度下滑）；第二，中国经济长期高速增长后，进入“新常态”和增长速度换挡期；第三，进入经济结构既是与世界经济危机一致的强制性、被动性、阵痛性调整期，也是作为发展中大国经济增长和社会发展到中等收入阶段后产业结构的主动性重大调整期；第四，前几年为了保增长所实施的强刺激政策的消化和调整期。可谓“四期叠加”，情况非常复杂，很容易造成认识和判断上的失误。

这里有一个问题需要明确：中国是否陷入经济危机？因为我们对“经济危机”有一个“坏”的价值判断，所以，不太愿意承认我们陷入危机。其实经济危机是内生于经济运行周期性波动的一个阶段而已，没有周期性危机就不能优胜劣汰和获得进一步发展的空间。从判断经济危机的四类主要指标看，中国不是受到经济危机的影响，而是陷入经济危机。一般从GDP增长率、资产价格（主要是股票价格和房地产价格）、银行不良资产率（问题的另一面就是企业的债务危机或高债务违约率）和通货紧缩几个方面判断一个经济体是否陷入危机。本人根据经验总结后认为：如果GDP增长率短期内下降3个百分点左右（关键不是GDP增长率是多少，而是下降了多少），商业银行的实际不良资产率超过3%，在货币供应量充足甚至超过GDP增长速度的情况下，如果总的消费物价指数即CPI低于3%，资产价格短期内下降30%以上，即可认为该经济体陷入危机。尽管具体指标可能理论上有不同看法，但是，依据上述指标，基本上可以做出判断，可以简称为“3.3.3.30判断法”。中国GDP增长率从2008年的9.5%左右到2015年下降到6.9%，进入6.5%左右的阶段；中国从2009年到2016年，在货币供应量巨大的情况下，除2011年反常以外，都在2%左右，甚至低于2%；股票价格2008年达到最高点以后，一路暴跌，远远超过30%（2014～2015年诡异暴涨是极度反常、人为操纵的)。房地产价格泡沫明显，但是由于社会各界，包括中央和地方政府、银行、房地产企业、居民等达成共识，共同支撑使泡沫至今未破。这是好事，但是还不能保证未来不破；商业银行的实际不良资产率肯定比各大银行公布的要高，超过3%是起码的，一些城市商业银行更高，2015年以前很大程度上被掩盖，2015年终于盖不住。现在急于处置，中央高层也在高度重视防控金融风险。可以说，四个指标的3.5个（除开房地产价格外）已经显示，中国陷入经济危机。不过，中国的经济危机的指标表现，特别是GDP增长率的表现，总是比其他国家尤其是西方发达国家滞后几年。这是因为：中国各级政府在危机来临时极力、甚至过度反危机、保增长。因为中国政府有一个基于对中国国情判断（其实该判断有一定不准确性或片面性）的基本逻辑——保增长为了保就业，保就业为了保稳定，稳定是压倒一切的。政府总是通过大量投资阻止增长速度下滑。但是，由于危机的规律性，顺势、适度反危机有一定作用，过度反危机的结果实际上事与愿违，只能是保护落后的产能、产业、产品、劳动技能和体制，增长速度最后保不住，滞后几年还得下滑，当别的国家复苏之时，我们陷入低谷，“初一”和“十五”的关系而已，还常常失去淘汰落后和改革的最佳时机。2008年世界性经济危机爆发后，中国政府反危机力度特别大：先是大量投资实体经济部门，复制和扩大已经过剩的落后产能，发现过剩后又在“调整产业结构、大力发展服务业”的口号下全民搞金融，使金融业产值和利润高速增长，导致金融脱离实体经济需要片面发展和多重的金融风险，实体经济发展更加艰难。2015年终于撑不住，GDP增长率下降。

二　中国经济发展的阶段性决定了经济增长需要新旧动能转换

上述阶段特征昭示我们：要继续推进工业化和城市化；总体进入中等收入阶段；处于两次工业革命的耦合处，不能错过领导新的工业革命的机会；增长速度换挡的同时要从危机中复苏；我们的产业要升级、结构要调整。那么，在新阶段，经济增长和发展的动力何在？还能靠原来的动力吗？新动力何在？如何实现新旧动能转换？

首先，要清楚我们原来的动能即旧动能是什么？我们过去几十年经济增长的模式可以概括为：资源消耗型、劳动密集型、环境污染型、大量投资型、中低端产品大量出口型、房地产拉动型和改革促进型，当然，也有技术进步的巨大贡献。也就是说，我们几十年来经济增长主要是靠大量人力资源和其他自然资源投入、大量投资、大量中低端产品出口、大量投资房地产和改革拉动的。这就是我们的旧动能。怎么认识我们依靠的这些旧动能？还得立足于中国经济发展的阶段性及其约束条件。中国是一个长期落后的、世界上人口最多、最大的发展中国家，起点是落后的农业大国，目标是现代化，现代化的两个轮子是工业化和城市化。可是我们技术落后、教育落后、优秀人才很缺乏。只有自然资源和众多低素质劳动力。在一定阶段，只能依靠资源投入，就是通俗表达的“靠山吃山”“靠海吃海”“有矿开矿”，只能大量利用劳动力。这也是中国的比较优势，不用白不用，不用更吃亏。这是符合经济学原理的。靠资源和低素质劳动力，当然只能发展中低端产业，只能大量出口中低端产品，这是必经的阶段。一个落后农业国要现代化，就需要大量投资、从而积累物质资本，没有投资哪来的工业化和城市化？工业化过程中，尤其是初期，环境污染难以避免，与历史上的工业化国家比较，中国算是对环境顾及比较好的。原来城乡居民的房子都很少、很差，工业化、城市化就是要盖很多住宅楼和厂房以及各类商业用房和办公用房，因此，房地产投资拉动 GDP 增长是合理的、必然的。

由于在回顾、反思的时候，人们主要关注的是现在看来需要放弃或转变的方面，好像过去的增长和发展不重视技术进步，其实过去几十年中国的技术进步速度非常快，可谓速度惊人，而且人力资本积累的速度更快，特别是中国的大学扩招、科研机构扩大、教育和科研投入增加，即大大促进了过去几十年的发展，更重要的是为中国未来的新的工业革命准备了人力资本、科学技术及其潜力，完全有理由期望不久的将来，中国将会有科学和技术的井喷式的发展。

以上所有的增长和发展及其动力，都不是原动力。过去几十年各方面发展的原动力都是“改革”，包括观念创新和体制改革，特别是经济体制改革。改革是过去几十年经济增长和发展最大的、最本源的动能。因为土地制度改革，农村和农业以惊人的速度增长和发展，并且为各个方面的改革和发展奠定了基础；因为改革，各种自然资源被利用起来；因为改革，各层次劳动者的积极性被调动起来；因为改革，私营经济发展起来，极大地推动了经济增长；因为改革，我们大踏步“走出去”“引进来”；因为改革，国有经济活力大增；因为改革，人才数量大增、质量大幅度提高；因为改革，技术迅速进步。

其次，哪些是新动能？怎样才能使用新动能？一般意义上，我们把新动能概括为：改革开放和体制创新、技术创新、产业的结构转换和产业升级。

对比新旧动能很容易发现，旧动能中的许多不能再用，或者不能依赖，或者要降低使用量和提高利用率。不能主要依靠资源消耗、劳动力投入，即使想依靠也没有客观条件了，因为资源在减少，劳动力成本在提高。但是，资源和劳动力还是要用的，资源的利用率要提高。中国人多，一些劳动力密集型的服务业还是需要，也是合算的。中低端产业和产品的大量发展和出口，已经既无可能、也无必要，因为发展到一定阶段，这些产业必然转移到别的成本更低的国家，我们实际上在失去过去的成本优势，而且再做这些，我们已经很不合算了。至于不顾环境污染的经济增长，更是我们要坚决放弃的。靠房地产的经济增长已经不可持续。尽管中国房地产发展到现在，确实存在问题，有很大风险，但是从 1998 年至今的房地产业发展，有两个基本面要充分肯定：一是大幅度改善了城乡居民的居住条件，几乎家家都有自己的、质量比较好、面积比较大的房子；二是 20 年来，极大地拉动了中国经济增长。前 10 年对经济增长的贡献率年均超过 20%，近年来贡献率急剧递减，为 6% ~8%。20 年的发展，不仅积累了众多问题，而且，无论是从不同用途看，还是从区域看，房地产都趋于或接近或已经饱和。所以，今后再像过去那样依赖房地产实现经济增长已经不现实，当然房地产总还是会有一定增长，既需要一些增量，也需要对一些存量加以改造和改善。

产业结构调整与产业升级，首先，在理论上，要区分开来，否则，会产生认识的错误和实践中的混乱。产业结构是指不同产业之间的数量比例关系，从长期看，不同产业及其比例是演化的，随着技术、需求的变化，有些产业消亡，有些产业兴起，有些产业比例上升，有些产业比例下降。从根本上说，这种变化是一个自然演化过程，但是，可以在认识演化规律的前提下顺势实施一定的产业政策，从而调整和优化产业结构。我们考察产业结构演变史，影响最大的因素是经济危机和技术革命及其运用导致的产业结构变化，不是人为干预的结果。不管什么产业，只要有需求就有存在的合理性，不同产业之间不能进行优劣、高低的比较。产业升级是指产业及其企业和产品质量的提高，而质量包括产品本身的质量、符合需求的程度、资源的利用水平、对环境的影响、企业制度质量和管理水平、人员素质等。对于任何产业，质量升级或提高都是永恒的、无止境的。所以，产业升级是永远的任务和动力，而产业结构调整却必须因时因地因势而为。只有大的经济体，像中国这样的国家，国家层面、省的层面，甚至一些地市层面，都有一个产业结构及其适度顺势调整问题，小的经济体，在短期内无所谓经济结构问题，每一个小地方都根据自己的相对优势做好自己能做的产业，全国、全省的产业结构自然合理和优化。如果众多小经济体都朝着一个方向，例如，都大力发展第三产业尤其是金融业，都大力发展新型战略性产业，都大力发展所谓的高科技产业，都大力发展钢铁产业等，结果必然是地区之间产业结构严重不合理的趋同。因此，绝不可以按照统一的所谓产业结构的标准去评价不同地区产业结构的优劣。所以，产业升级的动能是永恒的，产业结构变动能否成为经济增长的动能，要因时因地因势而定。

但是，投资、技术进步和改革这三个方面的旧动力，在现在和未来仍然很重要，还必须继续使用。中国绝大多数地区处于工业化和城市化中期或中后期，还不是发达国家，大量投资，尤其是基础设施投资、高新技术产业投资、技术改造投资，是必需的和合理的，除非我们放弃工业化和城市化。所以笼统地批评主要依靠投资拉动经济增长和夸大或过度期望消费对增长的贡献率，是违背中国经济发展阶段性事实的。现在和未来相当长时期，投资仍然是经济增长的主要动力之一，与消费具有差不多的贡献率。需要批评和改进的不是投资，而是投资结构，即谁来投资、投资哪些领域和哪些地区。至于技术进步，是中国过去、现在和未来经济增长的、永久的动力，而且，现在和未来更主要。现在和未来一段时间，改革即体制创新，仍然是中国经济增长和发展的最大、最根本的动力，因为社会主义市场经济体制改革还没有完成，更没有完善。我们的一些观念也还需要更新。我们的技术进步等众多方面，还需要体制创新来保证。中央决策者一直对此有充分的认识，一直都在推动改革的深化。

三　山东的新旧动能转换与经济发展

山东经济发展的阶段性与全国基本一致，过去几十年经济增长的动力与全国也基本一致，山东东中西部经济发展水平的差异也基本上是中国东中西部的缩影。但是，山东也有自己的特殊性，在新旧动能转换的现阶段，面临的任务或着力点，除了与全国相同的部分以外，也有自己的特殊性。

山东经济有以下比较突出的特征。

特征一：实体经济发达，特别是发达的工业和农业。这是山东最大的优势，在全国经济版图中，山东就是靠实体经济立省。如果山东的实体经济、特别是工业和农业下滑或相对落后了，山东在全国的重要性也就基本失去了。其实，GDP 总量多一点少一点、排第几，不是很重要。山东实体经济可持续发展、产业可持续升级，对于全国而言，既是经济问题，也是政治问题，是国家的综合战略问题。

特征二：在实体经济中，海洋经济的规模、质量在全国领先或处于前列。海洋经济是广义的，包括海洋农业、海洋工业（海洋化工、相关制造业）、海洋运输业等等。

特征三：山东经济是一个相对独立的经济板块。这可能主要是由地缘因素以及与其他经济板块连接处的经济水平决定的。作为半岛，独自往东伸向海洋；往南，由于长三角经济板块的北部和山东经济板块南部、西南部，都是相对落后地区，从而经济联系相对断裂；往西，山东经济板块西部与河南、河北经济板块东部，也都是经济相对落后地区，经济联系也不大；往北，山东经济板块的北部与环渤海经济板块的南部，也是基本一样的状况。四个方向都缺乏足够的联系，相互没有辐射力和吸引力，从而山东经济板块的相对独立一定意义上变成相对孤立。好在山东本身资源丰富、产业结构相对齐全、交通方便、经济实力较强。但是，这种相对独立性肯定对山东经济进一步发展弊大于利。新旧动能转换要力求突破这种孤立性。

特征四：山东各级政府强势，国有经济势力大，民营经济对政府和国有企业依附性强。

特征五：山东特殊的文化，导致“官本位”相对更突出、老乡情怀和“圈子”现象相对更突出，而且文化自我认可度很高，相当多的人不乐意接受批评。这些都不利于人才的成长、引进和发挥作用，不利于创业和创新。

根据山东的实际情况，为了经济更快更好地发展，在动能使用和转换方面，以下几个方面是主要着力点。

着眼于需求，在投资、消费和出口的增长动力结构上，继续加大投资，特别是城乡基础设施投资、农房改造与小城镇建设、农村生产生活服务设施、城乡基本公共服务供给等方面的投资。因为山东远远没有完成工业化和城市化，这些投资就是在继续推进和完善工业化和城市化，有利于短期的经济增长，也有利于长期的增长和发展；至于消费作为增长的动力会稳步增长，但是不要期望它对 GDP 增长的贡献率超过 65%－70%，因为我们还不是发达经济体。消费也不需要人为刺激和干预，尤其不需要政府的干预。供给侧结构性改革一定程度上会引导寻求，但是，居民消费根本上取决于可支配收入和公共保障体系，只要居民收入增加了，保障体系完善了，居民消费自然增加从而推动增长。否则，直接刺激消费没有用；不要期望像过去那样，出口对 GDP 增长的贡献那么大，这不符合经济发展的规律，随着经济发达程度的提高，净出口对 GDP 的贡献率是递减的。山东未来的出口还会对 GDP 有较大贡献率，但是主要是优化出口结构、提高出口产品的技术含量和价值含量，逐步摒弃过去的出口模式。

从供给角度看，必须从产业结构和产业升级的维度寻求增长动力，主要是依靠新技术、新管理提升既有产业的水平，包括优化产业组织、提高企业素质、劳动者素质和管理水平。政府对产业结构调整和产业升级的作用主要是通过改善要素结构间接进行的。至于“三去一补”的供给侧改革，要充分认识到：非常必要和重要，有利于长期结构优化和增长。但是，多数措施在短期内不可能是经济增长的动力，甚至是相反的——去库存、去产能、去杠杆都不是短期促增长的措施。只有补短板是短期增长的动力。

政府总是想在产业结构及其调整方面直接地大有作为，其实，很多情况下这种直接作为是越位，效果不理想，甚至很差，例如前几年包括山东在内的全国许多地方，政府大力支持所谓高科技的光伏产业。政府对产业结构的调整最有效的手段应该主要是间接的。经济学原理告诉我们：产业结构和产品结构是内生于生产要素结构的，要想调整产业结构，必须调整要素结构。除开天然的土地、水、矿产资源本身外，其他要素的数量和质量是可变的，土地本身是可投资改造的，其他资源的利用技术也是可提高的。产业结构调整和升级的基础是生产要素结构调整和升级。发展中国家经济的特征之一就是对自然的生产要素依赖度高。发展中国家成为发达国家的过程，本质上是生产要素结构变化——主要体现为物质资本、人力资本、技术（资本）占比提高的过程。政府可以通过加大基础设施、教育和科研的投资，改善要素结构，从而间接调整产业结构和提高产业质量。

过去几十年，山东经济发展，与全国一样，主要靠吃资源红利和人口红利，这具有必然性。但是，现阶段和未来已经不可行、不可持续，必须调整要素结构：一是继续重视物质资本积累，除保持投资增长率以外，更重要的是提高投资的效率、提高物质资本形成率。二是重视人才培养和引进。山东现在最缺乏的是各类人才。同时，要加大对科技教育的投入，尤其要加大优秀产业工人和农民工的培训和实用科技人才的引进，否则无法适应产业升级的需要。三是控制山东人口的数量、提高质量。山东总人口将近 1 亿人，权衡人口红利与人口负担，长期看，后者远远重于前者。因此计划生育政策，总量上绝不能放松。不能留恋于吃人口红利，要吃技术红利和资本红利。吃土地、吃人口、吃资源，吃不出现代化，物质资本、人力资本和技术资本的积累最重要。

对于既有产业主要是实体经济部门的产业，重点是提高装备制造业、海洋产业和农业的质量。海洋产业是有无限空间、技术含量很高、很长的产业链。其中蕴含着巨大的经济增长的新动能。山东省级政府可以适度实施一些直接的产业政策，可以顺势重点支持一些高新技术产业和新兴战略性产业。但是，不能各级政府都搞高科技产业和新兴战略性产业园。省政府重点支持海洋产业、生态环保产业、高端制造业，既是产业政策，同时也是继续实施既有的“蓝”“黄”两区发展战略。“蓝”“黄”发展战略是与山东地缘优势、资源优势，既有产业基础和技术优势一致的区域战略，也是国家的战略。

现代金融有其特殊性，可能脱离实体经济的需要而片面发展，政府是有理由、有职责、也有能力实施干预的，主要是监管。山东一定要认识金融的本质，使金融为实体经济服务，而不是为金融业自己和金融从业人员服务。无论在山东还是任何地区，为实体经济服务的金融发展是经济增长的动力，脱离实体经济的金融扩张就是危害实体经济和整个经济体系的因素，甚至能把经济带入危机之中，尤其在山东这样以实体经济立省的地区。山东任何一个城市，在现在和可以预见的将来，客观上不可能、实际上也没有必要建立区域性金融中心。20 世纪 80 年代以来多次大的经济危机都源于金融的片面发展，历史教训应该足够警示我们。至于其他的第三产业，只要第一、第二产业发达，城市化进程加速，它自然发达，第一、第二产业质量高、城市化质量高，它自然质量高。生产和生活的需求决定对服务业的数量和质量，政府没有必要直接干预。

目前，政府在金融领域的主要工作是防控金融风险：一是政府、特别是各级“金融办”要端正对金融的认识，片面发展金融对经济社会发展有害无益，规范和约束自己的行为，积极管控金融风险，而不是批建金融机构，与中央争夺金融资源和管理权。二是充分认识到金融危机的影响还可能蔓延和深化，包括企业的债务危机和银行的不良资产危机、政府债务风险和房地产风险以及非法集资行为造成的社会不稳定。三是打击金融中介的圈钱行为，让资金以较低利率流向实体经济企业。之前，山东的金融乱象在全国是比较严重的。四是坚决而掌握力度地“去杠杆”，高杠杆问题不是短期形成的，也不可能一下就去得了，需要一个过程；急刹车可能导致企业（尤其民企）借贷利率进一步提高和融资成本及负债率更高、抑制投资增长，还可能短期内加剧通货紧缩和增长乏力，因此，切忌急刹车式地大幅度“去杠杆”。五是政府管控好政府自己的债务风险，不能用所谓的“债务规模低于国际通行警戒线”为依据而放松警惕，关键是偿债的资金来源在哪里。山东地方政府的债务规模在全国也是比较大的，除开显性的还有隐性的，前几年政府建立的各类引导基金、专项基金、担保基金等，其实都是政府潜在的债务。六是管控好房地产风险，房地产泡沫已经很大了，所以既要防止泡沫继续吹大，又要防止泡沫被扎破。居民资产过度房产化，影响消费和人力资本积累，不利于短期和长期增长。房地产政策，包括资金供给，也要防止急紧急松，也要“软着陆”和“慢升空”。近两三年房地产开发企业迅速洗牌，中小开发商被动地被大开发商兼并，或主动向其“投降”，很快形成垄断局面，政府要高度重视，利弊现在难以判断。不过，垄断不是好事，可能会成为未来中国房地产业和金融业的隐患。大开发商不是国有垄断行业和企业的，就是有“背景的”。我们观察分析了全国 70 多个大中城市的房地产，这些大开发商进军哪个城市，哪个城市房地产价格就猛涨，他们不缺资金（国有控股银行愿意低利率供给），“地王”几乎是他们“制造”的。七是加强对网络金融的约束和监管。

通过呼吁、推动和参与山东半岛和辽东半岛跨海大桥建设，根本上克服山东经济板块相对独立性和孤立性。这一工程已经讨论多年，从技术上，无论是全部建在海面还是全部建在海底或者是部分海面部分海底，无论是单一高速公路还是单一铁路（高铁）或者公路铁路并建，包括不影响军事行动，对于现在的中国来说，都没有问题。安全上也没有必要考虑，因为就现代武器而言，没有任何建筑工程是安全的。国家强大就什么都安全。这一工程竣工，将把东北经济板块、山东经济板块和长三角经济板块连成一体，根本上使山东经济板块不再独立和孤立，有利于山东、东北和长三角，有利于全国，山东应该受益最直接、最大，也很符合中央振兴东北的战略。即使单一交通方式的建设，直接投资也在一万亿元左右，如果加上配套和两种交通方式建设，投资更大，是中国巨大的战略性投资，建设本身对经济增长的拉动作用也是巨大的，而且会催生众多的技术创新。

政府管理方式改革、国有企业改革和民营企业改革三管齐下、相互联动，寻求改革的最大动力和红利。各级政府的强势主要表现为政府及其官员权力大、权威高，对资源的控制多而强，表现在企业层面，就是国有（控股）企业多、国有资产多、民营经济发展空间小而不得不依附政府和国有企业。所以，政府自身的改革、国有企业改革和民营企业改革必须联动。

首先，改革政府自身的管理方式。例如，山东各级党政领导常常开会为企业（包括民营企业）解决很具体的问题，如用电、用水、资金困难等问题，就单个问题而言，确实重要，作用立竿见影。但是，从根本上、长远看，累死领导、害了企业。这是机制问题和政府服务方式问题。

关于国有企业改革，首先必须对国有经济在现阶段进行科学定位、确定其合理的存在空间。既需要考虑国有经济在一般性的市场经济条件下的定位，又必须分析中国经济社会发展的特殊的阶段性特征，其实就是分析清楚国有经济存在的一般原因和特殊原因，否则，定位可能不准，改革也可能失误。

有两个重要的现实背景，也是重要的阶段性特征，对于确定国有经济在现阶段的定位很重要：第一，中国作为长期落后的大国，处于正在崛起的关键和微妙阶段。中国的发展正在导致世界各国的相对地位变化，不同国家对这种变化有不同的心态和应对措施。既有的发达国家没有明显的衰落迹象，一些发达国家按照既有的、长期的思维习惯看待中国的发展，不相信中国和平崛起的战略，对中国高度警觉和极力遏制，另有一些国家对中国的反应也很微妙；中国面临多重遏制（包括军事遏制），应该说有可能面临战争。第二，我们的改革目标是建立社会主义市场经济体制。十一届三中全会以后，中国经过十多年的改革实践和理论探索，于 1992 年 10 月在“中共十四大”决定明确提出，中国经济体制改革的目标是“建立社会主义市场经济体制”。

这是对“关系整个社会主义现代化建设全局的一个重大问题”认识清楚以后的回答。两个背景提醒我们：在这种情况下，任何国家都必须适度加强对经济的控制，国有经济不能仅限于弥补市场失灵的空间，我们不能听信于极端自由主义经济学的主张。但是，必须勿忘改革初心，改革的目标早就确定了。不能回到国有经济一统天下的计划经济体制中去，也不能让一些利益集团借维护国有经济和社会主义的名义阻碍改革、以维护他们自己的利益。

对于山东而言，国有（控股）企业和国有经济改革，必须“两手”抓，而且都要抓落实：一方面国家必须控制的领域（比其他阶段应该更广一些），必须做大做强，关键是做强；另一方面，一般竞争性的、国家不必要控制的领域，要坚决退出。山东国有经济现状：面广、总量大、肆意扩张、效率不高。山东几乎所有垄断行业和大型国有（控股）企业都存在不合理扩张经营领域，而且众多领域亏损严重。不能为做大而做大，要考虑量与质的辩证关系。垄断行业的非主业还是要主辅分离、退出和改革。官方数据显示：2016年，山东省国有企业资产为5.59万亿元，所有者权益为1.76万亿元，利润总额为667亿元，净利润为457亿元。如果扣除省级以下各级财政对国企的补贴（很难准确统计，因为多渠道补贴和税收返还，估计100亿元以上，实际利润还要少很多。如果扣除中央财政各渠道补贴，利润可能更少）。当然，不是说利润是唯一的考核指标，但是，竞争性领域的国有企业起码应该主要用利润指标考核，也不是说一些补贴不必要，只是要算一算账，细分出哪些是不必要以国有形式存在的。另一些数据显示，国有企业资产可能还没有这么多利润和利润率。为了实质上加快山东国有和国有控股企业的改革，首先，必须让多数竞争性领域的国有资产主动退出，然后才讨论非竞争性领域和关系国计民生的竞争性领域的国有资产怎么管理、管理体制怎么改革的问题。国有资产管理体制和公司治理结构必须改革，现在的体制还有很大的改革和完善空间，激励、监督和约束机制都需要改革。例如，现在的国有资产管理体制，扩充机构和人员严重，效率很难高。国有和国有控股企业改革的目的是提高国有资产的经营效率、资产的保值增值，这也是衡量改革是否有成效的唯一标准。国有（控股）企业加强党的领导很重要，这个问题不需要讨论。需要讨论的和更重要的是：在企业加强党的领导的目的是什么？——必须使企业更有效率、更有利于国有资产保值增值；如何才是加强了党的领导？如何加强党的领导？如果不搞清楚这些问题，就会在“加强领导”的大原则下和“强化书记权力”的执行中，实际上弱化了党对企业的领导。党的领导方式在企业与在其他领域比较，目的不同，方式也不同。

其次，山东民营企业也需要改革，这可能是不同于其他许多经济发达省市之处。2016 年，山东非公有经济发展较快，非公有经济增加值 39040.9 亿元，比上年增长 7.7%；占 GDP 比重为 58.3%，比上年提高 0.1 个百分点。其中，民营经济增加值 34258.6 亿元，增长 8.0%；占 GDP 的比重为 51.1%，提高 0.2 个百分点。

2016 年全国民企 500 强中，山东占 46 或 47 家，占 1/10 弱，广东占 48 家。浙江占 135 家，差不多是山东的 3 倍，江苏占 86 家；100 强中山东占 12 家，占 12%（广东和江苏分别占 16 家，浙江占 19 家）；前 10 强中山东占 1 家即魏桥集团，现在陷入债务危机。广东和江苏分别占 10 强的 3 家，广东分别是华为、正威国际和万科，江苏分别是苏宁、恒力和江苏沙钢，北京是联想，上海是中国华信能源，还有辽宁万达。

山东大的民企总量不算少，比例不算低，可是，外界和自己都觉得民营经济不发达或国有经济占绝对优势。出人意料的是：福建在 500 强中只占 8 家，前 200 强中几乎没有福建的。可是自己和外界都认为福建民营经济很发达、占主体。为什么？这是一个“谜”。我们近期在山东省各地随机抽样了 40 家民营企业老板进行问卷调查，其中一个问题是：你认为企业成功最主要的因素是哪些？列了 17 项，结果：22 家企业把“与政府搞好关系”列在前三，占企业总数的 55%；其中 6 家企业列为第一，占 27%。这种现象的根源或“谜”底就在于政府太强势，国有经济面太广、太强势。既然国有经济占住了需要垄断的行业和关系国计民生的竞争性领域，又占住一般的竞争性领域，留给民营资本的生存空间就很少，在有限的空间里也很难做。因此，即使是民营企业也不得不一方面具有更强的依附性，例如，寻求官员支持和争取戴上“红帽子”即当上政协委员、人大代表等，显得“缺钙”；另一方面，多有违法、走歪门邪道（例如行贿）现象，企业与政府“亲”而“不清”，实际上也“不亲”。

民营企业改革包括三个方面：一是通过政府自身改革和国有经济的适度退出，给民营企业让出发展空间；二是民营企业和企业家要改变观念，理清与政府的关系，要“补钙”，不要总是想着通过“走上层路线”、找政府、找国有企业获得“好处”；三是在强化产权保护的同时，也要激励和约束民营企业和企业家强化国家观念、民族意识和社会责任，不能不择手段地圈钱，捞了就“跑路”。

优化文化环境、营商环境、识人用人机制。技术创新对经济发展的作用自不用说。制约山东技术创新的是人才，而制约人才的是体制（含观念、习俗等潜规则）。

山东相对更加突出的“官本位”文化，导致山东本土精英过度集中于全国的、各级的党政机关。山东学子考公务员总数之大、比例之高，全国首屈一指。一是如此多的精英挤进公务员队伍，不去从事实业、创造财富，多数无用武之地，是人才的巨大浪费；二是导致实业界的各类劳动者明显素质过低；三是导致实业界、科研部门的人才也想做官，不安心做业务。山东太多的科研人员和企业家想做官。

相对突出的“官本位”，反映在对人才的识别和尊重程度上就是“类官本位化”。表现在具体的场合，就是对人才的识别、待遇和尊重程度的标准。

首先，按有无行政职务和级别排序。职务越高水平越高，官越大学问越大。没有职务的常常很尴尬；其次，如果没有官级或官级相同，按学术“头衔”排序，类似于官员的级别，注重院士、长江学者以及党政机关授予的人才称号。这种排序有其道理，但是远远不够，也有明显的不合理性。因为，真正优秀的、年轻的、正当创业年龄的人才往往不一定有头衔。还有一个排序就是按地域和单位名头来：北京、上海的，比山东本土和其他地方的水平高，名头大的机构的人水平高。尤其是北京来的，离中央近，比其他地方的专家厉害。中央哪个机关的研究所的肯定更被重视，常常一般的北京学者来到山东，比本土的优秀学者更受重用和待见。从总体上看，按头衔有道理，一些区域和单位的人才总体水平和数量优于或高于其他地区和单位，但是具体任务和具体人就可能完全不是这样。山东比较多地这样做，其实还是“官本位”的折射。这样做的结果是：一是科研人员努力争取做官，“学而优则仕”；二是科研人员努力获取各种头衔；三是一些有实际水平，却没有也得不到官位和头衔的人才外流；四是具体的工作做不好。请不到真正有水平、有责任感的学者做，请来的往往只是有来头、有头衔的。有水平的不请、请来也因为不受待见而没有积极性做。例如，做个规划，请来北京大机构、有头衔的专家领衔，现成的套路、模型，套上山东的官方数据（他们常常全国各地套，没有心思去做艰苦的真实数据的采集），形成一个文本，或者说几点很正确但是没有用的建议。对于决策者来说，这些文本实际上没有用或用处不大。其主要的作用就是：按程序征求了专家意见，又是请的大机构的大专家做的，具有合法性和权威性。这样会形成不良循环：决策者看不起专家，在他们眼里，大机构的大专家不过如此，真正的专家也只好慢慢学着“混”和“糊弄”，反正你们不识货。

还有就是引进人才的识别上，也折射出“官本位”，即引进人才按头衔选取，相对更重视“院士”等，在人才统计上更好看。在此绝对不是不认可院士等人才，而是强调以更广阔的视野、不拘一格引人才。山东的老乡文化、圈子文化、关系文化，还在众多方面影响人才成长、识别和使用，当然也影响其他方面。山东人出山东都是山东老乡，在山东内部，又分为大小老乡。中国都有这种情结，但是山东更突出。山东人好客，对外地人好，但是必须对老乡更好，尤其是关键时刻。即使不想对一些不地道的老乡好，迫于其他老乡压力或老乡氛围的压力，也不得不对老乡好；山东人会以各种理由经常聚会喝酒，例如，小学同学、初中同学、大学同学、同门师兄弟、党校学习同学、一起到国外访问进修的同学、曾经和现在的同事、大小老乡、远近亲戚等聚会，总是能找到各种纽带，把人组成大小不同的各类圈子。这种文化现象，不能简单地判断好与不好。但是，确实对山东的人才成长、使用，特别是开放和广纳人才产生了不利的影响。例如，让外地人感觉来山东旅游做客很舒服，创业却很难，很难融入圈子；尽管政府也出台了一些引进人才的政策（包括优惠条件），结果发现，一些单位的一些人利用优惠条件把一些水平不太够的老乡、亲戚、朋友引进来了，引进的好多还是山东人；山东省的学术头衔、奖励的评选，相对来说，问题也更严重，“拉关系”更普遍，而且常常评出的结果很离谱。开始大家还觉得不合理，时间长了就认可并形成不良风气，大家学着做。当然，也有一些部门和单位这方面的工作做得好。省里尤其是相关部门领导，可能认为这根本不算什么事，有些甚至认为就是你们知识分子那点小名利，根本不屑于干预和矫正。其实，这种现象对一个地方的伤害是根本性的。在人才方面，产生“劣币驱逐良币”效应：有水平没关系的待不住，有水平的也不集中精力做业务，想办法当个官，建立关系；外面的人也不太敢来，来了有些也待不住或发挥不了应有的作用。技术创新一靠体制、二靠人才。人才长期靠培养，短期靠引进和发挥潜能。对人才的制约主要来自体制和文化（非正规制度或潜规则）。山东人才识别、引进和使用的机制需要改革。首先是转变人才观念；其次是干预、惩处学术腐败和人才工作中的不良风气，加强法制，改变风气和氛围；最后，具体出台一些引进、使用、激励人才的措施，如最近大量引进海内外大学毕业生（本科、硕士和博士），给予合理的、有竞争力的优惠条件，可以在同等条件下给山东籍以外的人才优先、优惠。什么时候，山东各地，尤其是济南、青岛，充满了说普通话、各地方言、外语的人，五湖四海、世界各国的人都能在此创业成功，山东就真正成为人才聚集、开放创新、更加充满活力的山东了。

【山东大学经济研究院：黄少安】

第五章　新旧动能转换初探

——以山东省为例*

2015 年 10 月 14 日，李克强总理主持召开国务院常务会议时首次提出："中国经济正处在新旧动能转换的艰难进程中。" 2017 年 1 月 13 日，国务院办公厅印发了《关于创新管理优化服务培育壮大经济发展新动能加快新旧动能接续转换的意见》（国办发〔2017〕4 号）（以下简称《意见》），强调"加快培育壮大新动能、改造提升传统动能是促进经济结构转型和实体经济升级的重要途径，也是推进供给侧结构性改革的重要着力点"。2017 年 4 月，李克强总理在山东考察，充分肯定了山东经济发展的成绩，同时希望山东贯彻落实新发展理念，加快推动新旧动能转换工程，为巩固全国经济稳中向好势头提供重要力量。2018 年 4 月 22 日，习近平致信祝贺首届数字中国建设峰会，强调"以信息化培育新动能，用新动能推动新发展，以新发展创造新辉煌"①。

一　新旧动能转换的必要性

对中国而言，实施新旧动能转换，既是中国工业化发展阶段的需要、时代的选择，也是落实新发展理念的要求。

（一）新旧动能转换是中国步入工业化后期发展阶段的需要

据学者研究，中国当前已进入工业化后期阶段②，经济社会发展取得了巨大成就，已成为世界第二大经济体并步入中等收入阶段，综合国力和世界影响力

---

* 本部分为国家社科基金项目（13BSH096）"农村社会养老保险制度创新研究"成果。

① 习近平：《以信息化培育新动能　用新动能推动新发展　以新发展创造新辉煌》，《人民日报》2018 年 4 月 23 日。

② 黄群慧：《"一带一路"沿线国家工业化进程报告》，社会科学文献出版社，2015，第 18 页。

快速提升；同时中国的经济发展方式还不尽合理，尤其是促进经济发展的动力比较粗放，产业高污染、高耗能、低附加值现象明显，技术创新不足、要素禀赋优势逐步消失、体制改革滞后等结构性问题突出。新旧动能转换以新生产要素为支撑，以创新为引领，以新技术新产业新模式新业态为核心，是促使实体经济升级、促进经济结构转型的重要途径，也是跨越“中等收入陷阱”的关键。

（二）新旧动能转换是中国特色社会主义进入新时代的选择

中国特色社会主义进入新时代，经济发展的基本特征表现为：一方面经济从高速增长转变为中高速增长，经济结构不断优化升级，消费需求成为主体，要素、投资驱动转变为消费驱动。发展方式从规模速度型粗放增长向质量效率型集约增长转换，这是经济新常态的基本要求。[①] 另一方面经济转向高质量发展阶段。高质量发展以总量为基准但又不仅仅关注经济总量，还包含对经济的效率、结构、稳定性和持续性等角度的多维衡量，是量与质相协调下的演进发展。[②] 新旧动能转换是实现高质量发展的路径，所以，中国特色社会主义进入新时代亟须进行新旧动能转换。

（三）新旧动能转换是落实新发展理念的要求

党的十八届五中全会提出“创新、协调、绿色、开放、共享”的新发展理念。新发展理念是在总结过去的发展方式和经验基础之上提出来的，它把创新、协调、绿色、开放、共享有机结合起来，在实践中加以落实，是对传统发展理念的升华。新旧动能转换是在传统产业和经济发展模式基础之上提出来的，它把新、旧动能结合起来从而对新的发展模式进行探索，所以新旧动能转换顺应了新发展理念的要求。

二　新旧动能转换的内涵

新旧动能转换就是经济社会发展的动力由传统动能向现代动能的转换，

① 张占斌：《中国经济新常态的趋势性特征及政策取向》，《国家行政学院学报》2015 年第 1 期。

② 任保平、李禹墨：《新时代我国高质量发展评判体系的构建及其转型路径》，《陕西师范大学学报》2018 年第 3 期。

是社会发展到一定阶段的必然结果。

（一）动能

动能，也称为动力。旧动能，是经济发展的旧动力，是指传统产业和传统经营模式，既包括高耗能、高污染产业，也包括对经济起支撑作用的对外贸易。几十年以来，中国的经济发展模式可以概括为：资源消耗型、投资驱动型、出口鼓励型、房地产拉动型、劳动密集型、环境污染型。也就是说我们的经济增长主要依靠大量的自然资源投入、大量投资、中低端产品出口等拉动的，这就是中国的旧动能。

新动能既包括“无中生有”，即通过创新培育新产业、新产能；也包括“有中出新”，即通过对传统产业改造产生新动能。从产业方面看，新动能主要表现为服务业对经济增长拉动作用增强，新产业、新业务快速发展，传统产业升级换代[①]；从需求看，新动能主要表现为消费拉动作用增强，创新消费供给，消费结构升级，需求结构由投资主导优化为消费主导。

（二）新旧动能转换的内容

按照《意见》的基本精神，新旧动能转换的基本内容有以下几个方面。

一是提高政府服务的能力和水平。提高政府行政审批服务效能，通过有效的简政放权进一步释放发展新动能；加快法规政策动态调整，为新旧动能转换提供制度保障；鼓励有条件的地方先行先试，推动地方在技术质量等方面改革创新；提高创业创新服务效率，提供高效优质双创服务，进一步释放全社会创新创业活力。

二是探索包容创新的审慎监管制度。对新兴领域要有包容和鼓励创新的理念，建立公平开放的市场准入制度，加强事中事后的监管；健全信用约束机制，信用约束和协同监管相结合；探索动态包容审慎监管制度，坚持建设发展与管理管控相结合；完善风险管控体系，优化风险管理体制，提高信息化治理水平；促进监管机构和社会力量相互协作，构建多方共同参与的治理体系。

三是激发新生产要素流动的活力。完善智力要素集聚流动机制，建立健

① 王小广：《新旧动能转换：挑战与应对》，《人民论坛》2015 年第 4 期。

全人才吸引制度，激发人才流动活力；完善数据资源开放共享制度，强化公共数据资源共享，打击非法泄露个人信息行为；强化科技成果加速转化应用机制，有效激励科技创新成果转化；创新新技术新业态，改造提升传统产业模式。

四是强化支撑保障机制建设。构建统筹协调的组织支撑，营造良好的健康发展环境；完善采购等支持新技术应用的政策措施，加大对新产品新技术的支持；优化金融支持体系，鼓励对新兴领域创新型企业的支持；完善统计调查支撑机制，强化数据处理公布等工作，以适应培育新动能的需要。

（三）正确理解新旧动能转换

新旧动能转换表面上表现为新技术新产业新业态新模式，但这一切都依赖于人的转变，所以新旧动能转换是转换主体与转换内容的统一。

第一，新旧动能转换的本质是造就新一代“能动的人”。“人，本质上是文化的人，而不是‘物化’的人；是能动的、全面的人，而不是僵化的人、‘单向度’的人。”[①] 无论是新思维、新业态还是创新驱动和消费主导，其主体都是人。如果人没有从旧体制、旧思维和旧结构框架中脱离出来，就无法进行新动能的培育。所以，新旧动能转换的实质是要提高人的主观能动性，造就新一代“能动的人”。

第二，新旧动能转换的出发点和落脚点是满足人民日益增长的美好生活的需要。中国特色社会主义进入新时代，我们社会的主要矛盾已转化为人民日益增长的美好生活需要和不平衡不充分的发展之间的矛盾。人民是经济发展的受益者，经济发展的最终目的是要实现国家富强和人民生活富裕。新旧动能转换要以人为中心，适应人民日益增长的美好生活的需要。

第三，新旧动能转换是一个长期过程。新旧动能转换不可能一蹴而就，不能搞“一刀切”和“拔苗助长”，要逐步培育新动能稳定成长，促进旧动能平稳退出市场。新动能没有完全形成之前，不能完全否定旧动能；在新动能充分发展起来之后，要促使旧动能平稳退出，实现新旧动能无缝对接。

第四，新旧动能转换是双“四新”的有机结合。《意见》指出新旧动能转换“以新技术新产业新业态新模式为核心”，这是物质层面的“四新”，是

---

① 习近平：《之江新语》，浙江人民出版社，2007，第150页。

实现动能转换的载体与基础。但这种转换都离不开主体的作用，因此需要新主体、新体制、新供给、新方式的有机结合，从而以双“四新”促进“四化”（产业智慧化、智慧产业化、跨界融合化、品牌高端化）的发展。

第五，新动能强调质量效益。旧动能注重规模速度型粗放式增长，以劳动密集型、资源消耗型、中低端产品出口型为主要模式；新动能注重质量效益型集约发展，以创新型、高端技术型、资源节约型为主导。

三　促进新旧动能转换的路径

实现新旧动能转换，是一个动态的、长期的过程，需要不断深化改革、落实对外开放、实施创新驱动。

（一）全面深化改革

改革是过去几十年经济增长和发展最大的、最本源的动能[①]，也是社会发展的强大动力。新旧动能转换时期，改革依然是发展的动力源泉。

第一，深化供给侧结构性改革。（1）积极稳妥化解产能过剩。以全球眼光和开放思维化解中国产能过剩问题，加快实施“走出去”战略，缓解产能过剩压力。坚持“多兼并重组、少破产清算”原则对企业进行优化整合，严格控制增量，防止新产能过剩。在产品研发上，追求高精尖、调整存量、做优增量。（2）多途径去库存。加快推进城镇化建设，积极推进农民工市民化，落实户籍制度方案，扩大有效需求。（3）合理掌控杠杆水平。对金融风险要标本兼治，对症下药，建立化解各类风险的体制机制。对金融信用、违法违规行为严厉打击，加强金融风险全方位监管，规范各种金融行为。同时，加大短板和缺口投资，要深化投融资体制改革，不仅仅依靠政府，还要充分运用特许经营、公私合营（PPP）等改革方式，并在其基础之上探索新路径，同时要加强相关立法，使投融资体制更加规范。

第二，深化“放管服”改革。政府要转变职能，使市场在资源配置中起决定作用，减少政府对市场资源的直接配置，激发市场活力，为人民提供便利。积极推动行政审批制度改革，提高行政审批效率，强化廉洁教育，打造

---

① 黄少安：《新旧动能转换与山东经济发展》，《山东社会科学》2017 年第 9 期。

廉洁高效服务型政府。

第三，深化企业改革。推进国有企业混合所有制改革，化解国有企业效率低、机制固化、责任不明确等问题。国有和国有控股企业改革的目的是提高国有资产的经营效率、资产的保值增值，这也是衡量改革是否有成效的唯一标准。[①] 鼓励、引导、支持民营企业发展，健全现代企业制度，培养企业家工匠精神和民族意识，促其勇于承担社会责任。

（二）全面落实对外开放

当前国际形势呈现世界多极化、社会信息化、经济全球化、文化多样化等特点。国与国之间的联系日益密切，面对复杂的经济形势和全球性问题，任何一个国家都不可能独善其身。而国家之间在经济上的相互依存有助于国际形势的缓和，国际间的相互合作也有利于国际危机的应对。

第一，有序放宽市场准入。以法治、安全、渐进、必要、公开为原则，有序放宽市场准入，充分发挥各类市场主体的潜力和活力。加强知识产权保护，打造透明、规范的市场环境，逐步完善外资相关法律。

第二，积极融入国家开放政策。企业应积极融入“一带一路”倡议，向高端市场看齐，积极加快产业升级调整，锻造核心竞争力。鼓励优势产业走出国门，提高出口质量和出口附加值。加大民族品牌培育，着力培育自主品牌，提高产品科技含量和文化内涵，提升品牌国际影响力。

第三，扩大进口。大规模“走出去”的同时高水平引进，适度加大一般消费产品进口，促进竞争提高效率，促使国内产品质量和档次提升；着重引进科学技术高附加值的产品，促进本国产业升级。鼓励内贸企业与国外供应商建立长期合作机制，减少中间环节，发展直购消费平台、破除贸易垄断。

（三）实施创新驱动

创新是一个民族进步的灵魂，是国家兴旺发达的不竭动力。

第一，强化创新人才支撑。人才，是科学发展的重要支撑，创新是促进经济发展的第一动力，创新型人才是推动新旧动能转换的智力支撑，其数量和质量对新旧动能转换的速度有直接影响。不但要重视人才的重要性，更要

① 黄少安：《新旧动能转换与山东经济发展》，《山东社会科学》2017 年第 9 期。

紧紧抓住创新型人才，抓住了创新型人才就是抓住了发展的机会。要不断引进高端人才，更要注重本地人才的育留，本地人才对家乡有更为浓重的情感，对家乡的历史文化和经济发展有更深入的了解，要鼓励和支持本地人才回乡创业创新。

第二，强化企业创新主体地位。加快转变企业发展模式，建立健全以企业为主导的产业研发创新体制机制，健全有利于激发企业“双创”潜力的机制，协调各种创新要素，更好发挥技术、人才等方面的优势从而激发企业创新活力，增强企业发展内生动力。

第三，加快创新平台建设。政府以创新平台建设为着力点，提高创新公共服务能力，打造开放、平等、共享、分类的创新平台服务体系。出台创新支持政策，增加创新投入，鼓励全民创新。加强知识产权保护，降低创新交易成本，促进创新成果转化应用。

四　山东省新旧动能转换的重点领域

党的十八大以来，山东省积极适应经济发展新常态，深化供给侧结构性改革，加快推进新旧动能转换工程，经济社会呈现提质增效、稳中向好态势，表现为：经济总量迈上新台阶，传统动能改造和新经济发展实现新突破，创新创业迸发新活力，生态建设取得新成效。所以，山东省有基础、有条件、有实力落实好新旧动能转换工程的实施。

山东省地处中国南北交界地带，在推动高质量发展的新阶段，既有南方省份领先发展的优势和基础，也有北方地区转型升级的难题和困惑，选择山东省作为新旧动能转换试点具有代表性。其重点一方面促进传统产业改造升级，另一方面发展新兴产业培育新动能。

（一）积极促进传统产业改造升级

传统产业是山东不可动摇的基石和根本，要坚持走创新、可持续发展道路，积极利用新技术、新业态、新模式改造提升传统产业，推动传统产业提高质量和效益。

第一，高端化工产业。化工产业是山东省的重要支撑产业，其具有以下特点：在国民经济中占有主要地位，产品品种众多，资金、能源、技术密集，同时具有污染、安全等问题。山东省水、空气、大气污染现状严重与此相关。因此需要转变发展理念和发展模式，加快产品结构调整和升级，坚持走绿色可持续发展道路，全面提升产业整体竞争力。

第二，现代高效农业。农业是基础产业，关系国家的长治久安和人民的基本生活。农业生产活动有季节性、周期性、地域性等特点。山东省农作物种植单一、农产品不够精细化，传统生产经营仍占主要地位。大力推进农业现代化，必须着力强化物质装备和技术支撑，着力构建现代农业产业体系、生产体系、经营体系，实施藏粮于地、藏粮于技战略，推动粮经饲统筹、农林牧渔结合、种养加一体、一二三产业融合发展，让农业成为充满希望的朝阳产业。①

第三，文化创意产业。文化是民族的血脉，是国家的重要支撑。文化兴国运兴，文化强民族强。文化行业具有传播性、引导性、知识性、创造性等特点。山东省是齐鲁大地、孔孟之乡，在继承和弘扬传统优秀文化的同时也要创新，鼓励艺术创作多元化，努力打造特色山东文化。

第四，精品旅游产业。旅游业集多种产业和功能于一体，对经济和社会发展有着积极促进作用。旅游行业具有综合吃、住、行、娱等一体性、服务性、外向性、季节性的特点。山东省有位居五岳之首的泰山，有被誉为“天下第一泉”的趵突泉、被联合国列入《世界遗产名录》的“三孔”等自然人文景观。打响“好客山东”品牌，需要丰富和提升旅游产品体系，优化旅游产业要素和规范经营秩序，提升综合服务质量，营造良好旅游环境。

第五，现代金融服务。金融对经济的转型升级具有支撑保障作用。金融业具有垄断性、高风险性、效益依赖性和高负债经营性等特点。山东省金融业总体稳定，主要以传统金融为主，现代金融占比较低，需要金融服务创新，增加金融产品供给。面对金融风险要完善金融监管体制，守住风险底线。

（二）发展新兴产业培育新动能

新兴产业以重大技术突破和发展需求为支撑，是现代产业体系的重要组成部分，是带动经济社会发展的重要力量。加快培育发展新兴产业，对于山东省掌握发展主动权，抢抓新一轮科技革命和产业变革发展机遇，推进产业

① 中共中央国务院：《关于落实发展新理念加快农业现代化实现全面小康目标的若干意见》，新华社，2016 年 1 月 27 日，http://www.xinhuanet.com/2016-01/27/c_1117916568.htm。

结构升级，培育经济增长新动能，加快转变经济发展方式等具有重要支撑和引领作用。

第一，新一代信息技术产业。主要包括下一代通信网络、物联网、三网融合、新型平板显示、高性能集成电路和以云计算为代表的高端软件。新一代信息技术的飞速发展深刻地影响着人们的生活和生产方式，是产业结构优化升级的核心技术。

第二，高端装备产业。高端装备指高技术高附加值装备，既包括传统产业转型升级所需，也包括战略性新兴产业发展所需。“高端”主要体现在以高新技术为引领、处于价值链高端和处于产业链核心环节三个方面，重点方向主要包括航空装备、海洋工程装备、智能制造装备等。高端装备制造业是现代产业体系的脊梁，是推动产业升级的引擎。

第三，新能源新材料产业。新能源新材料是对不可再生资源节约利用的一种新的科技理念。通过物理研究、加工设计等一系列过程创造出满足需要的，比传统能源材料环保、性能优越的清洁能源材料。例如，太阳能电池材料、储氢材料、固体氧化物电池材料等。融入当代先进科学技术和研究成果的新能源新材料行业，将逐渐成为促进经济快速增长和提升企业及地区竞争力的原动力。

第四，现代海洋产业。海洋经济主要包括海洋渔业、海洋交通运输业、海洋船舶工业等，它是指开发、利用海洋的各类产业及相关经济活动的总和。加快发展海洋产业，促进海洋经济发展，建设海洋强国、智慧海洋对形成国民经济新的增长点，实现全面建成小康社会目标具有重要意义。

第五，医养健康产业。党的十九大报告提出实施健康中国战略，并指出人民健康是民族昌盛和国家富强的标志。随着城镇化的不断推进和人口老龄化的加剧，人口结构性问题日益突出，医疗卫生资源矛盾也随之加深。应构建养老、敬老、医疗、养生等多业态融合发展的体系，推动医养结合，打造“健康山东”。

五　聊城市与新旧动能转换

当前，山东省经济转型升级进入窗口期，要实现产业发展的腾笼换鸟、凤凰涅槃就必须做好新旧动能转换这个重大工程。而作为山东省西大门的聊城，应当紧紧把握山东省积极创建国家新旧动能转换综合试验区的良好机遇，加快推进新旧动能转换，抢占经济发展先机。

（一）聊城市进行新旧动能转换的必要性

1. 顺应第四次工业革命的兴起

以人工智能、大数据、清洁能源、信息技术等为代表的第四次工业革命已经悄然兴起，这些科技进步很大程度上提升了生产效率，使经济增长不再依赖于资源要素。面对这一变革，必须转变发展思路，寻求经济增长的新动力，才能实现中国经济的持续健康发展。

2. 推动经济转型升级的重要途径

聊城高耗能、高污染、高资源投入产业占比较重，这种粗放型的经济发展模式在高质量发展阶段难以为继，而且有违可持续发展理念。在新一轮的技术变革中，要抓住发展机遇就需要及时调整产业发展方向，积极进行新旧动能的转换来推动经济的转型升级。

3. 提高区域竞争优势的强力推手

聊城毗邻河南、河北，处于华东、华中、华北三大区域交界处。2017年聊城市地区生产总值为3013.55亿元，在全省排名第12位，省内受威海、泰安、东营、临沂等区域发展挤压严重，而又受到德州、菏泽、滨州等区域快速发展的压力，省外有河南、河北在相同区位上吸引资金、人才形成阻挡。在新旧动能转换中，聊城市如果能抓住机遇，取得先机，必定在激烈的区域竞争中获得突破。

（二）聊城市新旧动能转换的重点领域

1. 新制造经济

大力发展以智能制造为重点的先进制造业，提高制造业质量和效益，变“聊城制造”为“聊城智造”。

（1）新一代信息技术产业。大力发展大数据及云计算、物联网、移动互联网、人工智能、虚拟现实等新一代信息技术产业，促进信息消费。实施“云上聊城”工程；实施“企业上云”计划；实施物联网先行工程；积极发展虚拟现实产业；培育壮大光纤产业。

（2）高端装备制造产业。以智能制造装备为主攻方向，进一步加大研发投入和应用推广力度，加快实现产业化和全产业链发展。加快大型农业装备制造、工业机器人、无人机等高端装备的研制与应用。

（3）新材料产业。加快有色、黑色、化工、轻工、建材、纺织等基础材料升级换代，重点突破一批战略性的结构材料、功能材料、高新陶瓷材料、高性能纤维及复合材料、新型显示材料，鼓励研发超导材料、纳米材料、石墨烯、生物基材料等前沿材料。

（4）新能源及智能汽车产业。以中通客车、时风集团、巨龙新能源车业为骨干，突破燃料电池整车集成、燃料电池发动机、可再充电能量储存、汽车电控、整车轻量化等核心技术，研发生产锂电池、氢燃料电池、铝空气电池等关键零部件，重点发展纯电动、混合动力和燃料电池汽车，提高汽车整车系统集成水平。

（5）生物医药。做大做强中药产业，拓展产业链条，巩固扩大上游资源供应，发展下游生物分子高端产品；支持中药企业强化中药医学研究。优化提升西药产业；培育壮大生物制品产业。

（6）节能环保。支持发展秸秆深加工、LED 灯具、节能环保装备制造、矿渣提取贵金属、赤泥和粉煤灰综合利用、轮胎翻新、再生砂和再制造等绿色产业，实现资源综合循环利用。培植壮大节能环保服务产业，支持发展节能环保咨询、检测、评估、工程改造等新兴业态，推进合同能源管理，推进节能减排技术改造，建设节能环保产业基地。推进“互联网 +”智慧能源发展，以信息化促进工业企业节能减排。

（7）新能源。大力发展光伏发电，强化高光电转换率晶硅电池、薄膜太阳能电池及关键组件生产工艺和核心技术研发推广，积极探索光伏发电与农村扶贫、智慧城市建设相结合的新模式，实现光伏产业扩量提质。积极开发生物质能、地热能高效利用技术，支持发展大中型沼气发电、生物质发电、垃圾发电等清洁能源工程，加快建设循环经济示范城市。

2. 新服务经济

积极适应服务发展需求，着力培育服务业新业态、新模式，推动生产性服务业向专业化和价值链高端延伸，生活性服务业向精细化和高品质转变。

（1）现代金融。鼓励金融机构创新金融产品和服务模式，促进金融产品供给与实体经济需求的有效匹配，提升金融服务实体经济能力。培育发展互联网金融、消费金融、商业保理等新业态新模式，提升金融服务效率；发展普惠金融；加强与境内外主板、“新三板”、股权挂牌机构的对接合作，引进发展证券保荐、上市辅导等专业服务机构，加大企业上市培育和保荐力度。

（2）全域旅游。实施“旅游+”工程，推动旅游业与农业、林业、工业、文化、体育、养老、养生、扶贫等行业融合发展。推进大运河旅游文化产业带建设；围绕全域旅游，规划建设好旅游项目，设计好旅游线路。加快创建全域旅游示范市；实施“互联网+旅游”行动和智慧旅游工程，建设聊城旅游大数据平台。

（3）现代物流。完善以电子商务为导向的城市物流配送体系；发展智慧物流；大力发展保税物流。培育壮大冷链物流；培育铁路物流和航空物流，发展多式联运；大力发展“互联网+物流”新业态。

（4）创意设计。推进文化创意和设计服务与相关产业融合发展，提升产品品质和市场竞争力。发展工业设计、传统文化民俗艺术创意、文艺创作、工艺美术设计、室内装潢设计、建筑设计等创意设计。

（5）医养健康。大力实施“健康+”工程，推动医疗、养老、体育、旅游等融合发展，打造一批具有影响力的知名医养机构。大力培育健康休闲、健康管理、中医药养生保健等康养新业态。支持社会力量开办医养结合机构；大力发展“互联网+医疗”和健康大数据，积极开展签约家庭医生在线服务和远程诊疗服务。

（6）电子商务。大力发展物流配送、网店设计、包装分拣、教育培训、检验检测、标准认证等电商服务业，创建国家电子商务示范城市。支持传统商贸企业实现线下物流与线上物流高效融合；加快发展跨境电商。大力发展农村电商，加快完善农村电商三级服务体系，建设一批“电商村”“电商镇”。

（7）共享经济。加快整合、共享闲置资源，实现供需高效匹配，实现资源利用效益最大化；培育制造业共享经济，实施创新资源共享计划。加快交通出行领域、金融领域、健康领域、教育领域、办公领域共享平台建设。

3. 新农村经济

以农业供给侧结构性改革为抓手，以发展新型农业、推进一二三产融合、建设美丽乡村为主攻方向，培育和壮大农业发展新动能，振兴乡村。

（1）新型农业。大力发展设施农业、智慧农业、“互联网+农业”、订单农业、观光农业、绿色农业等新型农业；推动农村耕地向经营大户流转；丰富农业产品品类，积极实施绿色农业发展计划；强化农产品质量和食品安全监管，创建农产品质量安全示范市。

（2）美丽乡村。改善农村公共服务设施、推动示范片区建设、扩大公共服务供给、加快基础设施建设、推动农村人口集聚和城镇化发展，实施小城镇提升工程。

（三）促进新旧动能转换的路径分析

第一，整体统筹，科学规划，合理布局。新旧动能转换，实质上是通过培育壮大新动能，改造提升传统动能来实现经济高质量的发展。首先要加快推动传统产业转型升级。新旧动能转换成败的关键是传统产业如何改造提升、转型升级。明确发展定位，实时提升计划。其次是加快培育壮大新兴产业进程。要加大科技创新扶持力度，加大新兴产业人才队伍建设。

第二，突出特色，重点突破，强化协同。立足于聊城实际，重点发展特色产业，提升竞争力。依托国家级开发区、省级开发区等载体，努力在发展新制造经济、新服务经济、新农村经济等方面率先突破。重点向实体经济聚力发力，加快利用新技术改造提升传统产业，创造更多适应市场需求的新产品、新业态、新模式，促进实体经济蓬勃发展。

第三，加强领导，创新机制。充分发挥市场在资源配置中的决定性作用，通过市场实现优胜劣汰，使企业真正成为新旧动能转换的主体。发挥政府政策引导、资金扶持等方面的作用，提高办事效率，提供主动服务，减少直接干预，营造良好环境。

第四，简政放权，强化服务，持续加大环境优化。新旧动能转换是一场深刻的变革，这场变革是思想观念、生产方式的革命，更是体制机制和工作模式的变革。推动新旧动能转换，必须建立一套与之相适应的体制机制。这就需要在加快推进新旧动能转换中坚持把深化改革作为根本动力，加强制度设计、系统谋划和协同推动，建立完善的配套服务机制，持续激发全社会的活力和创造力，不断增强经济发展的内生动力。

中国特色社会主义进入新时代，新旧动能转换业已拉开序幕。这既为中国经济社会进一步发展提供了动力方向，也为将中国建设成为富强民主文明和谐美丽的强国谋划了新蓝图，这一切都值得期待。

参考文献

习近平：《之江新语》，浙江人民出版社，2007，第150页。

习近平：《以信息化培育新动能　用新动能推动新发展　以新发展创造新辉煌》，《人民日报》2018年4月23日。

黄群慧：《“一带一路”沿线国家工业化进程报告》，社会科学文献出版社，2015，第18页。

黄少安：《新旧动能转换与山东经济发展》，《山东社会科学》2017年第9期。

任保平、李禹墨：《新时代我国高质量发展评判体系的构建及其转型路径》，《陕西师范大学学报》2018年第3期。

王小广：《新旧动能转换：挑战与应对》，《人民论坛》2015年第4期。

张占斌：《中国经济新常态的趋势性特征及政策取向》，《国家行政学院学报》2015年第1期。

【聊城发展研究院、聊城大学商学院（质量学院）：公维才、王娴娴】

第六章　基于历史与逻辑视角的工业革命演进与新旧动能转换

党的十九大报告指出，中国“正处在转变发展方式、优化经济结构、转换增长动力的攻关期”。在这一阶段，经济增长的旧动能不断减弱，而新动能走向成熟仍需要一个过程。为推动新旧动能加快接续转换，必须深刻认识和把握规律，衔接好新旧动能转换，提高新旧动能切换效率，缩短转换阵痛期，避免因动力机制错配阻碍经济向更高发展阶段攀升。依照关键投入品、主导技术与产业、对生产生活方式的影响等标准，世界经济史上至少已经发生了三次工业革命。每次工业革命孕育的颠覆式技术变革带来企业发展常识法则和商业模式的突破性创新，都推动了新旧动能的根本转换，带来了生产力的巨大跃升，重塑了全球经济格局。当前正处于新一轮工业革命的快速发展期，一些具有重大影响，甚至是颠覆性的新兴技术都处在产业化突破的临界点，是实现新旧动能转换的机会窗口和重要载体。当前中国促进新旧动能转换，关键在于抓住新工业革命这一重要机遇，深度参与甚至在某些领域引领新工业革命。本研究基于历史和逻辑的视角，在界定工业革命与新旧动能转换内涵基础上，从理论上分析工业革命内涵不同维度与新旧动能转换的关系，以具体案例说明历史上的三次工业革命促进新旧动能转换的典型事实，结合第四次工业革命的新特征，提出新一轮工业革命背景下加快推进新旧动能转换的对策建议。

一　工业革命与新旧动能转换的内涵及其关系

（一）工业革命的基本内涵及其划分

当前，关于工业革命的内涵以及划分方法尚未有统一的标准。从演化经济学及系统理论的视角看，工业革命作为由一系列新技术所引起的生产函数由低级到高级的突破性变化及新部门、新产业结构形成的过程，其发生、发展过程是一系列相互关联的新技术系统扩散至经济领域，从而引起原有产业结构、部门结构发生根本性变革的过程。工业革命的变迁是由工业革命引起的主导技术系统、要素投入、生产组织形式、基础设施不断演进的过程。

对历史上工业革命的划分应当遵循相同的依据，并且能够体现“革命”一词所蕴含的“质变”含义。本研究依据主导技术、关键要素及其要素结构、生产组织形式的革命性变化，结合长波理论、技术创新经济学及演化经济学的相关研究成果，将当前正在兴起的工业革命称之为第四次工业革命。①

（二）动能、新旧动能、新旧动能转换的内涵

关于新旧动能转换的内涵，目前尚未形成统一的认识。“动能”一词最早是一个物理学概念，它是物体由于运动而具有的能量，称为物体的动能。力在一个过程中对物体所做的功等于在这个过程中动能的变化。根据“动能”的初始含义，经济学意义上的“动能”概念是指促进经济增长或发展的动力、能量。基于经济不同层面的划分，经济增长动能包含不同的内容。从微观层面来看，经济增长动能主要是劳动、资本、技术以及全要素生产率等微观要素；从中观层面来看，经济增长动能是指具有不同分工的、由各个相关行业所组成的业态，即产业；从宏观层面来看，经济增长动能主要是指经济结构和制度体制等。需要指出的是，动能的新与旧并不是静态、一成不变的概念，而是一个相对的概念、历史的概念、发展的概念，具有明显的时代性特征。从纵向的历史发展来看，随着时代的发展，一个时期的新动能将逐渐不能适应社会生产力的发展需求，对经济增长的边际贡献呈现递减趋势，就会变为旧动能，面临被淘汰的局面。从横向的不同经济主体来看，即便是在同一时代，对于不同发展阶段的经济主体来说，新旧动能的内涵也会存在较大的

---

① 将第一次和第二次技术革命（康德拉季耶夫长波）作为第一次工业革命，第三次和第四次技术革命（康德拉季耶夫长波）作为第二次工业革命，第五次技术革命作为第三次工业革命，而目前正在或即将到来的第六次技术革命作为第四次工业革命。后两次工业革命的划分之所以没有沿袭演化经济学者将“每两次康德拉季耶夫长波合称为一次工业革命的传统”，是因为在后面的研究中，我们将会发现，这两次长波已经或将要分别引起经济领域的革命性变化，能够并且可以引发一次工业“革命”。

差异。

新动能逐渐替代旧动能的过程就是新旧动能转换的过程。通常来讲，新动能具有成长快、活力强、业态新、环境优等特点，代表时代发展的需求，因而新动能的增长速度比较快，旧经济发展速度比较慢，因此整个经济的新动能占比越来越大，旧动能占比越来越小，新动能逐渐代替旧动能的过程就是新旧动能转换的过程。从经济增长的不同层次出发，新旧动能转换在微观层面主要表现为要素投入结构、要素组织模式的变化以及全要素生产率逐渐提升的过程。单从要素投入结构来看，新旧动能转换是实现由物到人、由有形要素向无形要素、由传统要素向新兴要素转换的过程，是“能量密度”更高的要素不断替代“能量密度”较低的要素的过程。中观层面主要表现为引领经济增长的主导产业的变更，是产业关联带动性强、市场需求弹性大、产品应用范围广、产业附加值和全要素生产率更高的行业成长、发展的过程。在中观层面，新旧动能转换与产业转型升级密切相关，产业转型升级是经济增长新旧动能转换的外在表现，新旧动能有序转换是产业转型升级的内在动力，同时产业转型升级又为新旧动能有序转换提供强大支撑。新旧动能转换在宏观层面主要表现为旧的经济结构的调整、新的经济结构的培育和制度环境的优化。从这一角度来看，新旧动能转换与经济高质量发展密切相关。新旧动能转换是经济转型升级的内在动力与实质，从高速增长转向高质量发展是经济转型升级的目标与外在表现，新旧动能迭代的过程就是经济发展的过程，也是实现高质量发展的重要动力，二者是同步进行、相互促进的。

（三）工业革命演进与新旧动能转换

根据新旧动能转换的内涵界定，新动能的培育和出现以及传统动能的改造和升级都需要突破性的技术予以支撑，也就是说，新旧动能都需要汇聚创新性、颠覆性的技术。因此，推进新旧动能转换关键是要依靠技术进步和创新及其随之带来的一系列重大变革。从供给侧来看，每一次工业革命都伴随着深刻的技术变革与进步，生产过程中的技术要素投入逐渐增加。与此同时，技术创新这一“潜在力量”的协同衍化将突破传统生产方式的瓶颈，由此带来工业生产制造模式和产业组织形式的变革，并率先引发工业部门生产率的大幅提升，使产业得以规模化生产，同时为产业的扩散和集聚提供了现实的可能性。而且，新技术的出现和应用还会引发新的商业模式的出现，新的商业模式为生产要素的组合和应用方式创新提供了可能。[①] 因此，工业革命演变所伴随的要素结构、生产方式、组织形式、商业模式变革与创新是产业结构不断优化、产业体系不断更新、经济转型升级的重要驱动力量，是实现新旧动能转换的重要动力和载体。世界上工业发展的进程也可表明，历次工业革命的发展演进，本质上就是渐次推进新旧动能转换带动经济转型发展的过程。可以说，工业革命的变迁史，就是经济增长的动能不断实现接续转换的历史。因此，当前推动新旧动能的根本转换必须深度参与新一轮工业革命。

二　历次工业革命助推新旧动能转换的典型事实

（一）第一次工业革命与新旧动能转换

根据本研究的划分方法，第一次工业革命始于18世纪60年代，止于19世纪中期，以蒸汽机的发明与应用为主要标志，引领社会由人力进入机械化时代，由此开启了世界工业化发展的历史，实现了经济新旧动能的根本性转换。

第一，第一次工业革命使产业投入要素的相对重要性从劳动力转向了资本，技术进步对经济增长的贡献开始显现。第一次工业革命以前，居于国民经济主导地位的农业是吸纳劳动力就业的主要渠道。手工作坊与家庭手工业作为工业中主要的产业组织结构，组织形式较为分散，生产规模相对较小而且投入要素主要是以劳动力为主。第一次工业革命发生以后，机械大工业在国民经济中占据主导地位，机器得以广泛应用，机器取代了部分人工，产业要素投入比例的变化，蒸汽动力代替人力与自然力，以蒸汽动力为代表的资本资产在产业要素结构中的地位日益重要并成为主导因素。蒸汽动力在能量供给上具有更为稳定与长久的特点，排除了使用地点和季节因素的影响，具备长时间以均匀节奏工作而不影响产品质量的优势，且与以人的体力作为动力相比，蒸汽动力力量更大、单位动力成本更低，从而动力效率更高，更有

① 亚历山大·奥斯特瓦德、伊夫·皮尼厄：《商业模式新生代》，王帅等译，机械工业出版社，2016，第26页。

动力对机械加以改良和创新，具体表现为在国家国民收入中用于获取耐用资本资产的比例逐年增加，投资在国民收入中的比重逐年增加，技术进步对经济增长的贡献越来越大。

第二，机器生产开始取代手工劳动，工厂制取代手工作坊成为企业的主要组织形式。第一次工业革命的发生使蒸汽机广泛应用于各生产部门，成为各种机械的动力。机器动力的解决，以机械动力进行节奏均匀的可持续的生产成为现实，生产方式发生根本性变革。随着机器大工业的兴起，传统的生产组织形式很快被突破，工厂制便由此建立起来。资本主义工业化大生产和工厂制度的确立，原有的分散式的生产要素组织形式开始在工厂这一新的要素组织形式内集聚。在生产关系方面，工场手工业过渡到工厂制度，生产关系变化为产业资本家与产业工人之间的雇佣关系，劳动生产效率大大提高。同时，工厂制带来企业内部的分工与专业化生产，企业内部形成车间、工段、班组等组织模式，轮班、工序等作业制度得以建立和形成。

第三，企业之间的关联效应逐渐明显，纵向一体化初见端倪。第一次工业革命之前，工场手工作坊是西欧制造业中占据统治地位的产业组织形态，市场规模相对较小，规模经济和市场集中度较低，企业关联性较弱，地区性、封闭性较强，在地理空间上呈现明显的分散性特征。第一次工业革命将分散的家庭作坊、手工工场转向纵向一体化的工厂模式，在促进单个企业内部规模扩大的同时，企业之间的关联效应逐渐明显，纵向一体化初见端倪，而且企业之间为了能够以更便利的方式搜集、利用分散的知识和信息，集聚经济开始出现，使企业在拥有内部经济的同时，增加企业所能获得的外部经济。

第四，工业尤其是轻纺工业的快速发展改变了原有的产业结构状况。第一次工业革命之前，传统农业处于主导地位，第二、第三产业虽然有所发展，但主要是与家庭联系在一起的，其地位微乎其微。第一次工业革命之后，第一产业比重逐渐缩小，在国民经济中的地位不断下降，以机器生产为基础的大工业逐渐形成，第二产业有较大发展，逐渐占据主导地位，纺织、煤炭、钢铁、造船成为第一次工业革命时期的支柱产业。在第二产业内部则以轻纺工业为主。轻纺工业与传统农业相比，在技术进步、资本和劳动力的产出弹性、市场需求弹性和产业关联度方面提高了许多。

（二）第二次工业革命与新旧动能转换

第二次工业革命始于19世纪50年代，以内燃机作为工具机和电力、石油作为新能源得到广泛应用为标志，实现了以电力、石油为能源投入的电动机和内燃机对以煤炭为能量投入的蒸汽机的替代。第二次工业革命从根本上推进了新旧动能的又一次转换，主要表现为以下几个方面。

第一，“能量密度”更高的新型主导产业技术应用带来产业劳动生产率的显著提高。与第一次工业革命相比，第二次工业革命时期的主导技术基础性、通用性更强，应用范围更为广泛，“能量密度”远超于第一次工业革命时期的主导技术。由于“能量生产率”的决定性作用，新的机械设备具有更高的生产率，第二次工业革命时期的主导技术对于劳动生产率的提升作用更加明显。特别是以重型生产设备为主导的大量具有更高技术水平的资本品被投入生产过程中去，使人均资本量大大提升，资本有机构成呈现逐渐提升的态势，强化了生产的迂回性，由此明显提升了劳动生产率，这又反过来刺激了产业生产过程对于机械的应用水平，两者形成了一种正向的反馈机制。

第二，企业内部生产方式和组织管理模式创新提高了生产和资源配置的效率。这一时期，更为便捷且效率更高的运输工具和通信方式得到广泛应用，由此促进了大规模同质化市场的形成，为大规模流水线生产方式的推广提供了广阔的市场基础。1913年，福特汽车流水线的引入和通用零件的使用标志着大规模生产方式的诞生，产品生产方式中的大规模“批量生产模式”开始流行起来，可互换的通用零配件在生产线上大量使用。与此同时，随着企业规模的扩大，企业更加重视和加强内部组织结构和管理方面的创新，企业内部关键管理职能出现职业化和专业化发展的趋势，以适应在生产、技术、市场、金融和管理方面的复杂性和规模的增长，旧式的主要依靠经验积累的管理模式被替代；分权型事业部制使企业组织结构更为优化和有效；科学和规范的内部培训体制以及职业经理人出现；这些生产模式和管理方式变革大大提高了企业生产效率。

第三，产业组织的集中化趋势越来越明显，产业的技术创新动力和能力进一步提升。第二次工业革命期间出现的电力、石油、汽车、钢铁等重化工业，生产和资本更为集中，规模经济特征更为明显。与此同时，股份制等企业组织模式大量出现，为企业筹集资金、迅速实现企业规模扩张提供了有力杠杆。在市场竞争过程中，实力雄厚的巨型企业依靠技术设备的优势和对市场的控制，形成纵向一体化和垄断性企业集团，市场集中程度明显提高，产业组织的集中化趋势更加明显，产业具备了更高的人力资本和物质资本积累，对于技术创新的风险具有更强的承受能力，对新产品、新技术进行研发投入的意愿更强，产业技术创新的动力和能力显著提升。

第四，以资金密集型的重化工业为主导的新型产业体系表现出对国家整体经济增长更大的驱动力。第二次工业革命时期，电力、化工、石油、汽车、飞机制造等一系列新兴重化工业部门在主要国家工业中的比重显著上升，并逐步成为产业结构中占主导地位的产业门类。与第一次工业革命时期以轻工业为主相比，第二次工业革命时期发达国家建立起以重化工业为主导的新产业结构。这些产业的产品复杂度高，产业关联带动性强，市场需求弹性大，产品应用范围广，产业加工度和产品附加值进一步提升，对国家整体经济增长的拉动力更大，由此导致工业特别是重工业在国民经济中的地位提升，产业的资本、技术密集度明显加大。

（三）第三次工业革命与新旧动能转换

第三次工业革命始于20世纪四五十年代，止于20世纪90年代，半导体技术、大型计算机（60年代）、个人计算机（70～80年代）和互联网（90年代）的发展催生了这次革命，推进了经济新旧动能的再次转换。

第一，信息技术作为新的要素出现，同时表现出较为突出的融合性特征。在前两次工业革命中劳动力和资本分别成为生产中最重要的投入要素，自第三次工业革命以来，随着计算机信息技术在经济领域的大规模应用，信息变得越来越为重要，并从各种生产活动中独立出来，成为继土地、劳动力、资本等要素之后整个经济活动的战略资源和基本生产要素。与前两次工业革命时期的主导技术相比，作为第三次工业革命主导性技术的信息技术具有突出的“融合”性：这种融合性一方面表现为半导体技术与计算机技术之间相互融合的态势逐渐凸显，另一方面则表现为信息技术与现有产业技术之间的融合。

第二，第三次工业革命中信息技术的快速发展与广泛应用，企业生产方式、管理模式、组织形式发生深刻变革带来产业效率和产业技术创新能力的进一步增强。其中，最为重要的是第二次工业革命后兴起的大批量流水线生产方式和生产模式发生重大变革，代之以知识密集为主要特征的“柔性加工系统”，能够同时制造数种不同品种、规格、大小的产品，实现生产制造与多样化、个性化市场需求的动态匹配，规模经济和范围经济更加显著，提高了生产的效率。在企业内部管理模式方面，符合多元化发展战略的 M 型组织结构取代 U 型组织结构成为发达国家企业的主导组织形态。与此同时，第三次工业革命以后，股份制成为产业资本的主要组织形式，大型企业集团成为技术创新的主导，技术创新的形式转变为以持续性、系统性和集成性创新为主，产业创新的效率和能力显著提高。与此同时，随着产业组织形式由单纯的竞争关系转向竞合关系，不同分工主体在地理空间上形成一定的空间集聚结构，产业集群复兴并获得迅速发展，产业技术创新的集聚效应和外部溢出效应明显。此外，进入 20 世纪 90 年代，随着互联网技术的广泛应用，建立在国际分工基础上的大型跨国公司开始兴起，以跨国公司为主体的国际间的产业技术合作创新日益普遍，产业技术创新能力得以增强。

第三，信息产业这一高新技术产业形态规模的扩大及其对传统产业的带动和改造使产业结构呈现更加明显的“软化”和高级化趋势。信息技术革命推动了产业结构的大调整，信息产业在国民经济中所占比重越来越高，对整体国民经济的带动和改造作用越来越大。与此同时，信息技术产业的基础性和通用性特征，使它极易对传统产业加以改造提升，促使传统产业转型升级和竞争力提升，特别是产业中的知识、技术、信息等高级要素所占比重明显提升，整体产业结构呈现“软化”和高级化发展趋势。根据经济合作与发展组织的统计表明，在 20 世纪 90 年代，该组织成员国的高技术产品在制造业产品中所占份额翻了一番，达到 20%－25%，在教育、通信、信息等知识密集型服务部门中发展更为迅速，科技进步对经济增长的贡献率，已经从 20 世纪初的 5%－20%，提高到 90 年代的 80% 以上，全球 GDP 中已经有 2/3 以上与信息技术行业有关。①

三　第四次工业革命促进新旧动能转换的机理

第四次工业革命是建立在数字革命基础之上，以新一代信息技术、新材

① 徐崇温：《当代资本主义新变化》，重庆出版社，2006，第 229 页。

料与新能源技术为核心的多种技术相互融合所引发的技术经济范式、生产方式与产业组织形式等的系统性社会经济变革，会给经济、政治、社会、个人带来前所未有的改变。第四次工业革命促进新旧动能转换的作用主要表现在以下几个方面。

（一）信息、数据等要素作为新型资产成为经济增长的主导性生产要素

与第三次工业革命时期的IT时代（以计算机为载体）不同，第四次工业革命使人类社会进入DT时代（以互联网为载体）。在第四次工业革命的影响下，一方面，信息、数据等价值含量更高的新兴生产要素将成为类似于货币和黄金的新型经济资产，并作为独立的生产要素进入生产、流动、消费等经济各领域、各环节，代替农业经济与工业经济时代的土地、资金、劳动等有形实物资本，成为第四次工业革命的关键要素以及基础性与战略性资源，促进创新和效率的提升。这些知识、智力密集型程度更高的新生产要素具有易复制性、零边际成本、非损耗等特性，并能形成强大的溢出效应。

另一方面，信息、数据等新兴生产要素对资本、劳动、企业家才能等传统要素具有较强的渗透、改造和提升效应。信息、数据等新兴要素的应用、扩散与渗透能够与其他传统要素相互作用、相互补充，改善传统要素的质量，并通过与传统要素的有机配比，提高要素利用效率和边际效用，从而促使传统要素效率提升。特别是伴随着新一代信息网络技术的快速发展和广泛应用，信息日益呈现出透明化、实时传播和易获取性等特征，由此迅速放大了信息要素的效能。如果说前三次工业革命主要是通过解放人的体力，从而提高劳动生产率，那么第四次工业革命以其主导技术的智能化、泛在化、虚拟化等特性，智能机器能够从海量数据中挖掘信息的价值与关联并将其转化为新的知识资本，从而极大地解放人的脑力并激发了人的创造力，由此将带来对生产率更为显著的提升效能。

（二）新一轮工业革命将引致能源投入结构呈现绿色化、可持续性的特征

在第四次工业革命的影响下，新能源、新材料像历次工业革命中的煤、

钢、石油一样，成为产业投入的关键要素。第四次工业革命将催生新型能源以及新型能源储存技术的出现，能量密度更高、生产成本更低、以互联网为基础的智能分配式的绿色可再生能源将是新的发展方向，进而改变以往以化石能源为核心的能源投入结构、供应方式和消费模式，降低中国产业的能源投入成本和环境成本。同时，随着3D打印和纳米等新技术的突破，这将带动新材料产业的发展，未来产业呈现绿色化和可持续发展的特点，这对于解除工业化过程中的资源限制具有重要意义。

（三）生产方式、治理结构和组织形式变革带来效率提升和交易成本节约

在新一轮工业革命的影响下，随着新技术渗透和融合程度的加深，原有的规模化、标准化生产方式将向智能化、虚拟化、平台化、网络化、个性化发展，可重构生产系统、大规模个性化定制、分散式社会化生产将是未来生产方式的主要特征，大规模流水线式的生产方式即将终结，生产组织模式也将由过去的“集中生产、全球销售”转变为“分散生产、就地销售”模式。

与此同时，个性化定制要求生产者对市场需求有快速的反应，尤其是对贴近市场最终需求的产业影响较大。为促进信息的快速传递，扁平化组织结构更能适应市场的多样化、个性化的需求，具有民主、开放、共享特征的网络平台将取代企业内部自上而下的垂直型层级管理体制。

基于互联网形成的企业网络使企业之间的交易突破了时间和空间的限制，极大减少了交易环节，降低了交易成本，并获取超越于规模经济与范围经济之上的网络外部性效率。需要指出的是，与第三次工业革命的信息化重点在于促进成本降低、效率提高和产出增加不同，第四次工业革命，以新一代信息技术推动的信息化建设则更加强调在信息网络与物理系统的融合发展中为智能化提供服务，更加注重企业在嵌入生产链与价值链的过程中互联互通、协同共享，通过增值环节的整合与价值链的重构实现智能化生产，最主要的体现就是智能机器通过深度学习技术能够基于以用户为中心的实时数据自主做出决策、判断、管理，机器对信息实现了从“听见”到“听懂”并“反馈”的演进。

新工业革命引起以相应的技术经济范式为基础的企业竞争范式的全面转

变，它将会推动超竞争环境成为新常态，竞争理念由传统的零和博弈竞争转变为基于共享价值的竞争与合作，竞争方式将由原来的个体间竞争、供应链和价值链间竞争转变为商业生态圈间竞争。[①]

（四）新业态、新模式的涌现和规模扩张加速经济新动能的成长

新一轮工业革命中新兴技术的基础性和通用性更强，渗透性和融合性特征更为明显，推动了一系列新业态、新模式的出现、发展与壮大，为生产率提升和经济增长的贡献渐趋增强。

共享经济近年来加速发展并不断成熟，也即里夫金所称的在互联网带来的近乎零边际成本社会下的协同共享时代。作为一种新型经济形态，共享经济具有的网络化、社会化属性更低成本和更高效率激活并整合了全社会的剩余和闲置资源，从而为经济社会提供了一种加速要素流动、实现供需高效匹配的最优资源配置方式，能够调动全社会最优质的资源参与整个生产过程，大大提升了资源对接和配置效率，提高了资产使用效率和经济中的有效资本存量（尤其是无形资本），并激发了创新活力，带来了经济效率的有效增长。

平台经济依托新一代信息基础设施和数据等新型生产要素建立虚拟交易空间，促成买卖双方进行信息交换或者商品交易。平台经济具有交叉外部性、高成长性和强竞争性，推动企业由追求规模经济转变为追求范围经济，不断进行商业模式创新和技术创新。同时平台经济不断整合产业资源和市场资源，充分发挥集聚效应，加速了信息流动，成为推动服务业增长的重要引擎。这些新业态、新模式是最有发展空间、最有市场竞争力的所在，既是经济新的增长点，也是最核心的新动能。

（五）“四新经济”与传统产业的融合，加快经济旧动能向新动能的转换

与以往三次工业革命的技术创新特征不同，新一轮工业革命技术变革的渐进性和高渗透性特征更为明显，第四次工业革命的到来将进一步加深产业

---

① 肖红军：《共享价值、商业生态圈与企业竞争范式转变》，《改革》2015 年第 7 期。

融合发展的趋势。一方面，第四次工业革命所孕育的新技术、新工艺将大量应用于传统制造行业，对行业全产业链形成渗透。在前端，运用大数据来进行面向客户的个性化研发设计；在中端，产业生产制造环节将主要由高效率、高智能的新型装备完成；在后端，用大数据来变革企业的销售渠道和服务方式。与制造环节相关的生产性服务业将成为制造业的主要业态，制造业的服务化趋势引领制造业向产业链的高端延伸，激活传统产业改造升级的内生动力。

与此同时，随着新技术的渗透融合，一些传统产业将转型升级为使用新技术、采用新生产方式、满足新市场需求的新产业。同时，与前三次工业革命不同，第四次工业革命不仅会引起传统制造业领域的重大变革，“四新经济”的发展还会影响到传统服务业领域，催生新的服务业部门，产生众多的新业态、新模式，推动传统服务产业向以数字和智能科技为基础的现代服务业转型，成为经济转型发展的强大推动力量。

四　以新一轮工业革命为契机加快推进新旧动能转换的对策

加快新旧动能转换，必须深度参与新一轮工业革命，动力是自主创新，建设创新型国家；主线是以供给侧结构性改革实现新旧动力转换；核心是以质量强国建设现代化经济体系；关键是以质量强国发展实体经济、优化经济结构；重点是完善制度供给、加强市场监管。

（一）加快新工业革命前沿共性通用技术的突破并以标准先行战略占据有利位置

一方面，中国应依靠在经济发展过程中所累积的大量的技术创新经验，集中资源和力量在具有同发优势的前沿领域率先突破关键技术，前瞻性地加大云计算、智能终端、大数据、能源清洁化和能源消费电气化技术以及新材料产业技术等重点领域的重大技术攻关。另一方面，以标准先行战略占据新兴产业价值链有利位置。由于新兴产业技术正处于孕育和成长阶段，主导技术标准还没有形成或尚未商业化，中国应借鉴国外成熟技术标准联盟的组织形式和运作模式成立独立运作的技术标准联盟管理机构，尽快建立新兴技术标准，在新的技术经济范式转换的萌发阶段实现在核心技术和关键设备方面对先发国家的赶超，在原始创新、核心科技与自主品牌上占有一席之地，进而掌控在全球价值链高端环节的治理权，从而实现在新兴产业领域的后发先至。

（二）积极营造企业家健康成长环境，培育与弘扬优秀企业家精神

企业家及创新型企业是经济活动的主体，是工业革命的关键驱动力。历次工业革命都离不开一批伟大的企业和企业家。在新一轮的工业革命中，企业家及创新型企业仍将继续发挥重要作用。可以说，谁能更有效地发挥企业家和创新型企业的作用，谁就可能在新工业革命中取得领先地位。

实现新旧动能转换，必须充分发挥企业、企业家、企业家精神的创新作用。企业通过对各种生产要素的优化配置，能够促进整个社会资源配置的优化，实现新旧动能转换，进而实现经济增长，是新旧动能转换的主体。企业家是市场均衡的“破坏者”，是新旧动能转换的主角。企业家精神是企业家群体所共有的价值观体系，是决定全要素生产率和经济增长的重要因素，是新旧动能转换的引擎。发挥企业家和创新型企业的作用，要营造企业家健康成长的环境，弘扬优秀企业家精神，更好地发挥企业家作用，特别是依法保护企业家财产权、创新权益、自主经营权。

（三）建立激发各种要素活力的制度机制，构建新旧动能有序转换新体制

培育新动能，关键是打破传统制度的枷锁，建立能够激励、引导、保护创新的体制机制。要以制度新供给为重点，及时清理不合理制度，营造开放包容、鼓励创新的环境，消除要素供给和要素配置中存在的体制性障碍，加快建立适应新旧动能有序转换的制度体系，建立适应新经济发展的要素配给机制，完善有利于新经济发展的保障机制，从根本上解决因体制机制不健全给要素合理流动和资源有效配置带来的桎梏。

当前重点在于深化土地、金融等要素重点领域的改革，以制度创新提升资本、技术、劳动力等要素使用效率，构建市场机制有效、微观主体有活力、

宏观调控有度的经济体制为经济持续增长增添新动能；以国有企业改革作为供给侧结构性改革的重要抓手，以产权制度改革作为全面深化国有企业改革的重要基础和必要前提，以混合所有制改革作为国有企业改革的重要突破口，加快破除制约国有资本效率和国有企业活力的体制性、结构性、历史性障碍，实现民营企业和国有企业在政治、经济、投资、经营、资源配置和市场竞争上拥有平等的地位。

（四）探索建立有利于新经济发展的包容审慎、严管厚爱的监管政策

新经济意味着新的不确定性，既有新的机遇也有新的风险。新经济可能会对现有经济秩序带来冲突，但新经济意味着新的技术进步、新市场的出现。新技术、新事物初期力量弱小，本身就不完善，过于严格的要求可能会从一开始就扼杀了新产业的发展。因此，我们对“四新经济”的发展一定要坚持审慎包容、严管厚爱的原则，只要符合市场经济的发展方向，就不能贸然反对，要在“强监管”和“包容性监管”之间寻求合理的平衡，拓宽新经济发展的制度空间，让新业态吸引更多资本和人才，才能充分释放创新活力和创造动力。对符合发展方向但出现一些问题的，要及时予以引导，或加以纠正；对潜在风险很大，特别是涉及安全和造成严重不良社会后果的，有关部门将予以严格限制；对以创新之名行侵权欺诈之实的，要予以严惩。

参考文献

杜传忠、郭美晨：《第四次工业革命与全要素生产率提升》，《广东社会科学》2017年第5期。

杜传忠、宁朝山：《网络经济条件下产业组织变革探析》，《河北学刊》2016年第4期。

克劳斯·施瓦布：《第四次工业革命》，中信出版社，2016。

克利斯·弗里曼、弗朗西斯科·卢桑：《光阴似箭：从工业革命到信息革命》，中国人民大学出版社，2007。

王章辉，孙娴：《工业社会的勃兴——欧美五国工业革命比较研究》，人民出版社，1995。

徐崇温：《当代资本主义新变化》，重庆出版社，2006。

肖红军：《共享价值、商业生态圈与企业竞争范式转变》，《改革》2015 年第 7 期。
徐晋、张祥建：《平台经济学初探》，《中国工业经济》2006 年第 5 期。
亚历山大·奥斯特瓦德、伊夫·皮尼厄：《商业模式新生代》，王帅等译，机械工业出版社，2016。

【聊城发展研究院、聊城大学商学院（质量学院）宁朝山】

第三篇　新旧动能转换产业与案例篇

第七章　农业发展新旧动能转换的路径与对策研究

2019年2月19日，新华社受权发布2019年中央一号文件，继续聚焦“三农”，提出坚持农业农村优先发展，做好“三农”工作。这是2004年以来，中央一号文件连续第16次聚焦“三农”。文件要求，坚持农业农村优先发展总方针，以实施乡村振兴战略为总抓手，对标全面建成小康社会“三农”工作必须完成的硬任务，适应国内外复杂形势变化对农村改革发展提出的新要求，抓重点、补短板、强基础，围绕“巩固、增强、提升、畅通”深化农业供给侧结构性改革。加快农业新旧动能转换是推进农业供给侧结构性改革的具体抓手。因此，在明确新动能内涵的基础上，廓清农业新旧动能转换的旧动能是什么、新动能又是什么，对农业动能转换的历程进行梳理，总结农业新旧动能转换的规律，探寻农业新旧动能转换的实现路径，对于深入推进农业供给侧结构性改革各项任务，加快补齐农业农村这块短板，巩固发展农业农村好形势，发挥“三农”压舱石作用，全面推进乡村振兴具有重要理论意义和实践价值。

一　新动能、农业发展的旧动能与新动能

“新动能”是党的十八大以来在党和国家领导人讲话以及党的文献和各级政府文件中被反复提及的一个政策热词，2016 年以来更是连续三年出现在政府工作报告中。那么，什么是所谓的新动能？其实新动能并不是一个新概念，作为新经济的核心概念，其在 20 世纪末 21 世纪初新经济方兴未艾之际就已出现（李含琳，2018），但在国内进入大众视野是在近几年党和国家领导人在一系列讲话中提及之后。李克强总理在 2015 年 10 月的一次会议中指出，“我国经济正处在新旧动能转换的艰难进程中”，被学界认为是较早关于新动能的阐述。2016 年 3 月 16 日，第十二届全国人民代表大会第四次会议批准的《中华人民共和国国民经济和社会发展第十三个五年规划纲要》亦提出要拓展发展动力新空间，增强发展新动能。2017 年 1 月，国务院办公厅印发《关于创新管理优化服务培育壮大经济发展新动能加快新旧动能接续转换的意见》，以正式文件的形式首次初步阐述了新动能的特征、内容等。

虽然在党和国家领导人讲话及各级政府政策文件中新动能被反复提及，但多被作为政策性概念来使用，其具体的概念内涵等尚缺乏较为系统的阐述。但从一些学者的观点和政策文件的表述来看，大家倾向于认为，新动能本质是一种先进生产力，是基于科学发现、技术创新突破和应用所形成的支撑经济增长的新动力，表现为以创新驱动、技术进步、消费升级为牵引，以知识、技术、信息、数据等新生产要素为支撑，以新技术、新产业、新业态、新模式为标志，以数字经济、智造经济、绿色经济、生物经济、分享经济等为主要方向，是一种不同于传统的物质生产、流通和交换模式的新生产力。

要厘清农业发展的旧动能与新动能，首先要阐明农业发展的动能之内涵。农业发展的动能有狭义和广义之分，狭义的动能偏重于从生产力的角度定义动能，指推动农业生产效率提高的各种因素，如生产工具的应用，生产方法的改进，管理流程的优化等。广义的动能则泛指一切能够推动农业生产效率提高和农业供给体系质量提高的因素，除构成狭义动能的因素之外，还包括生产关系范畴的因素，如土地产权关系的变革，农村基本经营制度的变革，农产品流通模式的变化，农业生产服务体系的优化。

当前，学术界和实践中对于什么是农业发展的旧动能、什么是新动能有

一些争论，但尚未形成明确的共识。实际上，农业发展的旧动能和新动能没有实质性区分，也无法做出明确划分，此时来看的旧动能，在彼时都曾经是新动能，今日的新动能在明日来看亦将成为旧动能。我们所言旧动能和新动能有其具体含义，有历史阶段性，是在第四次工业革命的时代背景下，在中国经济发展进入新常态的环境下，在提高农业供给侧质量的语境下，将过去那些推动农业快速增长但增长质量不高的因素归纳为农业发展的“旧动能”，将同样可以推动农业快速增长同时更加注重农业增长质量的驱动因素称为农业发展的“新动能”。在要素的层次上，我们也可以将传统农业发展主要依靠的土地、资本、劳动、能源资源等传统生产要素视作旧动能，而将第四次工业革命背景下，知识、信息、创新、决策等新生产要素视作农业发展的新动能。

二　农业发展动能转换的历程

结合人类社会的发展和农业革命的历程，从农业生产力发展和技术的角度来梳理农业发展动能的转换历程，可以做出从刀耕火种阶段到未来高效农业阶段的如下划分，在每一个阶段，驱动农业发展的因素或基本力量都是不一样的。

刀耕火种阶段：刀耕火种是农业文明的真正开始，此时的农业发展主要依赖低层次的人力投入及对自然资源的简单利用，生产力极其低下，产出取决于人力投入多少、土地肥沃程度、雨水等自然条件及自然灾害，此时农业发展的动能可归纳为“自然资源＋自然条件＋人力”。

犁等简单生产工具引入及畜力使用阶段：由于农业生产器具和畜力的引入，农业生产效率相比刀耕火种阶段明显提高，但仍未摆脱对自然资源和自然条件的严重依赖，此时农业发展的动能可归结为“自然资源＋自然条件＋初级技术＋人力畜力”。

水利等农业基础设施修建阶段：随着人类对自然认识的加深和农业生产技术的积累，不但更先进的农业工具被创造并大量使用，堤坝、坑渠等水利设施逐渐被修建，农业生产也开始逐步摆脱自然条件的限制，推动了农业生产的大发展，此时农业发展的动能可归结为“自然资源＋自然条件＋高级技术＋人力畜力”。

农业机械化阶段：工业革命尤其是内燃机小型化将农业带入机械化阶段，农业生产效率大幅提高，大大解放了人力畜力，并大幅提高了人类利用改造自然资源自然条件的能力，同时使农业经营管理成为必要，此时农业发展的动能可归结为“自然资源 + 自然条件 + 复杂技术”。

现代农业阶段：现代农业的典型特征是化学肥料和农药的大规模使用、科学育种育苗、高度机械化，农业生产对自然资源的依赖大大降低，抵抗自然灾害的能力大大提高，人力投入基本可以忽略不计，农作物产量出现瓶颈，农业经营管理的作用更加突出。此时农业发展的动能可归结为“自然资源 + 现代技术 + 管理知识”。

未来高效农业阶段：未来高效农业最明显的变化是从重“量”向“量 + 质”转变；从重“供给”向“需求 + 供给”转变；从重生产向“生产 + 经营管理”转变；生产者由传统农民向新型专业化职业农民转变；生产组织者由农户向农业公司等新型农业经营主体转变；信息科技深度运用，大数据、人工智能把大量的农业生产经营信息迅速地汇集加工并用于生产经营决策参考，农业生产经营向智慧化转变；农业与其他产业的边界逐渐模糊，“观赏农业”“体验农业”等农业新业态大量涌现，农业发展模式向产业融合发展转变；此时农业发展的动能可归结为“农业高科技 + 信息技术 + 管理知识”。

如上，本研究从技术层次梳理了农业发展的动能变化，但农业发展并不只是个技术过程，农业发展史只是人类发展史的一个组成部分，因而生产关系亦会对农业发展产生重要影响，在资源禀赋不变的情况下，仅由于生产关系变化也会大大促进生产力的发展是制度经济学的基本结论之一。土地产权关系是人类生产关系的重要组成，更是农村生产关系的核心，土地产权关系的变化会成为农业发展的动能已为历史所证实，这一点通过人民公社体制下和土地承包经营责任制下农业生产效率的巨大差异比较可以很容易理解。因此，不能仅将农业发展的动能理解为生产力层次的东西，生产力以外的诸多因素均可能成为农业发展的动能。

三　农业发展的新旧动能转换如何实现

总体来说，实现农业发展的新旧动能转换，必须树立农业发展新理念，培养职业化新农民，应用农业新技术，培育农业新业态，壮大新型经营主体，构建新型农业经营体系，形成新型乡村治理模式，通过体制机制创新激活资源要素潜力，解放和发展农村生产力，改造提升传统动能，培育壮大新动能，形成更有效率、更有效益、更可持续的农业供给体系。

（一）实现农业新旧动能转换需明确的三个问题

农民是实现农业新旧动能转换的核心主体。农业发展的新旧动能转换是一个系统工程，直接涉及农业、农村和农民，另外还关联到政府的政策调整及项目部署、企业的技术资金支持、中介组织的服务保障等，因此需要动员全社会资源共同参与，农民、企业、政府均要有所作为，但无疑只有农民才是农业新旧动能转换的核心力量。农民在农业新旧动能转换中的核心主体地位必须明确，不可动摇，不可替代。政府部门可以出台农业新旧动能转换的规划并组织实施，各类企业可以积极出资金、提供技术参与规划中安排的各类项目，但如果农业新旧动能转换不能与农业、农村和农民的发展有机融合，不能成为推动三农发展的内生力量，新旧动能转换的最终目的将无法实现。

农业的新旧动能转换是落实乡村振兴战略的具体举措。农业的新旧动能转换并不是在新农村建设、乡村振兴战略之外另外“创造”一个概念，“再造”一个农业发展的政策体系，而是在乡村振兴战略的统领部署下，在实施经济发展的新旧动能转换的政策语境下，在大数据、人工智能的技术环境下，将落实乡村振兴战略的政策语言进行了整合，将落实乡村振兴的举措进行了进一步具体化的安排，其内核仍然是推动农业优化升级的一系列政策组合。

农业新旧动能转换的直接目的是落实中央发展为了农民、发展依靠农民、发展成果由农民共享的改革要求；核心目的是改变农业发展高投入、高能耗、高污染、低产出、低质量、不可持续的发展现状，发展现代高效农业，提高农业供给质量；根本目的是通过农业的新旧动能转换，更好地与工业、服务业在高水平融合发展，不断推动中国经济结构优化升级，提高经济发展质量；最终目的是使全体农民在共建共享发展中有更多获得感，不断实现人民对美好生活的向往。

（二）农业新旧动能转换的实现路径

树立农业发展新理念。农业新旧动能转换要求政府管理者树立新的管理服务理念，农业从业者树立新的生产经营理念，跳出农业看农业，要站在国民经济发展全局看农业，着眼高端看农业，从国家现代化的系统视角看农业。“牢牢把饭碗端在自己手中”只是对农业的基本要求，农业的功能只是为第二、第三产业发展提供基本物质积累、农业难以发家致富等传统认识必须改变。由于农业产业发展的历史阶段性导致的人们对“三农”发展“农业很弱、农村很穷、农民很苦”的刻板印象不能代表农业发展的未来前景。“要坚持新发展理念，把推进农业供给侧结构性改革作为农业农村工作的主线，培育农业农村发展新动能，提高农业综合效益和竞争力。”

培养职业化新农民。农业新旧动能转换对农业生产者提出更高的要求，大型、复杂的农业机械需要专业技能型农民操作，优质种子苗木的培育需要更高技术能力的农民实施，新型农业生产经营组织需要专业的农业职业经理人管理，更大的国内外市场需要拥有专业营销知识的人才去开拓等，这些要求使我们当前平均文化程度不高且日渐老龄化的农业生产者队伍出现了明显的不适应，迫切需要培养年轻化、知识化、技术型、专业型、复合型的新农民，全面建立职业农民制度，开展绿色高质高效创建、有机肥替代化肥、全程绿色防控试点等项目，培训种植大户、合作社和龙头企业的技术骨干，掌握技术要领，加强示范引导，提升科学种田整体水平。

应用农业新技术。大力开发应用农业新技术是实现农业新旧动能转换的技术支撑。充分利用信息技术、生物技术、工程技术和机械技术研发新产品、开展新服务，提升农业生产效率和产品品质。积极推广应用智能滴灌和微灌、温室贮热加温除湿技术、农业机器人、农业传感器等农业领域高科技技术和产品。利用物联网、人工智能等现代信息技术与传统农业进行深度融合，以数据平台服务、无人机植保、农机自动驾驶以及精细化养殖为主要应用场景发展智慧农业，实现农业生产全过程的信息感知、精准管理和智能控制，实现农业的可视化诊断、远程控制以及灾害预警等功能。扩大农业技术交流，打造专业会展等平台展示农业领域、应用的新成果，进行国际先进涉农技术和产品的展示交流。

培育农业新业态。当前中国共享农业、体验农业、个人定制等大量新业态持续快速发展，已成为农业发展的新动能。要通过产业链的横向拓宽，培育发展休闲农业、会展农业、景观农业、创意农业、阳台农业等服务型农业新业态。通过现代生物技术、信息技术等为代表的高科技向农业渗透，培育发展生物农业、智慧农业、农业大数据应用等创新型农业新业态。通过社会分工细化以及社会组织方式变革培育发展农业众筹、订单农业、社区支持农业、农村养老服务业、农业生产性服务业、农产品私人定制等社会化农业新业态。

壮大新型经营主体。培育新型农业经营主体、加快发展现代农业是落实党的十九大精神、实施乡村振兴战略的重要内容，也是推动农业新旧动能转换的重要抓手。中国有 2.3 亿承包农户，相对于新型经营主体，小农户在采用新技术新机具、对接市场、抵御市场风险、质量安全风险等方面，都面临着更多的困难，因而，应实施新型农业经营主体培育工程，加快培育种植大户、家庭农场、合作社、龙头企业、农业产业化联合体等新型经营主体，使他们成为发展现代农业的主力军和突击队。积极鼓励新型经营主体通过土地流转、土地入股等形式，发展适度规模经营，推进规模化种植、标准化生产、产业化经营。同时，加快培育新型服务主体，积极发展多元化多层次农业生产性服务业，扶持一批代耕代种、代收代储、病虫统防统治、肥料统配统施等服务组织，提供全程社会化服务。

构建新型农业经营体系。创新农业生产组织形式与经营模式，首先要坚持农村基本经营制度，这是党的农村政策的基石，这要求我们必须坚持农村土地农民集体所有，必须坚持家庭经营的基础性地位，必须坚持稳定土地承包关系。要在坚持家庭经营在农业中的基础性地位的前提下，提高农户组织化程度，努力推进农业经营组织体系集约化、专业化、组织化、社会化，积极推进家庭经营、集体经营、合作经营、企业经营等共同发展的农业经营方式创新。深化农村土地制度改革，完善承包地“三权”分置制度，落实所有权，稳定承包权，放活经营权，鼓励土地经营权在公开市场上向专业大户、家庭农场、农民合作社、农业企业流转，发展多种形式规模经营。

形成新型乡村治理模式。站在国家治理体系和治理能力现代化的高度，搭建“村党支部 - 村民委员会 - 村集体资产管理公司”的村庄治理架构，实现党政、党企、政企分开，彻底解决集体经济组织法律地位不明、村庄治理体系政经不分的弊端。坚持党管一切，明确党对集体的治理组织是党支部，承担党建职能。村庄的社会治理组织是村民委员会，承担社会管理职能。组建村级集体资产管理公司作为农村集体经济组织的组织载体，承担村庄经济发展职能，目前已有集体经济组织载体的予以改造规范，没有或空壳的重新组建。村级集体资产管理公司作为集体经济组织的唯一代表，对支部委员会和村民委员会负责，具有法人资格，独立开展业务，企业化运作。最终形成支部抓党建、村委抓治理、公司抓经济的新型乡村治理模式。

四　农业新旧动能转换的聊城实践

2018年，国务院1号文《国务院关于山东新旧动能转换综合试验区建设总体方案的批复》，原则同意山东省和国家发改委提交的《山东新旧动能转换综合试验区建设总体方案》并要求认真组织实施，这是党的十九大后获批的首个区域性国家发展战略，也是中国第一个以新旧动能转换为主题的区域发展战略，标志着山东新旧动能转换综合试验区建设正式成为国家战略，山东将在全国新旧动能转换中先行先试、提供示范。为紧紧抓住这一重大战略机遇，山东省出台了《山东省新旧动能转换重大工程实施规划》等一系列政策文件积极予以推进。在农业方面，亦制定了《山东省农业现代化规划（2016－2020年）》并出台一系列具体措施，着力加快推进农业农村现代化进程。在省厅进行了相应政策设计之后，各地市积极行动，也制定了相应规划，出台了相应实施意见和具体办法。聊城市制定了《聊城市新旧动能转换重大工程实施规划（2018－2022年）》，印发了《中共聊城市委、聊城市人民政府关于推进新旧动能转换重大工程的实施意见》，对聊城市深入实施新旧动能转换做出具体部署安排。聊城市农业部门深入贯彻落实省市两级文件精神，以市政府办公室文件印发了聊城市《关于加快新旧动能转换　积极培育和发展农业“新六产”的实施意见》，出台了《聊城市粮食生产功能区和重要农产品生产保护区划定工作方案》，积极进行《聊城市现代高效农业产业集群发展规划》编制工作，梳理出多项重点工作着力推进，在农业产业化、组织化、科技化、品牌化方面下功夫、谋突破，农业新旧动能转换各项工作深入开展并取得初步成效。

（一）产业融合持续深化。推进农村三次产业融合发展，以市政府办公室文件印发了聊城市《关于加快新旧动能转换　积极培育和发展农业“新六产”的实施意见》。新增规模以上农业龙头企业25家，达到480家，申报省级龙头企业16家。组织莘县现代农业产业园等17个产业园创建市级现代农业产业，其中，东阿、莘县创建成为省级现代农业产业园。筛选了30个“新六产”项目进行重点培育，已有5处建设完成。重点建设的11处现代农业园区，完成投资10亿余元。集中力量打造了一批富有聊城地域特色的齐鲁样板，向省级推荐东昌府区为农产品加工业示范县，推荐山东首鲜蔬果有限公司等6家企业为农产品加工业示范企业。在平县贾寨镇耿店村被批准成为第八批全国“一村一品示范村镇”。实施乡村旅游提档升级工程，新增省级休闲农业与乡村旅游示范单位3家。

（二）组织化程度逐步提高。大力培育新型农业经营主体，在工商部门注册的农民专业合作社新增533家，达到12747家；农民合作社联合社新增7家，达到116家；家庭农场新增136家，达到1149家。新创建省级家庭农场示范场9家，省级农民合作社示范社25家。积极稳妥推进土地流转，引导农民开展土地入股、土地托管，全市土地流转面积达到289.1655万亩，占家庭承包总面积的39.71%。健全农业社会化服务体系，统防统治队伍发展到520余支，日作业能力达到28万亩，本年度专业化统防统治面积达到700余万亩次。积极推进主要农作物生产全程机械化，创建小麦、玉米生产全程机械化示范区26处，示范面积30.7万亩。全市农机合作社新增24家，达到650家。

（三）科技支撑进一步增强。扎实开展新型职业农民培育工程，培训新型职业农民2000人以上，全市已认定初级新型职业农民1482名。建设了11处蔬菜高标准示范园区，完成投资总额19129万元。全市完成温室建设105918个，超额完成了建设任务，完成任务比例为106%。新增水肥一体化面积20.95万亩。加快引进蔬菜新品种、新技术，先后引进瓜菜品种30余个，中国工程院院士吴明珠、方智远在莘县建立了2处院士工作站。冠丰种业、鑫丰种业继续入围“育繁推一体化”种业企业名单。

（四）品牌带动更加有力。建立了“聊·胜一筹!”品牌联席会议，实施“聊·胜一筹!”农产品品牌培育工程。“聊·胜一筹”品牌旗下已拥有18个重点农产品区域公用品牌、2个品牌形象店、105个授权使用品牌标识的产品品牌。继续加大“三品一标”认证力度，预计全市新认证“三品一标”共计112个，新认证基地面积25万亩。深入实施“净菜进京入沪”工程，与上海市商委、北京市海淀区商委签订了农产品直供直采协议，与北京首农集团、北菜集团、新发地市场、上海中心农产品批发市场等十余处大型采购商建立起合作关系，目前聊城市每天销往京、沪的可追溯蔬菜1000吨。重点开展了“聊·胜一筹!”品牌农产品济南产销对接行动，在济南市12个小区、2个市场、2个广场连续举办“聊·胜一筹!”济南社区行活动，举办“聊·胜一筹!”济南千人徒步活动，取得较好效果。

（五）质量安全水平稳步提升。升级建立了聊城市农产品质量安全监管体系暨产销一体化综合服务平台，各类农产品生产企业、农资经营店等追溯点增加至 1332 个，农产品质量安全监管体系、检测体系、追溯体系进一步完善，农产品质量合格率保持在 98% 以上，聊城市成功创建为全省第一批省级农产品质量安全市。持续加强农业标准化建设，新申报省级农业标准化生产基地 7 处。深入开展农资打假等各类专项整治行动，今年以来，共出动执法人员 11429 人次，检查企业 6410 家次，整顿市场 1226 家次，受理举报案件 15 起，查处制售假劣农资行为 46 起，查获各类假冒伪劣农资 9. 32 吨。

（六）农村综合改革不断深化。一是稳步推进农村集体经济组织产权制度改革工作，全市 6519 个涉农村（居）全部开展了清产核资工作。其中：6518 个村完成清产核资，占 99. 98%；4614 个村已完成成员资格界定；2124 个村完成股权量化；2034 个村已成立集体经济组织并发放组织证明书；174 个村发放股权证书。二是加大确权登记颁证扫尾力度。重点对个别县（市、区）未完成确权颁证的 30 个“城中村”“城郊村”“园区村”“两田制村”等遗留问题村加大扫尾力度。截至 2018 年底，全市基本完成确权登记颁证工作的村 6225 个，占应开展村的 99. 55%；确权农户 116. 12 万户，占家庭承包农户总数的 99. 33%。三是稳妥开展“农地”抵押贷款试点。各县（市、区）相继出台了《农村土地承包经营权抵押贷款管理办法》，并设立了担保基金。截至 2018 年 11 月底，全市县级财政共设立抵押贷款担保基金 6900 万元，抵押笔数为 2673 笔，贷款金额为 46083. 8 万元。农村土地承包经营权证抵押为 2586 笔，贷款金额为 21876. 9 万元，涉及 2900 余户农民。土地经营权证抵押为 87 笔，贷款金额为 2. 4 亿元，涉及 23 个家庭农场、31 家农民合作社。

【聊城发展研究院、聊城大学商学院（质量学院）：杨宏力】

第八章　聊城工业经济新旧动能转换测度与对策研究

中国经济已由高速增长阶段转向高质量发展阶段，正处在转变发展方式、优化经济结构、转换增长动力的攻关期。建设山东新旧动能转换综合试验区，是贯彻落实党的十九大精神，推动质量变革、效率变革、动力变革，建设现代化经济体系的重要战略举措。为落实省委、省政府决策部署，抢抓机遇、主动融入，培育发展新动能，改造提升旧动能，加快新旧动能接续转换，聊城结合本市实际，制定了《聊城市新旧动能转换重大工程实施规划（2018 年 - 2022 年）》。工业是推动创新发展、转换增长动力、振兴实体经济的重要领域。近年来，聊城坚持稳中求进工作总基调，贯彻落实新发展理念，以推进供给侧结构性改革为主线，坚定不移打好转型升级组合拳，新旧动能接续转换取得积极成效，工业经济呈现提质增效、稳中向好的态势。在新旧动能转换过程中还存在地区发展不平衡、部分企业经营困难、技术改造投资增速偏低等问题。因此，评价聊城工业绩效并定量测度工业经济发展新动能指数，对贯彻十九大精神，加快聊城新旧动能转换具有重要的理论价值和现实参考价值。

一　聊城工业绩效测度评价

（一）模型构建

1. 超效率 SBM 模型

传统的 DEA 模型其本质是属于角度和径向的 DEA 度量方法，在评价决策单元效率时，期望决策单元的产出越高越好，投入则越小越好，这便是通常所认为的期望投入产出。这种方法会形成投入要素的“松弛”或者“拥挤”问题，当存在产出或者投入的“非零松弛”情况时，容易高估决策单元的效率值。为克服角度和径向 DEA 模型的缺点，考虑到生产活动中涉及期望产出和非期望产出，*Tone* 提出非角度、非径向的 SBM 模型，其模型构成如下。

假设生产系统有 n 个决策单元，每个决策单元均有投入 X、期望产出 Y^g 和非期望产出 Y^b 三个向量，这三个向量分别为 $x \in R^m$、$y^g \in R^{s_1}$、$y^b \in R^{s_2}$，可定义矩阵 X、Y^g、Y^b 如下：

$$
\begin{aligned}
X &= [x_1, \cdots, x_n] \in R^{m \times n} > 0 \\
Y^g &= [y_1{}^g, \cdots, y_2{}^g] \in R^{s_1 \times n} > 0 \\
Y^b &= [y_1{}^b, \cdots, y_2{}^b] \in R^{s_2 \times n} > 0
\end{aligned}
\tag{1}
$$

构建 SBM 模型如下：

$$
\rho = min \frac{1 - \dfrac{1}{m} \sum_{i=1}^{m} \dfrac{s_1{}^-}{x_{i0}}}{1 + \dfrac{1}{s_1 + s_2} \left(\sum_{r=1}^{s_1} \dfrac{s_r{}^g}{y_{r0}} + \sum_{l=1}^{s_2} \dfrac{s_l{}^b}{y_{l0}} \right)}
\tag{2}
$$

$$
s.t.\ x_0 = X\lambda + s^- y_0^g = Y^g \lambda - s^g y_0{}^b = Y^b \lambda + s^b
$$

$$
s^- \geqslant 0,\ s^g \geqslant 0,\ s^b \geqslant 0,\ \lambda \geqslant 0
$$

式中，s^b 为非期望产出、s^g 为期望产出、s^- 为投入的松弛量；λ 为权重向量；ρ 表示目标效率值，取值区间为 [0，1]；$\rho = 1$，说明该决策单元是有效的，$\rho < 1$，决策单元无效，投入或产出存在改进空间。

但且若干不同地区工业绩效会同时处于 *DEA* 效率前沿面时，则无法有效的区分决策单元，因此，本研究在评价聊城工业绩效中采用超效率 *Super - SBM* 模型。参照 *Tone* 等做法，排除决策单元（x_0, y_0）的有限生产可能性集为：

$$
P \backslash (x_0, y_0) = \left\{ (x, \bar{y}^g, \bar{y}^b) \mid \bar{x} \geqslant \sum_{j=1}^{n} \lambda_j x_j, \bar{y}^g \leqslant \sum_{j=1}^{n} \lambda_j y_j^g, \bar{y}^b \geqslant \sum_{j=1}^{n} \lambda_j y_j^b, \bar{y}^g \geqslant 0, \lambda \geqslant 0 \right\}
\tag{3}
$$

Super - SBM 模型的分式规划形式为：

$$
\rho^* = min \frac{\dfrac{1}{m} \sum_{i=1}^{m} \dfrac{\bar{x}_i}{x_{i0}}}{\dfrac{1}{s_1 + s_2} \left(\sum_{r=1}^{s_1} \dfrac{\bar{y}_r^g}{y_{r0}^g} + \sum_{l=1}^{s_2} \dfrac{\bar{y}_l^b}{y_{l0}^g} \right)}
$$

$$s.t.\ \bar{x} \geqslant \sum_{j=1,\neq 0}^{n} \lambda_j x_j, \bar{y}^g \leqslant \sum_{j=1,\neq 0}^{n} \lambda_j y_j^g$$

$$\bar{y}^b \leqslant \sum_{j=1,\neq 0}^{n} \lambda_j y_j^b, \bar{x} \geqslant x_0, \bar{y}^g \leqslant y_0^g, \bar{y}^b \leqslant y_0^b; \tag{4}$$

$$\sum_{j=1,\neq 0}^{n} \lambda_j = 1, \bar{y}^g \geqslant 0, \lambda \geqslant 0$$

上式中 ρ^* 是目标效率，其他变量含义同公式（2）。超效率 *SBM* 模型具有以下两点优势：一是决策单元的效率值不会局限于 0～1，这就可以对多个效率有效的决策单元排序；二是充分考虑并且可以有效解决投入、产出变量的松弛性问题。

2. Malmquist 指数

本研究将聊城 8 个县市区定义为决策单元，根据 Chung et al.（1997）定义的全要素生产率指数（Malmquist－Luenberger Index，ML 指数）计算方法，构建聊城工业全要素生产率评价模型，其 Malmquist 生产率指数为：

$$ML_t^{t+1} = = \left[\frac{(1+\overrightarrow{D_0^t}(x^t, y^t, b^t; y^t, -b^t))}{(1+\overrightarrow{D_0^t}(x^{t+1}, y^{t+1}, b^{t+1}; y^{t+1}, -b^{t+1}))} \frac{1+\overrightarrow{D_0^{t+1}}(x^t, y^t, b^t; y^t, -b^t)}{(1+\overrightarrow{D_0^{t+1}}(x^{t+1}, y^{t+1}, b^{t+1}; y^{t+1}, -b^{t+1}))} \right]^{1/2} \tag{5}$$

ML 指数进一步分解为技术效率变化（*EC*）和技术进步变化（*TC*）两部分，如下所示：

$$EC_t^{t+1} = \frac{1+\overrightarrow{D_0^t}(x^t, y^t, b^t; y^t, -b^t)}{1+\overrightarrow{D_0^t}(x^{t+1}, y^{t+1}, b^{t+1}; y^{t+1}, -b^{t+1})}$$

$$TC_t^{t+1} = \left\{ \frac{[1+\overrightarrow{D_0^{t+1}}(x^t, y^t, b^t; y^t, -b^t)]}{[1+\overrightarrow{D_0^t}(x^t, y^t, b^t; y^t, -b^t)]} \frac{[1+\overrightarrow{D_0^{t+1}}(x^{t+1}, y^{t+1}, b^{t+1}; y^{t+1}, -b^{t+1})]}{[1+\overrightarrow{D_0^t}(x^{t+1}, y^{t+1}, b^{t+1}; y^{t+1}, -b^{t+1})]} \right\}^{1/2}$$

$$ML_t^{t+1} = EC_t^{t+1} * TC_t^{t+1} \tag{6}$$

ML 指数、*EC* 指数和 *TC* 指数大于（小于）1 分别表示全要素生产率增长（下降）、技术效率改善（恶化）、技术进步（退步）。

（二）指标设计与数据来源

本研究选取 2014～2017 年聊城 8 个县市区的相关数据为样本，根据历史文献选取工业资产（*K*）作为资本投入、劳动力（*L*）作为劳动力测算投入指标，选择工业产值（*IOV*）、工业利税（*IPT*）、工业利润（*IP*）为产出指标。数据来源于《聊城统计年鉴》及相关统计公报数据，投入产出指标及其数据计算说明如下：

资本（*K*）采用各区域工业资产合计值，单位亿元。劳动力（*L*）指标选取各区域工业从业人员平均人数（单位：万人）。产出指标工业产值、工业利税和工业利润，单位均为亿元，取自《聊城统计年鉴》工业企业主要经济指标部分。

（三）实证结果分析

1. 工业绩效分析

本研究选取聊城 1979～2017 年 8 个县市区的相关数据，采用考虑投入产出松弛问题的超效率 SBM 模型，基于上述工业的投入产出数据，利用 MAX-DEA 统计分析软件进行测度，测度结果如表 8－1 所示，分别给出不同县市区工业效率值，考察期内聊城工业绩效均值达到 0.986，总体而言效率不错，但尚存在较大的改进空间。

表 8－1　1979～2017 年各县市区工业绩效评价

区县	1979	1985	1990	1995	2000	2005	2010	2015	2016	2017	几何均值
茌平	1.245	1.207	1.215	0.778	1.010	1.011	1.000	1.000	1.000	1.000	1.028
东阿	1.131	1.438	1.361	1.082	1.167	1.171	1.027	1.035	1.053	1.190	1.196
东昌	1.000	1.000	1.000	1.000	0.531	0.387	0.573	1.155	1.192	1.156	0.739
高唐	1.094	1.288	1.360	2.028	1.000	1.000	1.137	1.000	0.924	0.584	1.131
冠县	1.120	0.766	0.713	1.014	1.482	1.062	1.115	1.010	1.023	1.169	1.108
临清	1.000	1.384	1.000	0.659	1.042	1.000	1.000	1.063	1.093	1.128	1.018
莘县	0.817	1.191	1.201	0.770	0.729	1.204	1.067	1.182	1.190	1.219	0.919
阳谷	0.847	0.725	0.776	0.752	1.085	1.023	1.000	0.671	0.651	0.599	0.840
均值	1.022	1.094	1.051	0.949	0.967	0.938	0.972	1.002	1.011	0.969	0.986

注：由于篇幅限制，没有列出所有年份的工业效率值，平均值是技术效率几何均值。

从时间演进来看，1979～2017 年考察期间，中国工业绩效呈现“下降”“上升”的交替演进趋势。工业经济发展绩效区域差异较大，平均工业效率 0.9 以上，多数年份 DEA 有效。从各县市区差异来看（见图 1），考察期内东阿、高唐和冠县工业绩效完成较好，最高的为东阿，40 年内工业绩效均值为 1.196。其次是高唐，工业绩效均值为 1.131，主要贡献值在 1995 年至 2013 年间，高唐的工业绩效较高，最高的年份为 1997 年、2004 年，两年的工业绩效值均高达 2，但 2017 年高唐的工业绩效急剧下降至 0.584。位居第三的区县是冠县，工业绩效值为 1.108，分析冠县投入产出指标发现，冠县工业资产相对较低，工业资产利用率较高。工业绩效较低的三个县市区分别为东昌、阳谷和莘县，分析东昌的数据发现，2000～2013 年东昌的工业绩效相对较低，2014 年至今东昌的工业绩效持续提升；阳谷工业绩效相对较低主要原因是 1990 年前阳谷的工业绩效较低，莘县 2011 年前工业绩效持续在相对较低的水平上，2011 年以后持续提升。

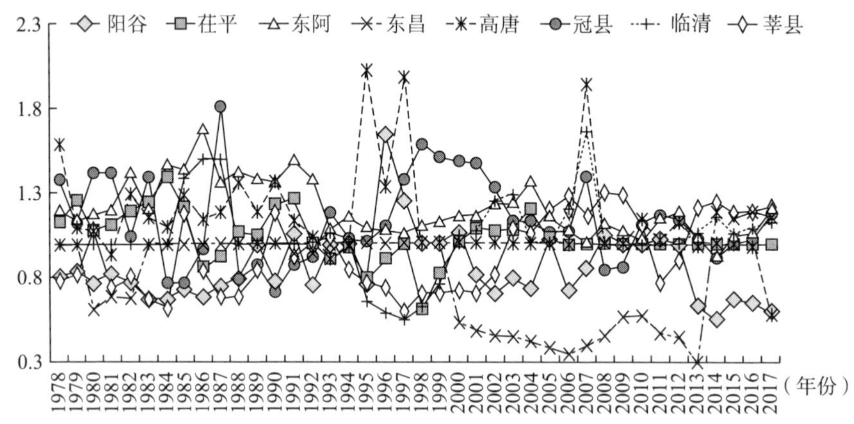

图 8－1　聊城各县市区 1979～2017 年工业绩效

2. 全要素生产率分析

工业效率测度了既定时期各县市区与生产边界的相对关系，表现静态特征。Malmquist－Luenberger 指数可以动态分析各区域与生产边界的相对位置变化，即效率变化，同时可以考察生产边界的移动特征，即技术进步。采用 MAXDEA6.16 软件测度聊城市 1979～2017 年的工业全要素生产率指数 ML，如表 8－2。

表 8－2　1979～2017 年聊城 Malmquist－Luenberger 指数

时间	全要素生产率	规模效率	技术效率
1978～1979	0.852462	0.945966	0.901155
1979～1980	0.930512	0.978252	0.951199

续表

时间	全要素生产率	规模效率	技术效率
1980～1981	0.948527	0.963811	0.984142
1984～1985	1.020543	1.138249	0.896590
1989～1990	0.859468	1.022425	0.840617
1994～1995	0.823402	0.945335	0.871016
2000～2001	1.052260	0.959246	1.096966
2001～2002	1.015544	1.00958	1.005908
2002～2003	1.075865	1.037221	1.037257
2003～2004	1.064394	0.966213	1.101614
2004～2005	1.089855	0.999345	1.090569
2005～2006	1.143468	0.965708	1.184072
2006～2007	1.203735	1.186735	1.014325
2007～2008	1.028751	0.872680	1.178840
2008～2009	1.104457	1.015426	1.087679
2009～2010	1.130653	1.020282	1.108177
2010～2011	1.002345	0.942005	1.064055
2011～2012	1.202197	1.029425	1.167833
2012～2013	0.893980	0.884535	1.010678
2013～2014	1.114510	1.165408	0.956326
2014～2015	0.984482	1.03139	0.954519
2015～2016	1.026305	1.008439	1.017716
2016～2017	0.850251	0.958385	0.887170
均值	1.018172	0.997192	1.021039

注：由于篇幅限制，没有列出所有年份的全要素生产率，平均值是全要素生产率几何均值。

从表8-2可以看出，聊城工业全要素生产率平均增长了1.8172个百分点，技术进步的贡献影响较大，技术进步增长了2.1039个百分点，而规模效率均值仅完成0.997192，规模效率略有下降。2000年以后，聊城市工业全要素生产率除2013年、2015年和2017年下降以外，其他各年均呈现不同比例的增长，2017年降幅最大，全要素生产率降低了接近15个百分点，主要是由于技术进步与规模效率均下降的原因，2007年和2012年聊城市工业全要素生产率增长最大，均超过20个百分点，主要源于规模效率的大幅增加。考察期内聊城市规模效率均值为0.997192，略有下降，主要由于2000年以前规模效率较低，2000年以后，聊城市工业规模效率呈现上升和下降的交替演进态势，规模效率下降最大的为2013年，规模效率仅完成0.884535，较上一前沿面下降11.54个百分点，这可能由于当时聊城市工业集聚化程度不够，普遍存在着条块分割，各自为政的现象，难以达到规模经济，规模效率增幅较大的时间为2007年和2014年，增幅分别为18.67%、16.54%。技术进步平均增长了2.1个百分点，2000年以前技术进步增幅较低，2000年以后多数年份技术进步均呈现不同幅度的增长，其中2006年、2008年和2012年的技术进步增幅较大，分别为18.41%、17.88%和16.78%，2014年以后技术进步有所下降。

二　聊城工业新旧动能转换指数测度分析

（一）指标体系设计

本研究从需求侧和供给侧选取指标，构建工业经济发展动能指标体系，如表8－1所示。需求侧方面依托凯恩斯的需求动力原理，以“三驾马车”为依据，选取对外开放度和城乡消费性支出两个指标，其中：对外开放度指标使用进出口总额占地区生产总值的比重来计算，消费性支出则采用城镇居民和农村居民的消费性支出额来衡量。在供给侧方面，本研究从资本供给、创新供给、制度供给和结构供给四个维度筛选指标。资本要素维度选用资本投入和人力资本两个指标，其中，资本投入指标使用各地市的固定资产投资额来表示，人力资本指标使用各地方政府支出中的教育支出来近似地表示人力资本投入质量与数量。创新供给指标则从技术进步、产业集聚水平、创新经费投入、创新人员和区域企业家精神五个细分维度测量，产业集聚水平采用各区县的工业总产值/聊城的工业总产值计算；技术进步水平人均科技经费投入指标来表示，即各区县财政支出中的科技经费支出/总就业人口。区域企业家精神考虑到市域层面数据的可获性，本研究使用私营企业就业人数/私营企业就业户数来计算。制度供给维度选取政府规模、公有产权制度和市场化水平三个细分维度指标，其中：政府规模指标使用政府支出/工业产值来表示，代表政府对工业经济的干预程度；公有产权制度指标使用国有控股企业的工业总产值/当年各区县的工业总产值，国有产值所占比重越小，表明市场当中私有产权制度越健全；市场化水平指标用GDP减去财政收入之差占GDP的份额表示，比值数额越大表示市场化程度越高。在结构供给方面，采用泰尔指数表示产业结构的合理化；产业结构高级化这一指标，采用第三产业产值/第二产业产值来测量（见表8－3）。

表8－3　工业经济发展动能指标体系

一级指标	二级指标	指标解释
需求	新出口	进出口总额/GDP
	金融发展规模	存贷款余额/GDP
	新消费	居民消费总额
资本供给	资本投入	工业资产总计
	人力投入	财政性教育经费
创新供给	产业集聚水平	工业总产值/聊城工业总产值
	技术进步水平	科技经费支出/总就业人口
	区域企业家精神	私营企业就业人数/私营企业数
	创新经费投入	规模以上工业企业 R&D 经费占比 GDP
	创新人员投入	规模以上工业企业 R&D 人员占比区域人口
结构供给	产业结构合理化	泰尔指数
	产业结构高级化	第三产业产值/第二产业产值
制度保障	政府规模	政府支出/GDP
	公有产权制度	国有企业控股工业企业产值/工业总产值
	城镇化水平	城镇人口数/年末人口数
	市场化水平	（GDP－财政收入）/GDP

在构建好工业动能基础指标体系的基础上，本研究将采用主成分分析法将各个基础指标生成需求、资本供给、创新供给、结构供给和制度保障五个分维度的工业动能指标权重见表8－4。其中，对于表8－1中涉及的原始指标采用均值化方法进行归一化处理，逆向指标在归一化处理前取倒数，以确保逆向指标与工业动能的作用方向趋同。

表8－4　工业动能各指标权重主成分分析统计

一级指标	二级指标	综合主成分系数
需求	新出口	0.0397
	新消费	0.2809

续表

一级指标	二级指标	综合主成分系数
资本供给	资本投入	0.4702
	人力投入	－0.2351
创新供给	产业集聚水平	0.3908
	技术进步水平	0.3420
	区域企业家精神	－0.3695
	创新经费	0.7053
	创新人员	0.6534
制度供给	政府规模	－0.1954
	公有产权制度	－0.2443
	市场化水平	0.1679
结构供给	产业结构合理化	0.6214
	产业结构高级化	－0.7420

从表8－4可以看出，需求、资本供给、创新供给、制度供给和结构供给五项一级指标中，权重最大的是创新供给，创新是工业的最大贡献度的新动能，指标权重为48.95%，接近50%的贡献度，资本和结构供给对新动能的贡献度相当，指标权重均在15%左右，贡献度最小的纬度是需求供给，聊城属于西部欠发达地区，出口额相对较低，对区域新动能的影响也较小，二级指标权重可以看出新出口的影响远低于新消费的影响。新动能资本供给的人力投入和资本投入的贡献度相当。创新供给是对新动能影响最大的一级指标，创新经费与创新人员分别取自规模以上工业企业R&D经费与人员，二者对创新供给的影响最大，指标权重分别为31.01%、28.41%，区域企业家精神对创新供给的影响较小。制度供给对工业经济发展动能的影响权重为10.63%，影响较小，制度供给的三项二级指标政府规模、公有产权制度和市场化水平三者的影响程度差别不大。产业结构合理化与高级化对结构供给的影响程度相当。

（二）工业经济发展动能指数测度分析

根据需求、资本供给、创新供给、结构供给和制度保障五个分维度的工业新动能指标权重，计算分维度工业动能指数生成工业动能综合指数如表8－

5 所示，分项指数统计结果如表 8－6。

表 8－5　聊城工业新动能测度统计

区域	2013	2014	2015	2016	2017
东昌	1.3482	1.1507	1.1216	0.7752	0.9870
临清	1.0065	0.8555	0.7068	0.9289	0.8492
阳谷	1.3231	1.4559	1.2155	1.4714	1.6327
莘县	0.2343	0.4710	0.4458	0.8446	0.4284
茌平	1.3554	1.5736	1.2776	1.3914	2.5648
东阿	1.2049	0.8723	0.8469	1.1957	0.8632
冠县	0.1715	0.5813	0.4398	0.6932	0.6803
高唐	1.9406	2.1520	2.0978	2.0917	1.8012
均值	1.0731	1.1390	1.0190	1.1740	1.2259

近 5 年来，聊城工业新动能综合指数总体呈现上升趋势，2013 年工业新动能综合指数仅为 1.0731，2017 年聊城工业新动能综合指数上升到 1.2259。随着技术不断进步和产业结构调整的不断推进，创新驱动和制度改革等对工业经济发展的动能驱动逐渐显著。茌平工业新动能综合指数最高，主要来源于规模以上工业 R&D 经费投入和 R&D 从业人员的贡献。以 2017 年为例，茌平规模以上工业研发经费投入高达 166339 万元，位居于八县区首位，研发人员多达 3427 人，茌平研发经费和研发人员储备将为茌平新动能发展提供巨大潜力。新动能综合指数位于第二的区县为高唐，研发创新人员数量贡献度最大，高唐 R&D 从业人员 2017 年为 3115 人，仅次于茌平。临清工业经济增长数量较高，但其创新投入较低，致使新动能综合指数不高，建议临清加大创新经费投入，为工业新动能发展提供创新基础，发挥创新对工业经济的驱动力。

表 8－6　聊城工业新动能各分项指数测度统计

二级指标	2013	2014	2015	2016	2017	均值
新出口	0.0208	0.0140	0.0147	0.0115	0.0126	0.0147
新消费	0.1409	0.1272	0.1275	0.1264	0.1269	0.1298
资本投入	0.1573	0.1489	0.1517	0.1593	0.1426	0.1520

续表

二级指标	2013	2014	2015	2016	2017	均值
人力投入	0.1181	0.1044	0.0981	0.1107	0.1146	0.1092
产业集聚水平	0.1598	0.1883	0.1807	0.1797	0.1827	0.1782
技术进步水平	0.1219	0.1176	0.0976	0.0797	0.1623	0.1158
区域企业家精神	-0.1712	-0.1548	-0.2710	-0.0589	-0.1685	-0.1649
创新经费	0.2284	0.2681	0.2899	0.2887	0.2980	0.2746
创新人员	0.1667	0.1764	0.1712	0.1515	0.2326	0.1797
政府规模	-0.1165	-0.0365	-0.0449	-0.0393	-0.0420	-0.0558
公有产权制度	-0.0844	-0.0571	-0.0606	-0.0557	-0.0752	-0.0666
市场化水平	0.0881	0.0981	0.0909	0.0919	0.0831	0.0904
产业结构合理化	0.3880	0.3939	0.3982	0.4202	0.4322	0.4065
产业结构高级化	0.3233	0.3282	0.3318	0.3502	0.3602	0.3387

从需求指标来看，聊城出口对新动能综合指数的影响均较小，尽管对外开放在聊城过去的经济增长中发挥了一定的作用，但进入21世纪以来，由于聊城出口占比较小，其作用逐渐被其他因素所替代，或者通过其他因素发挥作用。城乡消费性支出对聊城动能转换驱动的因素之一，具有显著促进作用，5年来的促进作用变化不大。从资本供给指标来看，资本投入和人力资本指标的系数均为正，表明资本投入和人力投入对聊城工业经济新动能指数均具有显著正向影响。进一步分析发现，资本投入指标的系数均在0.15左右，这表明，虽然作为“三驾马车”之一的投资持续在发挥作用；人力资本指标的系数略小于资本投入指标的系数，表明人力资本还没能成为聊城及其各区域工业经济发展的主要动能之一。产业集聚水平对聊城工业经济新动能具有显著正向促进作用，且促进作用呈现上升趋势，技术进步水平对聊城工业经济新动能发展具有显著正向促进作用，影响系数略小于产业集聚水平。区域企业家精神对工业经济新动能发展具有显著抑制作用但影响系数变化幅度较大，企业家精神的培育又非一朝一夕之事，其对工业经济新动能发展的作用也具有时间上的滞后性，所以当前企业家精神对工业经济发展作用可能不显著甚至具有阻碍作用。

政府规模的大小主要通过财政支出来体现，传统的经济理论认为政府规模的扩大有助于改善内外部经济环境，进而促进经济发展。政府规模对工业经济新动能发展具有抑制作用，主要因为财政支出过大在一定程度上表明政府对经济过度干预，可能会产生资源利用效率低下和资源配置失衡问题，不仅不会对经济产生促进作用，反而会抑制经济发展，近些年来，聊城为了应对金融危机和经济下行压力，不断增加财政支出力度，可能存在政府规模过大问题。公有产权制度对工业新动能发展具有一定的抑制作用，影响作用较小，市场化程度对工业新动能发展具有显著的促进作用，这也验证了王永进等（2016）、马震（2015）的观点，国有企业垄断不利于整体技术进步和资源配置，应推动市场化改革释放制度红利的观点，公平竞争市场环境培育基础上推进的国有企业改革，可以促进经济质量提升以及经济长期可持续增长。因此，公有制并不是工业经济新动能发展的决定性因素，还有赖于其与市场经济的有机配合。从结构供给来看，产业结构高级化对于聊城工业经济新动能发展具有显著抑制作用，且影响系数较大。这一定程度上表明，产业结构升级并不必然带来经济的发展，两者的作用关系较为复杂，产业结构高级化需要与劳动力素质、就业结构和技术发展水平等相适应，需要以产业结构的合理化为前提，否则相关生产要素就无法被有效吸纳与配置，从而不利于工业经济新动能发展。

创新人员与创新经费投入对工业经济新动能的影响作用较大，均具有积极的促进作用，创新经费投入对工业经济新动能的影响作用最大，影响系数为0.2746，规模以上工业企业R&D人数占比略小于创新经费投入的影响，这表明，聊城新动能发展亟须创新经费的更大投入。2016年和2017年各县市区创新数据统计结果从表8－7和表8－8可以看出，聊城创新主要集中在高新区和开发区，同时实现四种创新的企业占比2017年分别为12.9%、4.5%。

表8－7　2017年聊城各县市区创新数据统计

区县	有创新活动的企业数	有创新活动的企业所占比重	成功实现创新的企业个数	成功实现创新的企业所占比重	同时实现四种创新的企业个数	同时实现四种创新的企业所占比重
东昌	189	40.6	177	38	22	4.7
临清	267	47.8	263	47.1	11	2
阳谷	121	32.1	119	31.6	17	4.5
莘县	306	67.9	304	67.4	22	4.9

续表

区县	有创新活动的企业数	有创新活动的企业所占比重	成功实现创新的企业个数	成功实现创新的企业所占比重	同时实现四种创新的企业个数	同时实现四种创新的企业所占比重
茌平	130	26.1	122	24.5	7	1.4
东阿	62	29.8	58	27.9	16	7.7
冠县	134	39.5	129	38.1	9	2.7
高唐	67	15.8	60	14.1	9	2.1
高新	30	48.4	28	45.2	8	12.9
开发	69	39	68	38.4	8	4.5
度假	3	23.1	2	15.4	0	0

从2016年聊城各县市区创新数据统计结果可以看出，同时实现四种创新的企业所占比重最大的为高新区，企业占比分别为22.0%，其次为东阿，企业占比为8.2%，由此可见，国家推行高新区设置建设在很大程度上对新动能发展具有积极的促进作用。有创新活动的企业所占比重较小的县区为茌平与高唐，成功实现创新的企业个数较少的为高新区、度假区和东阿。

表8－8　2016年聊城各县市区创新数据统计

区县	有创新活动的企业数（个）	有创新活动的企业所占比重（%）	成功实现创新的企业数（个）	成功实现创新的企业所占比重（%）	同时实现四种创新的企业数（个）	同时实现四种创新的企业所占比重（%）
东昌府	142	32.9	126	29.2	24	5.6
阳谷	125	32.6	125	32.6	15	3.9
莘县	254	52.4	251	51.8	16	3.3
茌平	134	23.6	128	22.5	1	0.2
东阿	75	32.2	72	30.9	19	8.2
冠县	165	42.6	165	42.6	5	1.3
高唐	81	15.1	77	14.4	7	1.3
高新区	28	47.5	28	47.5	13	22.0
开发区	58	34.1	55	32.4	7	4.1
度假区	7	53.9	7	53.9		
临清市	145	26.0	139	24.9	10	

三 聊城工业新旧动能转换路径建议

（一）新需求驱动新旧动能转换

发展新型消费业态，培育新的消费增长点。充分发挥消费稳定增长的作用，培育和拓展住房、汽车、信息、旅游、健康、养老、文化、环保等方面的消费热点，推动新消费、引领新供给、形成新动力。促进文化与科技、旅游与科技等融合发展，引导文化、体育休闲、健康、旅游消费等产业间深度融合，提供丰富、多层次的消费产品。放宽“互联网+”新业态的准入和经营许可，大力培育新兴业态。

（二）新供给驱动新旧动能转换

1. 深化推进供给侧结构性改革

通过改革供给侧环境、优化供给侧机制，扩大高质量产品和服务供给，改造提升传统动能，为新动能的成长创造良好的环境。继续做好化解过剩产能工作，防止已经化解的过剩产能死灰复燃。引导金融机构实施差别化信贷政策，支持企业运用股权、股债结合等融资方式降低杠杆率。

2. 进一步优化产业结构，促进产业转型升级

产业转型升级需要以合理的产业结构为基础和前提，而产业结构的调整又需要与一定的劳动力素质和技术水平与之相适应，才能推动工业经济发展。因此，各县市区政府应该根据自身的地理条件、资源优势和外部机遇，调整产业布局，促进产业融合，积极探索新产业、新形态、新模式；大力发展与产业结构调整相适应的职业技术教育和职业培训，提升劳动力素质；加强适应产业结构调整的技术研发，驱动产业转型升级。

3. 提升人力资本的存量和质量

构建以政府为主导、企业和用人单位为主体的多元化教育投资机制，提升教育投资的有效性和针对性，大力提升人力资本的存量和质量。对此，应加大针对国家基础性人才以及经济建设急需的职业性与专业性人才的教育投资力度，构建教育培训供需机制、人才供需匹配机制及其信息平台，引导合理的学科供给与人才供给结构，推进数量型“人口红利”向质量型“人口红利”转变，为工业新旧动能转换的实施奠定人才基础性条件。

（三）新制度保障新旧动能转换

进一步推进政府职能转变，深化制度改革，建议各区域政府积极转变自身职能，明确政府与市场的边界，实现从管制者向服务者、监督者和调控者的根本转变，从支配者向指导者和引导者转变；建立公开透明的问题披露机制和行政问责机制，营造廉洁、高效、务实的施政环境，营造公平、有序、诚信的市场竞争环境；发挥市场在资源配置中的决定性作用，建立资金、人才、技术等生产要素顺畅流动的市场体系，完善现代企业制度，激活公有制经济发展的活力，优化新旧动能转换环境。按照能减则减、能免则免、透明公开的原则，精简审批事项和办事程序，进一步提高行政审批效率。按照简政、放权和统一的原则，创新施政方式，简化服务流程，推行“一条龙”或“一站式”服务模式，破除和摒弃制约企业发展的旧观念和做法，努力为企业营造良好的发展环境，全面释放和激发聊城工业新动能的发展活力，形成工业经济发展的新动力。

（四）鼓励技术创新，培育发展新动能

创新是引领发展的第一动力，是建设现代化经济体系的战略支撑。下大力气谋划实施一批重大科技项目，积极推进工业经济示范区建设，深入实施“互联网＋”行动和大数据战略，培育发展信息经济新业态、新模式。深化科技体制改革，建立以企业为主体、市场为导向、产学研深度融合的科技创新体系，加强对中小企业创新的支持，促进科技成果转化。建议聊城从顶层设计开始重视人才政策，进一步推动人才新政的落实，推进高层次人才队伍建设，采取户籍政策、引进补贴等各种措施吸引、留住和培养创新型高层次人才，完善人才激励机制，为聊城工业新动能发展提供创新驱动保障。高唐、临清等县市区进一步加大科技经费投入，鼓励企业积极开展技术创新活动，更大程度地发挥技术创新驱动工业经济发展的动力。

（五）因地制宜制定各县市区新旧动能转换政策

聊城新旧动能转换建议思路是以成长中的新动能为发展重点，以传统动

能发掘为基础，重点培育萌芽和孕育中的新动能，推进聊城新旧动能的接续和转换。聊城工业新动能发展整体上深化发掘城乡消费、人力和资本投入、公有产权等动能，重点培育创新创业、区域企业家精神、市场化程度提升、政府转型和产业结构调整等潜在动能，成为工业经济发展的新动能。各县市区根据自身的特点和参考研究结论，因地制宜地发掘工业经济发展传统动能，培育新动能，推进本地工业经济新旧动能转换实施。

参考文献

白洁：《湖北新旧动能转换的定量测度与对策研究》，《湖北社会科学》2018 年第 7 期。

白利寅：《新旧动能转换的法政策学分析》，《法学论坛》2018 年第 3 期。

丁文珺、伍玥：《湖北省加快新旧动能转换的路径研究》，《湖北社会科学》2018 年第 12 期。

黄汉权：《推进产业新旧动能转换的成效、问题与对策》，《经济纵横》2018 年第 8 期。

黄少安：《新旧动能转换与山东经济发展》，《山东社会科学》2017 年第 9 期。

马兴瑞：《聚焦科技产业发展　加快新旧动能转换　努力建设创新驱动发展先行省》，《宏观经济管理》2018 年第 10 期。

秦昌才：《新旧动能转换中金融体系支撑的内涵及其作用》，《甘肃社会科学》2019 年第 1 期。

孙彦明：《促进创新成果转化应用　加快山东新旧动能转换》，《宏观经济管理》2018 年第 2 期。

王昌森、董文静、权锡鉴：《“新旧动能转换”视角下区域创新驱动发展战略实施路径研究——以山东省为例》，《科学管理研究》2018 年第 6 期。

吴德进、张旭华：《加快福建经济发展新旧动能转换研究——辩证关系、总体思路与对策建议》，《福建论坛》（人文社会科学版）2018 年第 6 期。

辛国斌：《推进制造强国建设　加快新旧动能接续转换》，《行政管理改革》2017 年第 6 期。

徐建伟：《中部地区产业转型升级和新旧动能转换研究》，《宏观经济管理》2018 年第 3 期。

徐晓鹰、刘泽：《论促进新旧动能转换的主体作用发挥》，《江西社会科学》2018 年第 7 期。

余东华：《以“创”促“转”：新常态下如何推动新旧动能转换》，《天津社会科学》2018年第1期。

杨蕙馨、焦勇：《新旧动能转换的理论探索与实践研判》，《经济与管理研究》2018年第7期。

郑江淮、宋建、张玉昌、郑玉、姜青克：《中国经济增长新旧动能转换的进展评估》，《中国工业经济》2018年第6期。

赵丽娜：《产业转型升级与新旧动能有序转换研究——以山东省为例》，《理论学刊》2017年第2期。

张志元、李维邦：《金融新动能助推新旧动能转换的逻辑及路径》，《经济与管理评论》2018年第5期。

张立新、王菲、王雅萍：《山东省新旧动能转换的突破点及路径——基于2002－2016年市级面板数据的实证分析》，《经济与管理评论》2018年第5期。

张文、张念明：《供给侧结构性改革导向下我国新旧动能转换的路径选择》，《东岳论丛》2017年第12期。

【聊城发展研究院、聊城大学商学院（质量学院）：乔美华】

第九章　现代服务业发展与新旧动能转换

一　现代服务业的相关概念

（一）服务业的概念

服务业是指从事服务产品的生产部门和企业的集合。根据《国民经济行业分类》（GB/T4754—2011）中中国三次产业划分的标准，第三产业即服务业，是指除第一产业、第二产业以外的其他行业。服务业的内容一般可以分为四个层次：

第一个层次是流通部门，包括交通运输业、邮电通信业、商业饮食业、物资供销和仓储业；

第二个层次是为生产和生活服务的部门，包括金融业、保险业、公用事业、居民服务业、旅游业、咨询信息服务业和各类技术服务业等；

第三个层次是为提高科学文化水平和居民素质服务的部门，包括教育、文化、广播电视事业，科研事业，生活福利事业等；

第四个层次是为社会公共需要服务的部门，包括国家机关、社会团体以及军队和警察等。

（二）现代服务业的内涵

现代服务业是指以现代科学技术特别是信息网络技术为主要支撑，建立在新的商业模式、服务方式和管理方法基础上的服务产业。它既包括随着技术发展而产生的新兴服务业态，也包括运用现代技术对传统服务业的改造和提升；既包括现代生产服务业，也包括现代生活服务业。详细来说，现代服务业具体包括以下行业。

信息服务业。主要包括系统集成、软件等信息内容服务业和数字平台、网络等信息工具服务业。信息服务业是现代服务业中发展最为迅速的产业，也是现代服务业的基础性产业。

现代商贸流通服务业。主要包括中央商务区、电子商务、现代物流产业。

现代中介服务业。主要包括评估、仲裁、鉴定、认证等公证性中介服务业；会计、法律、保险等代理性中介服务业；设计、咨询、信息服务等服务性中介服务业。

现代金融服务业。主要包括证券投资、个人理财、财富管理等现代金融产品；网上金融、电话银行、自助银行、电子货币、银行卡等金融工具；以信息技术为背景的信用和金融安全体系等。

现代休闲服务业。主要包括旅游度假、人居环境建设、文化、体育等服务业。

现代社区服务业。主要包括家政、物业等生活服务业，医疗、养老、贫困救济等社会保障服务业和户籍、卫生等社会管理服务业。

二　现代服务业发展与新旧动能转换

（一）现代服务业发展是社会经济发展的重要标志

从历史视角和世界范围来看，产业结构次第升级是社会进步、经济发展的必然趋势。服务业增加值占经济总量的比值，已经成为衡量社会经济发展程度的重要标志。

从人类发展的历史来看，从单一产业主导的农业社会，到第二产业占主导的工业社会，再到第三产业为主导的服务社会，是普遍的经济发展规律的必然。自 20 世纪 70 年代起，世界服务业产值占世界经济总量的比值就达到 50% 以上，到 1990 年超过 60%，到 2008 年已经超过 70%。

从世界范围来看，服务业在 GDP 的占比与国家经济发展程度，有着显著的相关性。越是发达国家，在经济总量中服务业增加值占比就越高，而经济越是落后的国家，服务业的发展也往往落后。美国、日本、欧洲等发达国家和地区，服务业增加值占 GDP 总量已经达到 80% 以上；贫穷落后的很多非洲国家，服务业占比则往往不到50%。

改革开放以来，中国服务业得到长足的发展。但长期以来，其发展速度不及经济总体发展水平，服务业总体规模占GDP比值，也低于世界总体水平，中国服务业还有巨大的发展潜力。

（二）现代服务业发展是新旧动能转换的主要内容

在山东省确定的新旧动能转换重点发展的“十强产业”中，明确属于现代服务业的就有五个，其中既有现代生产服务业，如新一代信息技术、现代金融、文化创意等产业，也有现代生活服务业，如医养健康、精品旅游产业。现代服务业占据新旧动能转换重点产业的半壁江山。

新旧动能转换的主要路径，是以“四新”促“四化”，即通过发展新技术、新产业、新业态、新模式，实现产业智慧化、智慧产业化，跨界融合化，品牌高端化。人才技术是服务业的产物，新业态、新模式的产生、发展，也必然依赖人才发挥作用。智慧产业化，首先是进入第三产业；产业智慧化则涉及新一代智能技术在传统产业、新兴产业内的应用，往往也需要服务业发挥不可或缺的作用。

（三）现代服务业的作用也是新旧动能转换的目标

新旧动能转换是手段，推动社会经济的高质量、可持续发展才是目标。而现代服务业发展的作用，正是在于推动社会经济发展、满足人民消费需求，缓解就业压力、提升国民素质等。

1. 有效缓解就业压力

发展现代服务业是缓解就业压力的主渠道。与西方发达国家和大部分发展中国家相比，中国服务业平均吸收就业劳动力的比重仍然很低。从长远看，大力发展教育、文化等服务业，有利于从根本上改变劳动力素质结构，使中国由人口大国转化为人力资源强国。

2. 提升国民经济素质

发展现代服务业是提升国民经济素质和运行质量的战略性举措。为工农业提供中间服务的金融、物流、批发、各类专业服务等服务业的发展直接影响国民经济素质和运行质量。现代服务业的发展不仅对服务业本身，而且对提升其他产业竞争力、改善中国投资环境将发挥重要的推动力作用。

3. 推动国民经济可持续发展

发展现代服务业是实施国民经济可持续发展战略的需要。按照中国现有工业发展模式推测，环境污染和资源消耗都将很快达到很严重的程度。加快发展现代服务业，有利于实现产业结构优化、减少对自然资源的依赖，减轻对环境的损害，是中国实现经济可持续发展的必然选择。

三　聊城市现代服务业发展现状

近年来，聊城市以促进经济和社会全面发展、提高人民生活质量为目标，以市场化、产业化、社会化、民营化为方向，把发展服务业作为稳增长、调结构、促转型、惠民生的主要抓手，着力实施现代物流业突破、电子商务带动、商贸业提升、健康服务业培育、文化旅游业壮大、金融高地等“六大工程”，加快发展现代服务业，改造提升传统服务业，全市服务业发展逆势而上、增势强劲，正成为拉动全市经济增长的重要支柱。

（一）服务业贡献率不断提高

聊城市贯彻落实“转方式、调结构”政策，经济现代化程度不断提升，发展贡献不断增强。2017 年全年，全市实现服务业税收收入共计 126.26 亿元，同比增长 45.44%，占全部税收的 46.49%。2018 年上半年，全市实现服务业税收收入同比增长 13.87%。服务业成为聊城市经济结构的支撑力量和财税收入的重要税源。目前，全市在建或待建亿元以上服务业项目达到 25 个。随着新项目的成长，随后几年将有显著的经济效益和社会效益产生。

（二）服务业 GDP 占比迅速提升

2007 年，聊城市第三产业增加值占 GDP 的比重仅为 25.9%，国民经济中服务业成分含量较少，经济总量主要是由工业、农业和建筑业构成。随着全市一系列“转方式、调结构”政策的贯彻落实，服务业占比提高幅度较快，目前已进入全省第一梯队。2018 年上半年，聊城市实现服务业增加值 655.12 亿元，同比增长 6.6%，增速位列全省第九位。服务业增加值占 GDP 比重达到 39.1%，同比提高 0.6 个百分点。2018 年以来，聊城市实施服务业“双 50”工程，50 个重点项目进展顺利，经济现代化程度不断提升。服务业占比快速提高，全市经济结构得到进一步优化，实现了由工农产业为主向非农产业为主的重大转变。

（三）现代服务业初具规模

近年来，聊城市服务业的发展由传统服务业逐渐转向现代服务业，现代服务业占比大幅提高，营利性服务业持续快速增长。以信息传输业、金融业、房地产业、商务服务业为代表的现代服务业已经具有一定规模。2016 年，现代服务业增加值占服务业增加值的比重达到 48.2%；营利性服务业占服务业增加值的比重达 15% 以上，2017 年营利性服务业营业收入增幅达到 23.9%，成为支撑服务业发展的重要力量。2018 年上半年，营利性服务业营业收入增幅达到 31.3%。30 多家企业开展了“互联网 + 品牌”工作，建立了聊城市“互联网 + 品牌”企业库，4 家企业列入“互联网 + 品牌”重点培育企业品牌。临清、冠县、东阿等县（市、区）确定了农村电商培训目标，东昌府区、茌平、高唐、东阿电商产业园正在规模建设中。现代物流业有Ⅳ级物流园区 1 家，II 级物流园区 1 家和 I 级物流园区 1 家。建立 34 家乡村旅游专业合作社，开发了一批特色农家乐和精品民宿，农家乐和民宿发展水平明显提升。

表 9－1 聊城市 2015～2017 年现代服务业和生产性服务业情况

	总量（亿元）			增速（%）		
指标名称	2017 年	2016 年	2015 年	2017 年	2016 年	2015 年
地区生产总值	3064.06	2900.59	2701.70	7.5	7.3	8.8
批发业	169.46	156.83	128.74	13.1	19.3	2.5
零售业	142.14	141.37	134.96	6.3	3.1	4.0
交通运输、仓储和邮政业	93.86	85.66	79.30	8.7	5.6	2.0
住宿和餐饮业	75.47	69.62	65.06	6.6	5.6	2.7
住宿业	10.16	9.35	8.58	6.7	8.7	2.4
餐饮业	65.31	60.27	56.48	6.6	5.1	2.8
信息传输、软件和信息技术服务业	69.14	58.25	47.64	24.3	20.2	6.9
金融业	140.03	126.87	107.89	6.5	17.8	15.2
房地产业	113.01	96.02	85.12	8.5	12.9	6.3

续表

指标名称	总量（亿元）			增速（%）		
	2017 年	2016 年	2015 年	2017 年	2016 年	2015 年
租赁和商务服务业	47.87	44.05	40.04	13.8	8.1	31.4
科学研究和技术服务业	14.08	13.09	12.23	10.4	1.2	3.8
水利、环境和公共设施管理业	16.72	15.82	13.70	8.5	9.1	6.1
居民服务、修理和其他服务业	61.24	54.21	47.34	22.5	8.2	14.7
教育	62.39	59.87	54.95	5.2	4.7	13.3
卫生和社会工作	51.35	47.97	44.39	2.1	5.7	10.6
文化、体育和娱乐业	18.61	17.85	15.30	9.4	14.4	11.0
公共管理、社会保障和社会组织	108.98	111.21	103.49	2.4	1.7	8.8
第一产业	353.00	338.11	316.39	4.2	4.4	4.5
第二产业	1514.08	1454.72	1396.96	6.8	6.2	9.8
第三产业	1196.98	1107.76	988.35	9.3	9.6	8.0

四　聊城服务业面临的问题及原因分析

聊城市服务业虽然投资步伐不断加快，但与全省和运河文化产业带的其他四个城市相比，发展仍有差距，处于全省落后地位，究其问题和原因，主要表现在以下方面。

（一）对服务业重视程度不够

知识经济时代已经来到，服务业、特别是现代服务业才是现代经济发展的催化剂和驱动力。但聊城部分企业家甚至广大市民的思想认识，始终停留在工业社会、甚至农业社会的时代。他们认为只有在制造业甚至农业领域的大投资、大项目，才能够带动经济发展，对传统服务业不屑一顾，对现代服务业不知所云。

现代服务业具有人才密集、知识密集的属性，其发展方式日益显示出产业集聚、自我裂变的特点。现代服务业是新业态、新模式的孕育者，发展初期往往表现出柔弱无用的模样，但一旦找到突破口，跨越临界点，其作用和价值创造能力是巨大的。

（二）自身优势资源开发不足

现代服务业不仅仅包括生产服务业，也包括现代生活服务业；不仅仅包括以高新技术创新研发为核心的高科技服务业，也包括现代技术对传统产业的改造提升的应用，还包括以满足新时代人民幸福生活所需的现代生活服务业。

聊城市拥有丰厚的历史文化资源、旅游资源、交通资源等优势资源，这方面开发利用不够，蕴藏其中的经济潜力未能更好发挥，现代物流、商贸流通、文化旅游等优势产业的发展还有较大提升空间，产业融合程度有待进一步增强，产业竞争力有待进一步提高。区位优势未得到充分发挥，制约了聊城市的物流业、会展服务、企业总部经济、技术中介等高端现代服务业的快速发展。

现代服务业越来越表现出产业集聚的特点，需要集中人才、资金等各种资源于一个具有比较优势方向，才能够快速见效，取得良好发展效果。

（三）现代服务业发展环境欠佳

现代服务业的发展初期，需要一定的产业基础，需要必要的扶持和帮助。但与动辄千亿百亿的基础设施、制造业项目投入相比，发展现代服务业所需的资金投入不过九牛一毛。它需要更好的政策环境和社会环境，

产业层次低，工业化不强。聊城市长期以来都以工农业发展为主，工业化尚未完全完成，产业层次不高，现代服务业基础比较薄弱，相关的配套基础设施较少。如物流业发展方式比较粗放，网络化程度低，基础设施的配套性、兼容性不强，综合交通运输枢纽建设滞后，综合交通运输体系尚未完全形成，物流业与制造业、农业、商贸联动不足，不能为其他产业的发展提供良好支撑。物流业不发达，东阿阿胶的产品发送地多在北京，物流几乎与聊城无缘。莘县是有名的蔬菜种植基地，香瓜全国闻名，香瓜的物流因受当地场地的限制仍依赖外地。

聊城市服务业总体规模不够大，服务企业目前以中小型企业为主，规模以上企业占比偏低，具有国内外影响力、行业领军型的龙头企业、骨干企业较为缺乏，对全市服务业发展辐射带动能力仍然有限。企业规范化改造层次缓慢，主辅业务混同经营状况严重。服务业市场主体较少，且有些企业未纳

入规模以上企业统计。

（四）现代服务业发展人才紧缺

现代服务业要得到良好发展，归根结底还是要靠优秀人才。培育、吸引与发现优秀人才，是现代服务业发展的根源所在。

官本位思想在聊城较突出，以农优先、以农为主的文化理念根深蒂固，在思想上落后于时代的发展，致使服务业人才集聚度低。吸纳高端服务业人才的环境不佳，高素质人才相对缺乏（特别是现代服务业方面）。又兼区位优势未得到充分发挥，制约了聊城市的物流业、会展服务、企业总部经济、技术中介等高端现代服务业的快速发展。

五　关于发展现代服务业，推动新旧动能转换的对策建议

聊城要在经济发展和转型升级方面实现新突破，服务业是发展潜力很大也是较好的突破口。需要把握发挥本地优势资源，聚集优秀人才，明确重点方向，突出本地特色，促进服务业发展。

（一）观念更新，加强政策扶持

全市上下要进一步解放思想，提高认识，将服务业发展放在重要位置上来谋划。一是设立市服务业议事协调领导小组，常务副市长任组长，各相关部门单位为成员，办公室设在市服务业办公室，做到有人管；健全所属县区服务业办公室，增加人手，做到有人干。二是用好优惠政策。允许聊城各县市、区开放带动作用强、技术创新贡献大的招商引资项目，重点平台载体建设采取“一事一议”“一企一策”等措施，在财政、土地、税收、人才等方面给予支持，在法定权限范围内出台促进对外开放的优惠政策。三是应持续加大改革力度，努力改善营商环境，出台具体措施，吸引更多资金和客商进入聊城、留在聊城。四是发展行业协会等中介组织，通过其桥梁纽带作用解决服务业点多面广的管理难题。五是完善统计监测和监督检查机制。结合服务业生产经营特点和实际，探索建立科学、全面的服务业细化分类目录和统计调查制度，建立并完善全市服务业发展统计指标体系和科学有效的监测评

估体系。

（二）突出重点，构筑产业高地

在抓好传统行业转型升级的同时，着力加强平台载体建设，发挥聊城北接京津冀、西通中原经济区、冀鲁豫三省交界的特殊交通区位优势，大力完善多式联运基础设施建设，重点发展现代服务业，着力发展新动能产业，加快完善现代物流业，大力发展医养健康、文化旅游、电子商务、金融服务、研发设计、家政服务等现代服务业态。

一是重点发展现代服务业。对于现代服务业重点领域，要细化各行业发展推进方案，实施“一业一策”精准发展，梳理重点产业清单，找准产业发展优劣势，完善政策措施，将产业发展落细落小落地落实，形成全市上下各个层面共抓产业、共扶产业、共兴产业的强大合力。加快营利性服务业快速发展，确保增速不减；适当对房地产业去杠杆操作，倒逼传统建筑业转型升级；注重非营利服务业及其他服务业的稳增长，积极开辟、做大做强文化旅游业、现代物流、金融服务、医养健康等服务业。与北京的人才库有效对接，发展高品质医养健康等产业，吸引北京等地的人来聊城养老。做好传统行业的转型升级，鼓励电子商务、金融服务、文化创意、研发设计、家政服务、体育服务、检验检测、人力资源等服务业加快发展。主动与省内、国内同行业比标对标，找准差距、研究确定赶超目标和措施，一业一策，推动发展。

二是着力发展新动能产业。当前，全省新旧动能转换重大工程已实施，聚焦未来发展方向有十大产业。具体到聊城市，其中医养健康、文化旅游将成为构建全市发展新动能的主要载体和主导力量。应充分发挥聊城人文历史文化资源丰富、区域医疗卫生和区位交通相对突出优势，全力打造医养健康、文化旅游等现代服务业开放合作高地。一方面，培育壮大医养新兴业态。强化与京津、济南等高端优质医疗卫生资源合作，组建医疗联合体，大力培育健康休闲、健康管理、中医药养生保健等康养新业态，建设冀鲁豫三省交界地区知名特色养老基地。东阿县是“中国阿胶之乡”，2017 年阿胶产业主营业务收入突破 100 亿元，可依托省级东阿经济开发区和东阿阿胶股份有限公司，建设聊城国家级中医药产业综合改革示范区。突出阿胶中医药产品、阿胶生物医药的研发生产，重点建设中医药创新创业孵化中心、东阿阿胶特色小镇、中医药种植基地、阿胶大学等，打造国家级中医药产业综合改革示范区。另一方面，做优做强精品文化旅游品牌。深入挖掘开发运河文化、水浒文化、黄河文化等旅游内涵，实现由观光型旅游城市向体验型旅游城市转型，建设冀鲁豫三省交界最大的休闲度假和旅游目的地城市，建设现代服务业开放合作高地。作为全国闻名的农业机械生产企业时风集团，开设工业旅游区，带动整个高唐县的工业旅游；到全国十几个农用机械普及使用率低的省份办展销，既闯市场又见效益；抓住中非合作的历史机遇，在非洲发展农用小机械。依托东阿阿胶品牌优势，积极举办全国及国际性中医药文化学术研讨会、阿胶文化研讨会和阿胶产业博览会。在东阿工业旅游项目中增加驴奶、驴肉、手工艺品等质优价廉、地道正宗的旅游产品，拉动旅游消费，打造品牌效应。

三是加快完善现代物流业。聊城是冀鲁豫三省交界区域中心城市、京津冀与中原经济区重要节点城市，发挥雄商高铁、郑济高铁、聊城机场等综合交通枢纽优势，西进东出“桥头堡”区位优势，京沪等大城市优质农产品供应基地优势，构建鲁西内陆开放试验区和承接京津产业转移示范区，打造连通山东半岛、中原经济区、京津冀协同发展区的开放合作桥梁纽带城市。

四是建设产业发展高地。依托聊城农畜产品生产优势，扩大优势农产品出口和农业对外合作，建设安全农产品生产供应基地；以跨国企业、央企、强企、名企为突破口，积极承接信息技术、高端装备制造、新能源新材料等新兴产业和先进技术，改造提升有色金属、机械装备、纺织、医药、造纸、化工等传统优势产业，组建行业商会、协会，建立产能合作联盟，带动装备、技术、标准、服务和劳务对外集合输出，提升产业配套能力和综合竞争力，建设先进制造业产业承接基地；尽快在聊城经济技术开发区建成15平方公里的聊城综合保税功能区，按照规划先期建设聊城保税物流中心（B型），后期规划建设保税小镇，打造以保税为特色的综合性产业集聚区和功能区。在聊城市省级高新区重点发展化工新材料、高端制造、生物医药、节能环保等高新产业，促进其升级为国家级高新区。

（三）突出业态集聚，延伸产业链条

精准选择资源、体量、能力可实现产业聚集的服务业态，引进国内外优质企业，集中较大规模的优势项目落地，实现区域产业聚集、马太效应形成、产业独角兽涌现、高端人才扎堆的良好局面。一是抓好产业载体建设。认真贯彻落实省里出台的发展纲要和省级服务业创新中心建设要求，积极开展市

级服务业创新中心建设，通过商业模式、技术应用、业态创新等推出一批标杆企业。县级服务业发展要重点突破，推选一批文化、旅游、物流和行政村比较发达的集聚小镇、市级服务业特色小镇、市级创新中心等。重点抓城区、园区、企业、服务业等载体建设，树立标志性项目，持续推进，久久为功。继续举办好中国（莘县）瓜菜节，争取办成国际性高端节庆会展项目。积极争取承办中国大运河美食节、大运河文化研讨会。依托东昌湖，承办“中华龙舟大赛”“中国全民休闲皮划艇大赛”等体育赛事。二是抓好信息技术应用。做大服务业“互联网 +”工程。借助目前规模最大的阿里云创新中心，大力发展电商经济。通过办培训班、讲座等方式，提高干部群众对“互联网 +”的认识，树立新时代服务业观。建议邀请《互联网 +：国家战略行动路线图》总编张晓峰在聊城市做两场针对干部和群众的普及讲座。同时，引导工业优势项目向服务业转化，实现跨界融合化，依托市新能源汽车、铜铝有色金属深加工、化工新型材料、光电信息新材料、农副食品深加工等产业优势，积极承接产业转移，大力推进基于“互联网 +”的加工贸易转型升级，建成面向“一带一路”、辐射周边地区的出口加工产业基地。将信息收集、处理、交换的相互传递、管理等活动服务化，把仓储、物流、中介、广告和市场研究、信息咨询、法律、会展、税务、审计、房地产业、科学研究与综合技术服务、劳动力培训、工程和产品维修及售后服务等环节进一步厘清，逐步提高现代服务业对制造业的渗透力。三是抓好科技成果转化。依托高铁站和聊城机场，打造中关村聊城科技园，积极承接中关村高新技术产业转移，集聚一批总部办公、金融服务、文化创意、生物医药、高端制造、科技成果转化服务等高新企业和高端人才，建设孵化载体和服务平台，促进科技合作和重大成果转化，打造面向京津冀、省会济南和中原经济区的创新创业集聚区。

（四）突出地方特色，做好“水城”文章

紧紧围绕全域水城谋篇布局，让全域旅游成为新的增长点。聊城的工业、农业、服务业以及城乡建设都要以江北水城、全域水城来谋划布局，打造江北水城旅游目的地，与美丽乡村建设和乡村振兴有机结合，牵引聊城全市服务业和其他产业的总体发展。建设大运河文化带（聊城段）综合保护利用项目。加快完成水生态体系规划、旅游产业综合利用规划，形成“两城七镇”

（即聊城市、临清市和沿线7个城镇）总体格局，以运河为主轴，打造一条彰显地方特色的生态带、文化带、旅游带。建设黄河下游生态经济带。依托济南、聊城、德州、滨州、东营等城市，由山东省联合河南省，充分挖掘黄河自然地理、历史文化元素，突出生态经济特色，实施“堤路结合”工程，建设沿黄交通干道；加强生态修复，发展沿黄特色农业，共同打造覆盖鲁、豫两省的黄河下游生态经济带，构建生态屏障、促进联动发展。因地制宜，突出各区县的重点和特色，如：东昌府区鑫鹏集团引进的海底世界和360度极限飞球；东阿的工业旅游与旅游产品开发；临清的大运河文化产业带历史遗存和名胜古迹开发，注重完善基础设施配套，和雄安新区对接，再现当年盛景。打造“游运河、泡温泉、尝小吃、品阿胶、做好汉、研文学、聊聊城”的聊城生活方式。

总之，现代服务业发展水平，关系到聊城市经济社会发展的持续力，也决定了新旧动能转换工作的整体效果。加快推动聊城现代服务业发展，首先需要提高各级政府主管部门的思想认识，加大对服务业发展的政策扶持力度。其次必须坚持从实际出发，找准市场需求、明确目标方向，突破重点，带动全局发展。最后应该明确自身优势，依靠悠久的历史文化资源、雄厚的人才资源、独具特色的区位优势，推动现代生产服务业和生活服务业共同发展，促进现代服务业向精细化、品牌化、高端化发展，推动服务业与工业、农业深度融合发展，加快构建具有持续竞争力和支撑力的聊城现代服务业产业体系。

【聊城发展研究院、聊城大学商学院（质量学院）：郭斌】

第十章　聊城市化工产业新旧动能转换分析

一　聊城化工产业新旧动能转换的背景

（一）山东省新旧动能转换方兴未艾

“十三五”以来，中国加快推进供给侧结构性改革取得明显成效，激发制造业升级、民间投资扩大的内生力量不断增强，经济运行由降转稳的态势更加巩固。从山东省看，新旧动能转换的形势迫切、任务繁重，但潜力巨大、空间广阔。山东省的经济发展阶段、经济结构、资源禀赋、区域位置特色鲜明、代表性强，既具备领先发展的基础和优势，也面临转型发展的风险和困惑，有能力也有责任在北方地区率先探索出可复制、可推广的动能转换路径模式。山东省委、省政府紧紧抓住山东新旧动能转换综合试验区获批建设的重大战略机遇，统筹谋划、科学部署，加快改造旧动能，大力培育新动能，健全完善促进新旧动能转换的政策体系和体制机制，将一揽子解决长期以来制约山东发展的瓶颈问题，全面增强经济创新力和竞争力，进一步提升山东在全国发展大局中的地位和作用。

山东省大而不强、发展不平衡不充分的问题仍然比较突出，质量效益有待进一步提高。化解过剩产能、淘汰落后产能任务艰巨，传统产业占工业比重约70%，重化工业占传统产业比重约70%，多数产业处于价值链中低端，转型升级压力大，传统动能主体地位尚未根本改变。研发创新投入不足，规模以上工业企业设立研发机构的仅占7%，科研成果转化率偏低，自主创新能力亟待提高。能源消耗总量、主要污染物排放总量均位居全国前列，资源环境承载力接近上限。开放型经济发展优势挖掘不够，国际化服务体系建设相对滞后，全面开放的广度深度有待进一步拓展。这些是山东加快新旧动能转换必须着力突破的关键问题，迫切需要创新思路。

（二）聊城市新旧动能转换迫在眉睫

聊城市经济总量较小、产业结构偏重、新兴产业发展不足、科技创新能力不强，面临既要加快发展又要保护生态的双重压力、既要扩大总量又要提升质量的双重任务，同时面临融入京津冀协同发展、大运河文化带建设、乡村振兴战略红利加速释放等新机遇，要求通过运用新技术、新产业、新业态、新模式，改造提升传统产业，发展壮大新兴产业，实现产业集群化、产品高新化、模式新型化、跨界融合化、品牌高端化，扎实推进供给侧结构性改革，振兴实体经济。

聊城市的传统产业需要进一步转型升级。战略性新兴产业占工业增加值的比重仅为21.5%，重化工业占比高达67%，其中六大高耗能行业产值占比达31%。产品层次偏低，大部分以原产品和初级产品为主，附加值低；工业以有色金属加工、纺织服装、化工等传统产业为主，产业链条普遍较短，产业集中度低，高端产业少，亟须实施新一轮高水平技术改造，推动企业应用新技术、创造新产品、融合新业态、催生新产业，打造发展新优势。根据聊城市的规划，到2028年，改革开放50周年时，聊城市要与全省基本同步完成这一轮新旧动能转换，创新发展的体制机制系统完备、科学规范、运转高效，要素投入结构、产业发展结构、城乡区域结构、所有制结构持续优化，市场活力充沛，发展动力强劲。

二　聊城化工产业发展现状

（一）聊城化工产业发展的基本面分析

按照国民经济行业分类与代码（GB/T4754－20117），本部分以六个两位数行业：25石油、煤炭及其他燃料加工业，26化学原料和化学制品制造业，27医药制造业，28化学纤维制造业，29橡胶和塑料制品业，30非金属矿物制品业作为化工产业的组成部分。本部分从总体规模与结构、增长速度、绩效水平三个方面来分析聊城化工产业的发展状况，相关数据主要来源于2017～2018年山东省及其各地级市统计年鉴。

1. 聊城化工行业的总体规模与结构

截至 2017 年，聊城市化工产业规模以上企业有 417 家，从六个子行业来看，企业数最少的是化学纤维制造业，只有 3 家，企业数量最多的是非金属矿物制造业，有 161 家。化工行业从业人员约为 55600 人，子行业中从业人员最多的是化学原料和化学制品制造业，约 18800 人，从业人员最少的是化学纤维制造业，只有大约 500 人。

表 10－1　聊城市化工行业规模（2017 年）

行业名称	企业数（家）	从业人员（万人）	工业总产值（亿元）	利润（亿元）
化工行业	417	5.56	1198.2	118.29
石油、煤炭及其他燃料加工业	10	0.14	26.88	2.10
化学原料和化学制品制造业	123	1.88	508.75	53.72
医药制造业	20	0.74	109.35	26.60
化学纤维制造业	3	0.05	3.97	0.02
橡胶和塑料制品业	100	1.22	250.77	15.41
非金属矿物制品业	161	1.53	298.43	20.44

数据来源：《聊城统计年鉴 2018》。

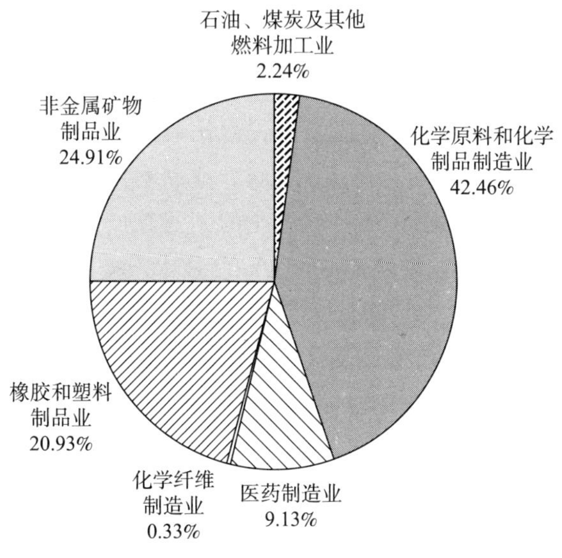

图 10－1　化工产业各子行业工业总产值占比

从聊城化工产业的行业结构来看，化学原料和化学制品制造业、橡胶和塑料制品业和非金属矿物制品业三个子行业产值占了将近90%的比重，利润占比也达到75%；医药制造业虽然产值只占化工产业的9.13%，但提供了22.49%的利润（见图10－1、图10－2）。

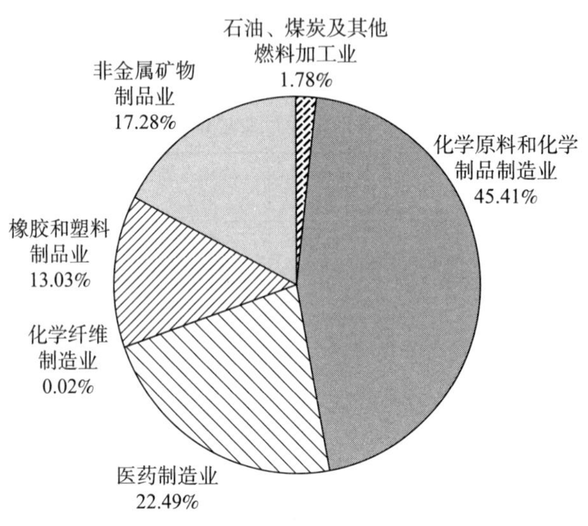

图10－2　各子行业利润占比

2. 聊城化工产业的增长速度

从2017年的增长速度来看，聊城化工产业整体的工业总产值出现负增长，较上年下降了13.56%，化工行业整体的利润总额上升了0.44%，基本跟上年水平持平。从分行业增长情况来看，占比最大的化学原料和化学制品制造业的工业总产值比2016年下降大约1/4，但利润总额略有增长，说明其发展质量还是有所改善。橡胶和塑料制品业的工业总产值比上年增长显著，利润总额也增长大约1/9。医药制造业作为高新技术产业，工业总产值也出现了大幅下降，利润总额也比去年降低7.73%。而占比最小甚至可以忽略的化学纤维制造业不论是工业总产值还是利润总额都出现大幅下降。整体来看，聊城化工产业的发展趋势不容乐观，面临的新旧动能转换的压力还是很大（见表10－2）。

表 10－2　聊城市化工行业工业总产值与利润增长速度（2017 年）

单位：%

行业名称	工业总产值增速	利润总额增速
化工行业	－13.56	0.44
石油、煤炭及其他燃料加工业	26.02	5.00
化学原料和化学制品制造业	－25.80	5.29
医药制造业	－28.73	－7.73
化学纤维制造业	－79.95	－98.18
橡胶和塑料制品业	17.90	10.94
非金属矿物制品业	1.77	－2.34

数据来源：《聊城统计年鉴 2018》。

3. 聊城化工产业的绩效水平

2017 年，聊城化工行业规模以上企业 23 家亏损，占企业总数的 5.5%，化工行业总体利润率 9.86%，劳动生产率为 215.49 万元/人，整体经济绩效水平较高。从六个子行业情况来看，利润率最高的是医药制造业，达到 26.81%，亏损企业较多，达到 30%，劳动生产率也不高；化学原料和化学制品制造业的绩效水平是六个子行业中最高的，亏损企业只有 2 家，占比不到 2%，利润率为 10.44%，劳动生产率在六个子行业中最高，达到 263.01 万元/人。石油、煤炭及其他燃料加工业、橡胶和塑料制品业和非金属矿物制品业三个子行业利润率均在 6%～7%。化学纤维制造业，虽然利润率不到 1%，由于规模很小基本可以忽略（见表 10－3）。

表 10－3　聊城市化工行业经济绩效情况（2017 年）

行业名称	企业总数（亏损企业数）（家）	利润率（%）	劳动生产率（万元/人）
化工行业	417（23）	9.86	215.49
石油、煤炭及其他燃料加工业	10（1）	6.44	226.70
化学原料和化学制品制造业	123（2）	10.44	263.01
医药制造业	20（6）	26.81	133.67
化学纤维制造业	3（2）	0.47	95.64
橡胶和塑料制品业	100（2）	6.14	206.35
非金属矿物制品业	161（10）	6.87	191.66

数据来源：《聊城统计年鉴 2018》，利润率和劳动生产率由笔者自行计算。

（二）聊城化工产业发展状况省内比较分析

1. 山东省化工产业总体分布情况

本部分主要基于2016年山东省各地级市化工产业的数据，使用STATA15分析软件进行了空间分析。主要使用了各地级市化工产业工业总产值、化工产业占工业总产值的比重、化工产业平均利润率、化工产业劳动生产率四个指标，数据来源于2017年山东省17地市统计年鉴，化工产业的数据指标由六个子行业的数据汇总计算得到。

山东省的化工产业工业总产值较高的地市主要集中在东营、淄博、潍坊和菏泽，基本都是发展盐化工、石油化工和煤化工所需资源比较丰富的城市，化工产业规模最小的是莱芜、日照、泰安等城市。化工产业占工业比重最高的是东营，占65.77%；其次是淄博市，占63.89%，与化工产业的规模分布是一致的。聊城的化工产业总产值和占比在全省的位次都比较靠后，规模排倒数第六位，占比为倒数第三位。

从山东省各地市化工产业经济绩效水平来看，化工产业利润率最高的是济南、烟台、威海和聊城。聊城市化工产业利润率为8.81%，在全省排名第四。利润率最低的为日照市，只有2.68%，其次为枣庄和滨州。从化工产业劳动生产率来看，生产率高的为东营、菏泽、滨州和德州，聊城化工产业的劳动生产率排名全省第十。

2. 山东省化工产业各子行业分布情况

由于篇幅限制，本部分主要通过工业总产值考察化工产业六个子行业在全省的分布情况。石油、煤炭及其他燃料加工业主要集中在东营、淄博、潍坊和青岛，除了东营依托石油资源外，其他三个都是工业基础较为雄厚的城市。化学原料和化学制品制造业主要集中在东营、潍坊、淄博和菏泽，也是以工业城市为主。医药制造业主要集中在德州、菏泽、淄博和威海，与传统资源型产业不同，作为高新技术产业的医药制造业在全省的分布较为平均。化学纤维制造业主要集中在潍坊、滨州和烟台；橡胶和塑料制品业主要集中在济宁、东营、潍坊和青岛；非金属矿物制品业主要集中在德州、淄博、临沂和青岛。综合来看，山东省的化工产业主要集中在石油、煤炭丰富的资源型城市和工业基础较好的城市；从地理方位上看，传统化工制造业主要集中在中东部，医药制造业的分布较为分散。

三　化工产业新旧动能转换的典型案例

（一）山东荣信集团的绿色煤化工之路

山东荣信集团是一家集焦炭、甲醇、煤焦油、粗苯、硫铵生产于一身，融改质轻芳烃、改质重芳烃、纯苯、甲苯、二甲苯产品于一体的大型现代化化工企业。荣信集团在转变经济发展方式上自我革命，在新旧动能转换上主动作为，精打高端煤化工“加减乘除法”算盘，走出一条具有鲜明荣信特色的现代煤化工产业高质量发展之路。

做加法，按下动能转换“加速键”。荣信从以不计成本的持续投入，在安全、环保、能效、清洁文明生产、产业链条延伸等方面做“加法”，充分发挥煤炭的资源优势和能源效用，走煤的清洁、高效、低碳利用之路，变煤炭发展的“黑色经济”为“绿色经济”。做减法，穿上成本管控“瘦身衣”。荣信本着“精耕细作、精打细算、勤俭节约”的原则，采取合理用电、优化配煤、平衡用热等方式，在节能降耗上做“减法”，在一点一滴中精打成本“算盘”。做乘法，用好科技创新“驱动力”。荣信集团发挥企业作为创新主体“第一动力”的引擎作用，在企业现有煤化工规模的基础上，创新性地提出高端煤化工、劣质渣油加氢跨界融合思路，规划建设“荣信集团煤化工循环经济产业园”，探索出一条新时代济宁煤化工集约集聚集中集群发展，打造产业园中强强联合之路。做除法，握牢绿色低碳循环经济“方向盘”。荣信遵循“创新、协调、绿色、开放、共享”的新发展理念，采用先进适用的清洁生产工艺技术和高效末端治理装备，建立资源回收循环利用机制，实现了资源综合利用，减少了能源消耗，降低了产品单耗，实现了能源梯级利用。

（二）中国化工界的“华为”——烟台万华集团

总部位于山东烟台的万华集团是中国唯一拥有 MDI 制造技术自主知识产权的企业，曾获“国家科技进步一等奖”，号称化工界的“华为”。

1. 自主创新立足根基，人才激活发展动力

20 世纪 80 年代末期，MDI 的需求急剧增加。国家先后批准 4 套技术引进 MDI 工程立项，均因国外技术封锁而搁浅。技术的咽喉被外资牢牢扼制在手里，必须通过自主创新万华才能渡过难关，而产学研的结合在这时起到关键作用。在国防科大、中科院计算机所等多家单位的支持下，利用中国的银河系列巨型计算机，成功开发出 MDI 工艺流程计算机模拟、核心化学反应计算机数学模型，并一举搞出国内首套制造工艺技术软件包。关键时刻，青岛化工学院也伸出援手，与万华开展联合攻关，相继突破缩合反应、光气化反应和分离精制三大核心技术。

因人才而盛的万华，牢牢树立“只有创新才能为万华创造未来”的新观念，提倡“敢想敢干、尊重科学、快速行动、锲而不舍，没有不可能的事”的创新理念，瞄准国际水平，促进化工行业的新旧动能转换。管理上本着人性规律、市场规律、科学规律，以“有为就有位，赛马不相马”的人才理念广招天下英才，让有品行、有思想、有担当、有激情、有胸怀、有业绩的人才脱颖而出，成为万华宏伟事业的中坚力量。有了人才支撑，万华瞄准国际水平开展研发工作，继续保持万华 MDI 等产品的优势，持续推进一批高精尖高分子材料的产业化。

2. 兼并收购成就未来，大力开拓国际市场

中国企业“走出去”面临诸多挑战，特别是在中国企业并购欧洲大企业的过程中，中国企业在经验、能力、人才和管理方面都存在诸多困难，再加上西方国家对中国企业“走出去”意图的误解和偏见，中国企业“走出去”的道路注定不平坦。

2004 年底，万华率先提出国际战略，具体而言就是“第一，先市场、后制造；第二，自主培育渠道，不依靠中间商；第三，主打自主品牌。”2011 年，烟台万华收购了匈牙利宝思德公司，控股 96% 的股权，是迄今为止中国在中东欧地区最大的并购项目。万华在竞争对手的欧洲老巢撕开了一道口子，从列席会议坐上了主桌，不仅在海外有了自己的生产基地，而且其 MDI 产能立刻进入全球前三。与国际巨头为了消灭竞争对手不同，丁建生收购的目的是为了扩大市场，所以他不只是单纯的资本输出，而且通过输出技术、管理来完成企业文化的融合。

（三）几点启示

第一，“绿色”化工将成为化工产业未来发展的重点领域。随着越来越严格的环保法规出台，化工企业将面临日趋严峻的改造和转型考验，而近年开始的环保风暴，将对中国化工行业今后至少10年的发展产生深远的影响。一是开发绿色工艺技术和装备及绿色化学品。二是加大新能源开发力度。三是基地化、园区化发展步伐加快。对于聊城的化工产业，要按照循环经济的发展理念，构建节约型、集约型、绿色生态发展模式，加强节能减排，加强产业和产品结构的优化升级，以实现化工园区的可持续发展。

第二，科技创新是化工产业发展的最根本推动力。未来化学工业的科技创新主要集中在三个方面：一是加快节能、环保技术的开发应用，实现清洁生产。二是开发多种能源资源，包括可再生的生物质能源和化学品的开发等。三是产品的开发重点转向技术含量高、回报率好、具有前瞻性的产品领域，而技术的开发重点转向大型化生产技术、炼化一体化技术、新催化技术、绿色化学品技术等方面。聊城的化工产业要通过走高水平、高附加值的产业发展道路，实现“质”上的突破；大力发展化工新材料，研究开发、转化吸收化工新产品。

第三，积极实施“走出去”战略。随着“一带一路”的启动，化工企业“走出去”已经在海外发展中取得初步成功。越来越多不同产品领域的化工企业，纷纷开始积极计划进行海外拓展，海外投资将成为中国化工企业转型成为跨国公司以及全球领导者的重要手段。“一带一路”沿线国家和地区石油、天然气、天然橡胶、钾盐等能源资源矿藏丰富，是中国化学工业原料的重要来源，也是中国大宗基础化工产品出口的重要目的地，资源互补性很强。

四　聊城化工产业新旧动能转换的路径

（一）大力推动化工产业园区建设，提升化工产业集聚水平

坚持高端、绿色发展方向，延伸拓展产业链条，集聚壮大中国化工新材料（聊城）产业园和莘县现代化工产业园两大化工园区，打造煤化工、盐化工、石油化工、化肥以及氟化工、硅化工统筹发展的绿色化工产业集群。

煤化工方面，支持鲁西集团，以洁净煤气化技术为龙头，利用中国化工新材料（聊城）产业园光气点资源，积极推进煤化工与盐化工、石油化工、氟硅化工横向耦合与关联发展，延伸拓展甲醇、甲酸、有机硅等下游精深加工，扩大己内酰胺·尼龙6、聚四氟乙烯、多元醇、硅橡胶、硅树脂、聚酮树

脂等精细化工产品规模，形成己内酰胺·尼龙6、有机硅百万吨级生产能力，着力建设中国化工新材料（聊城）产业园，打造国内领先的煤化工产业基地。盐化工方面，支持莘县现代化工产业园、信发集团，充分发挥盐矿资源和现有产品优势，推广应用氯丙烷直接环氧化制环氧氯丙烷、无汞催化PVC等绿色技术工艺，优化提升聚乙烯、环氧氯丙烷、环氧树脂等耗氯产品质量档次，实现对氯气的吃干榨净，建设循环化工示范园区。支持华祥盐化、华兴化工等企业，积极研发引进技术设备，推进氯气与氟化工、石油化工融合发展，延伸生产含氟高聚物、聚氨酯等精细产品，实现向高端转型。精细化工方面，集中优势力量壮大一批特色精细化工企业，打造行业单项冠军。支持时风集团、华泰化工等企业，研发生产巨型工程子午胎、高性能绿色复合型橡胶助剂等高端产品，打造具有较强影响力的轮胎、再制造轮胎及其他橡胶制品、橡胶助剂名牌。支持奥克特加强产学研合作和对外合作，开发医药中间体、食品添加剂等新产品。支持泉林嘉有，做大黄腐酸肥料开发，打造国内最大的生物黄腐酸生产基地。支持齐鲁油漆，积极开发高档环保水性涂料等新型产品，做大环保涂料基地。

推进城镇人口密集区危险化学品生产企业搬迁改造。实施新一轮化工生产企业安全、环保、节能、质量“四评级”和转型升级“一评价”，对危险程度高、能耗高、效益差、安全生产没有保障且手续不齐全的化工企业落实入园、转产、关停、淘汰等措施，倒逼化工企业转型，支持发展精细产品。

（二）强化技术创新，鼓励自主开发和引进先进技术与装备

技术创新是企业发展的核心源泉。要完善政产学研用协同创新机制，加强企业与高等院校和科研院所的合作，集成化工行业管理部门、行业协会、生产企业、科研机构等力量，开展重点领域关键共性技术研发，引导化工新材料等领域上下游企业加强合作，提升行业创新能力；支持有条件的企业建立国家工程实验室、企业技术中心等创新平台；鼓励国内外科技创新成果、高新技术产品的落地转化、形成产业；对于首台（套）产品，采取应用示范保险等多种方式给予支持。形成以企业为主体、市场为导向、产学研相结合的创新机制，完善化工产业技术创新体系，全面提升化工产业的科技创新能力。

创新科技支持方式，引导和鼓励企业科技创新、市场开拓；支持企业

更多参与重大科技项目实施和行业科研创新平台建设，加快科技成果使用、处置和收益改革，使创新组织和创新人才都能获得成果收益。加强信贷支持，落实税收优惠政策，鼓励和支持企业加大科技投入，通过自主研发、引进和消化吸收再创新，尽快开发和引进一批高端化工产品和先进生产技术，推广应用先进的生产装置和控制手段，尽快缩小与国际先进生产水平的差距。对新建的化工项目，要组织专家对项目生产工艺、生产设备、控制手段、三废治理、安全保障等的先进性进行严格把关，禁止采用落后的生产工艺和装备。

（三）推广绿色化工技术，实现节能降耗减排，淘汰落后产能

积极开发和推广绿色化工技术，对反应步骤多、产品回收率低、能耗高、三废排放量大的落后工艺进行反应方式、反应原料和介质以及反应路径的绿色化设计和改造，实现反应路径更加经济合理，原料利用效率进一步提高，能源消耗和三废排放大幅下降，支持采用生物工程技术改造传统化学合成工艺。

坚决淘汰落后装置及产能产品，腾出能耗、环境、土地等资源要素容量，支持先进装置及产能产品建设发展，推进石化工业整体产业结构调整、转型升级，实现增长方式转变。对规划项目在落实能源、资源和环境保护措施条件下方可组织实施。

附录

表 10－4　2016 年山东省各地市化工产业数据

地级市	工业总产值（亿元）	全市工业总产值（亿元）	化工产业占工业比重（%）	劳动生产率（万元/人）	平均利润率（%）
济南市（副省级）	1350.06	16343.81	17.66	171.33	9.04
青岛市（副省级）	3244.78	12011.52	19.85	234.54	5.67
淄博市	7674.08	3453.58	63.89	246.24	6.64
枣庄市	1046.46	13334.65	30.30	111.33	4.08
东营市	8770.80	16434.66	65.77	565.40	6.74
烟台市	2237.91	13152.80	13.62	193.87	9.28

续表

地级市	工业总产值（亿元）	全市工业总产值（亿元）	化工产业占工业比重（%）	劳动生产率（万元/人）	平均利润率（%）
潍坊市	4235.07	5499.65	32.20	228.39	5.01
济宁市	1469.76	5631.45	26.72	149.67	6.55
泰安市	1302.47	7141.29	23.13	174.14	7.18
威海市	1557.13	2459.57	21.80	139.73	8.27
日照市	462.66	1788.04	18.81	174.74	2.68
莱芜市	211.31	10925.08	11.82	131.25	5.26
临沂市	2722.70	10569.46	24.92	141.81	5.68
德州市	3398.52	8999.91	32.15	271.01	5.65
聊城市	1386.11	7382.03	15.40	217.60	8.81
滨州市	1450.63	7934.16	19.65	274.57	4.38
菏泽市	3691.14	7643.49	46.52	308.56	7.56

表 10－5　2016 年山东省各地市化工产业工业总产值

单位：亿元

地级市	石油、煤炭及其他燃料加工业	化学原料和化学制品制造业	医药制造业	化学纤维制造业	橡胶和塑料制品业	非金属矿物制品业
济南市（副省级）	223.30	428.84	222.15	6.25	99.93	369.59
青岛市（副省级）	670.59	762.04	192.34	17.22	921.14	681.45
淄博市	1418.09	3472.02	496.92	21.59	312.26	1953.20
枣庄市	71.58	413.40	31.63	—	139.41	390.44
东营市	3418.99	3191.30	154.39	7.68	1701.75	296.69
烟台市	2.30	881.21	239.48	30.01	525.01	559.90
潍坊市	800.28	2030.40	350.64	90.89	565.39	397.47
济宁市	114.26	272.47	163.30	4.34	527.91	387.48
泰安市	27.10	504.16	85.69	0.92	180.92	503.68
威海市	0.20	262.07	586.97	4.21	483.67	220.00
日照市	59.49	228.24	10.34	—	52.71	111.88
莱芜市	1.24	146.07	0.25	0.32	20.95	42.48
临沂市	93.30	1033.60	445.30	23.00	369.10	758.40

续表

地级市	石油、煤炭及其他燃料加工业	化学原料和化学制品制造业	医药制造业	化学纤维制造业	橡胶和塑料制品业	非金属矿物制品业
德州市	170.75	1152.23	894.11	19.54	310.83	851.06
聊城市	21.33	685.62	153.42	19.80	212.69	293.25
滨州市	490.83	752.99	97.08	28.79	20.50	60.45
菏泽市	642.46	1811.47	639.09	27.57	139.08	431.47

表 10-6　2016 年山东省各地市化工产业利润总额

单位：亿元

地级市	石油、煤炭及其他燃料加工业	化学原料和化学制品制造业	医药制造业	化学纤维制造业	橡胶和塑料制品业	非金属矿物制品业
济南市（副省级）	17.21	23.37	49.68	0.84	7.83	22.91
青岛市（副省级）	49.14	32.26	20.52	-0.76	37.09	39.04
淄博市	72.88	225.97	40.85	1.79	21.06	147.35
枣庄市	3.54	11.32	2.82	—	5.44	19.07
东营市	166.87	210.62	21.48	0.49	156.40	32.26
烟台市	0.05	93.60	27.46	1.97	30.90	53.71
潍坊市	29.92	104.64	25.99	2.25	25.68	25.59
济宁市	12.89	16.57	16.01	0.31	15.11	34.87
泰安市	2.70	22.29	9.67	0.09	12.17	45.92
威海市	-0.02	15.27	68.97	0.17	25.63	11.28
日照市	-1.24	8.46	0.39	—	1.90	4.45
莱芜市	0.02	10.26	0.03	0.03	0.85	1.16
临沂市	3.60	57.00	36.00	0.80	16.60	41.00
德州市	6.66	67.25	50.48	1.02	17.00	48.11
聊城市	2.00	51.02	28.83	1.10	13.89	20.93
滨州市	21.28	38.58	5.70	0.22	0.64	1.52
菏泽市	21.03	130.48	87.04	2.51	10.19	29.50

表 10－7　2016 年山东省各地市化工产业利润率

单位：%

地级市	石油、煤炭及其他燃料加工业	化学原料和化学制品制造业	医药制造业	化学纤维制造业	橡胶和塑料制品业	非金属矿物制品业
济南市（副省级）	7.70	5.58	21.70	13.08	7.69	6.24
青岛市（副省级）	7.45	4.38	11.18	-4.45	4.28	5.91
淄博市	5.19	6.39	8.54	8.58	6.83	7.61
枣庄市	4.81	2.78	9.09	—	3.91	4.97
东营市	4.86	6.69	14.02	6.85	9.25	11.26
烟台市	2.04	9.75	12.01	6.81	6.66	9.68
潍坊市	3.69	5.10	7.34	2.44	4.57	6.41
济宁市	10.64	5.89	9.69	6.94	3.01	9.00
泰安市	9.81	4.41	11.55	9.82	6.78	9.28
威海市	-7.88	6.10	11.85	3.98	6.10	5.37
日照市	-0.97	3.71	4.40	—	3.77	4.19
莱芜市	1.64	7.17	6.82	0.15	2.96	2.82
临沂市	4.09	5.16	8.79	3.43	4.67	5.48
德州市	2.87	5.88	6.28	5.18	5.65	5.54
聊城市	8.66	7.81	20.26	5.50	6.61	7.28
滨州市	3.39	5.38	5.95	0.73	3.02	2.56
菏泽市	3.06	7.35	14.02	9.16	7.41	6.39

表 10－8　2016 年山东省各地市化工产业劳动生产率

单位：万元/人

地级市	石油、煤炭及其他燃料加工业	化学原料和化学制品制造业	医药制造业	化学纤维制造业	橡胶和塑料制品业	非金属矿物制品业
济南市（副省级）	858.85	183.26	114.51	156.25	192.17	132.95
青岛市（副省级）	2052.00	220.26	175.84	171.02	175.55	188.95
淄博市	544.69	291.55	153.92	353.87	181.69	167.73
枣庄市	159.07	153.68	109.07	—	88.23	88.94
东营市	1155.77	630.72	313.49	214.39	282.40	315.56
烟台市	118.45	227.42	163.08	118.54	169.90	197.33

续表

地级市	石油、煤炭及其他燃料加工业	化学原料和化学制品制造业	医药制造业	化学纤维制造业	橡胶和塑料制品业	非金属矿物制品业
潍坊市	642. 49	240. 72	185. 78	122. 19	150. 12	161. 21
济宁市	211. 59	115. 45	80. 84	144. 67	354. 30	114. 64
泰安市	138. 78	207. 28	160. 13	79. 16	153. 59	161. 07
威海市	9. 95	166. 15	126. 30	73. 41	156. 86	125. 15
日照市	305. 07	481. 22	57. 52	—	76. 83	100. 57
莱芜市	124. 00	417. 34	25. 00	32. 00	53. 72	50. 57
临沂市	311. 00	154. 27	148. 43	230. 00	147. 64	114. 91
德州市	284. 58	264. 88	463. 27	390. 80	215. 85	204. 09
聊城市	142. 20	302. 04	154. 97	396. 00	168. 80	177. 73
滨州市	561. 59	284. 33	168. 51	221. 83	103. 86	70. 47
菏泽市	867. 48	393. 16	319. 16	151. 99	112. 12	135. 24

【聊城发展研究院、聊城大学商学院（质量学院）：李绍东】

第十一章　乖宝集团新旧动能转换的做法与经验启示

加快新旧动能转换是山东省为实现“走在前列，全面开创”总目标而做出的战略举措，也是贯彻落实党的十九大精神、加快高质量发展的切实体现。加快新旧动能转换，基本主体是企业，主要驱动力源于创新，关键靠人才支撑。乖宝宠物食品集团有限责任公司（文中简称“乖宝集团”）自成立以来，坚持“全球视野，持续创新”的发展理念，围绕山东省和聊城市实施新旧动能转换的战略要求，以市场为导向，以“四新”促“四化”，不断推进新技术、壮大新产业、发展新业态、开创新模式，促进产业智慧化、智慧产业化、跨界融合化、品牌高端化，加快新旧动能转换，推动企业转型升级。

一　乖宝集团新旧动能转换的主要成效

自创业以来，乖宝集团在实践中坚持创新驱动，在探索中加速新旧动能转换，在培育发展新动能中不断壮大，取得了较为显著的成绩。

（一）企业发展质效显著提升

经过多年的培育，乖宝集团发展质效显著提升，市场声誉和影响力不断增强。乖宝集团由十多年前一个名不见经传的小企业，茁壮成长为全国首个国家级出口宠物食品质量安全示范区龙头企业，成为当前聊城市乃至山东省的明星企业。从企业发展效益来看，2015～2018 年销售收入额由 4.05 亿元增加到 13 亿元，2019 年预计收入将达到 19 亿元，与 2015 年相比增长了 3.69 倍。根据聊城市企业联合会、聊城市企业家协会发布的《2018 聊城企业 100 强发展研究报告》，乖宝集团居聊城百强企业排行榜第 72 位，居农副食品加工行业第 10 位。2015～2018 年利税额由 1500 万元增加到 6800 万元，2019 年预计将达到9000万元，与2015年相比增长了5倍（见图11－1）。

从国内外市场份额变动情况来看，2015～2019年国际出口市场增长较为稳健，但整体增长速度低于国内市场，国内市场逐步成为企业收入来源的主要阵地。从产品种类来看，形成了以烘干鸡肉、鸭肉、猪肉、羊肉、鱼肉等为主的宠物零食系列，以肉和果蔬搭配为主的宠物湿粮系列，以营养配方、天然食材为主的宠物主粮系列，共计三大品类1300多个品种。从企业组织来看，该集团立足全球市场，不断整合全球资源，在海外建立了3家子公司，全球员工达到2500余人，逐步实现了从本土企业向国际化跨国企业的转型。

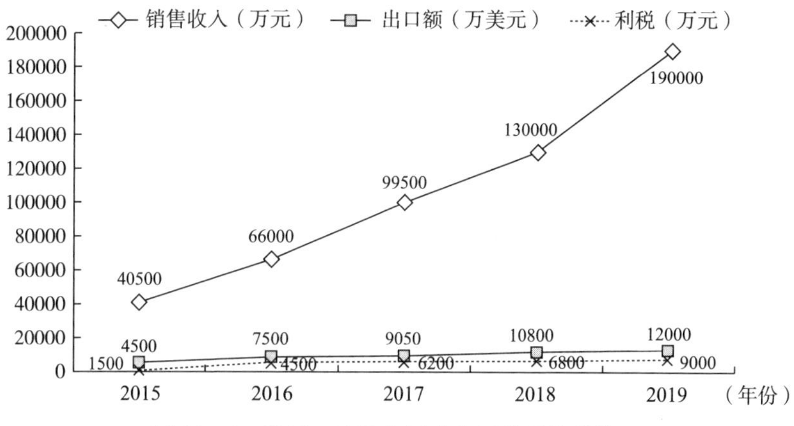

图11－1　2015～2019年乖宝集团发展效益情况

（二）跨界融合潜能明显提升

在参与市场竞合的过程中，企业发展质效的提升，从根本上在于企业发展能力的提升，这种能力实质上就是一种创新能力。美籍奥地利经济学家熊彼特1912年把创新的概念界定为建立一种新的生产函数，实际上就是要实现新的生产要素和生产条件的“新组合”，并引入生产体系。在新的时代格局和市场经济空间下，这种“新组合”的基本路径就是跨界融合。所谓跨界融合就是跨越事物之间原来或固有的边界，形成或者生成新的境域、新的事物。

乖宝集团牢牢抓住宠物经济的发展战略机遇期，一方面，建立拓展完善宠物食品内部产业链，采用“互联网＋”“人工智能＋”等跨界融合新技术、新模式和新平台，提升价值链，建设成为全国最大的宠物食品研发生产和个性化定制基地（见图11－2）。另一方面，在不断扩大生产规模和生产高端宠物食品的基础上，乖宝集团利用其在国内外形成的技术、品牌、市场和渠道优势，跨出宠物食品领域，带动宠物用品、宠物活体、宠物医疗、宠物美容、宠物文化、宠物休闲旅游等领域的发展，做大宠物产业，拉长产业链条，跨界融合潜能大大提升。

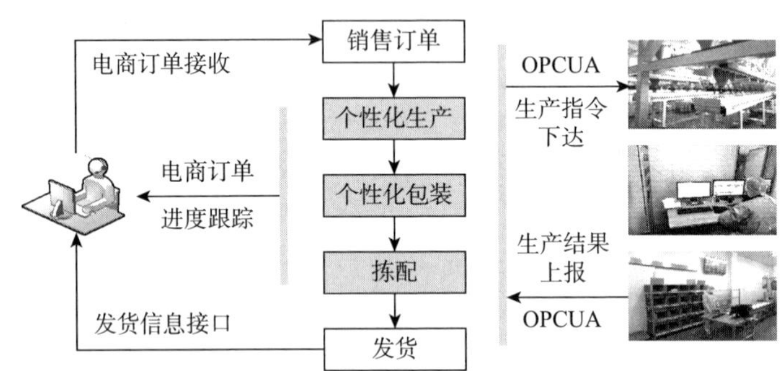

图 11－2 “互联网＋”定制化生产

（三）品牌高端价值不断提升

品牌对于企业来讲，是具有经济价值的无形资产；对于消费者来讲，是对产品及产品系列的认知程度和忠诚度。品牌价值越高，意味着消费者对企业产品的认知度和忠诚度越高，企业的市场影响力越大。乖宝集团拥有“Myfoodie”麦富迪自主品牌，其品牌定位为“麦富迪是一种相爱、相伴的生活态度”，发展愿景为“100%天然的麦富迪、品质国际化的麦富迪、倡导倾世宠物情缘文化的麦富迪，始终保持世界‘倾世宠物情缘文化食品品牌’的首创者和先行者的市场地位，引领世界宠物食品文化发展方向”，品牌价值不断提升。

2013 年，乖宝集团从单一的出口贴牌（OEM）业务开始转型做自主品牌，创立了自主品牌“Myfoodie 麦富迪”，不断开拓国内外市场，实现了从 OEM 向自主品牌转型。凭借卓越的产品品质，自主品牌产品销售额从 2013 年的几百万元，连续 5 年翻番式高速发展，2018 年实现销售收入 8 亿元，首次超越贴牌业务。截至目前，“Myfoodie”商标已在美国、欧洲、日本等 30 多个国家注册，自有品牌产品已进入韩国、日本、菲律宾、加拿大和欧洲等国家和地区，在全球宠物零食领域已成为小有名气的品牌。在国内市场，线下渠道已经覆盖全国 30 个省区市，线上渠道在天猫和京东平台的品牌影响力已稳居前列。基于良好的市场影响力，2018 年 8 月底，“Myfoodie 麦富迪”品牌综合排名处于行业第二位，被确定为山东省重点支持的成长性品牌。2019 年 1 月，获得了由狗民网丨铃铛宠物、宠物行业白皮书共同主办的“焕新与重塑・2019 中国宠业领袖峰会 + 铃铛大赏品牌荣耀之夜”颁发的“宠物行业用户最喜爱的犬类主粮品牌”“宠物行业用户最喜爱的猫类主粮品牌”“宠物行业用户最喜爱的犬类零食品牌”三项大奖，成为宠物食品类唯一荣获三项大奖的自主品牌。

二　乖宝集团新旧动能转换的主要做法

乖宝集团新旧动能转换取得的明显成效，得益于乖宝集团创新发展的做法。具体来看，就是推进新技术、壮大新产业、开创新模式和发展新业态。

（一）推进新技术

乖宝集团的发展史就是一部技术创新史。在创业早期的工艺设备研制上，主要靠自力更生。2007 ~ 2010 年，乖宝集团总裁秦华带领员工先后发明、独创并自己动手制造出许多宠物食品专用工艺设备，如切片机、揭片机、压薄机、卷皮机、切丝机等十几种非标设备，研制出一条炭烤鸡肉条生产线，克服了创业早期宠物食品专用工艺设备缺乏的困境。

随着公司实力的不断壮大，逐步加大研发投入力度，完善技术创新机制，强化管理体系，推进新技术应用。在基础设施上，建成国际一流的实验室，成立了以中、英、美、泰宠物食品营养学和兽医学专家为技术顾问的联合技术中心，在美国和泰国分设了研发中心。在产学研结合上，围绕宠物营养研究和原材料无害化处理，与中国农业科学院农产品研究所、中国原子能科学院、聊城大学及欧美知名企业建立了长期的合作关系，建立了“新产品开发—课题研究—实验”三位一体的技术开发机制。在人才队伍建设上，形成了一支老中青结合、富有创造力的专业技术人员队伍，其中，高级专业技术人员占集团总人数的 15% 以上。

在专利申请上，注重通过培训提高技术人员的专利意识，采取一系列鼓励申报专利尤其是鼓励发明专利的措施，推动专利申请数量逐年提高。截至 2018 年 8 月初，公司已申报专利 186 项，其中发明专利 8 项、实用新型专利

38 项、外观专利 140 项，还获得美国专利 2 项、欧盟专利 1 项，已获得授权的专利有 141 项。在项目建设上，2018 年开工建设的智能工厂项目，在宠物食品生产设备领域，采用美国的干粮生产线、德国的零食生产线、意大利的湿粮生产线和日本的自动化包装线，实施部分生产环节机器人换人计划，智能化生产工艺达到国际先进水平。同时，对老生产线进行升级改造，整体技术水平保持行业领先地位。

（二）壮大新产业

从行业性质和分工来看，宠物食品生产属于制造业，但又不同于传统制造业，具有市场空间大、发展速度快、经济效益好和环境污染少的显著特点，是一个极具潜力的新兴产业。在创业之初，乖宝集团立足于聊城市畜禽产业发展和农业大市的当地优势，利用国内鸡胸肉原材料的价格优势和劳动力成本优势，成功开拓了宠物鸡胸肉零食出口市场。随着生产线的陆续建立和更新换代，产品品种也不断增多，由单一的鸡胸肉零食发展到零食、主粮、湿粮、洁齿骨、狗咬胶等五大系列，国内外市场越做越大。通过持续打造自有品牌，塑造良好的市场形象，带来了丰厚的业绩回报：在全国宠物食品行业产销量和出口量排名中遥遥领先，成为国内最大的宠物食品出口加工企业。

近年来，乖宝集团在国内外加大了投资力度，其中具有里程碑意义的投资有三大项。第一项是 2016～2018 年建设总投资 10 亿泰铢（合 2.1 亿元人民币）的泰国工厂项目，以泰国鱼类为原料主产猫用食品，销往美国、欧洲、日本、俄罗斯以及中国市场。第二项是 2017 年全资收购美国一家宠物食品企业，并进行生产建设，构筑“销地产”格局。第三项是 2017～2019 年，投资 12.66 亿元建设全国最大的宠物食品智能工厂。该项目规划建设用地 292 亩，总建筑面积 20 万平方米。项目建设宠物食品生产线，配套建设所需车间厂房、研发检测中心、智能仓库、猫狗试验基地、办公楼、生活中心等附属设施，购进中国、德国、日本、意大利等国家领先宠物食品生产设备，使用世界最先进的宠物食品生产设备及生产工艺，采用目前市场上最先进的定制化生产销售模式，并建立国内最先进的智能化仓储物流，建设完成后将达到年产宠物食品 15 万吨的生产能力，预计新增产值 35 亿元。基于对行业技术创新和规模壮大的积极意义，智能工厂这一项目被列入聊城经济技术开发区新旧动能转换“4＋1”工程重点项目，并被列入山东省新旧动能转换重大项目和 2018 年山东省重点建设项目。

（三）开创新模式

顺应宠物行业个性化、多元化和多样化的主流消费趋势，乖宝集团积极探索、主动作为、下大力气，打破了传统销售和生产部门相互独立、相互分割、信息反馈滞后的陈旧模式，走向了个性化定制和智能化制造一体化的新经营模式，开创了宠物行业个性化定制和智能化制造的先河。2015 年，乖宝集团决定引入个性化定制的概念，让客户能够直连工厂（C2M）。要实现个性化定制，必须生产出满足个性化需求的产品，这就需要建立智能工厂。2016 年 7 月，乖宝集团与西门子 MES 系统实施商合作，正式启动智能生产制造执行系统（MES）项目，并于 2017 年 1 月正式完成（见图 11-3、图 11-4）。

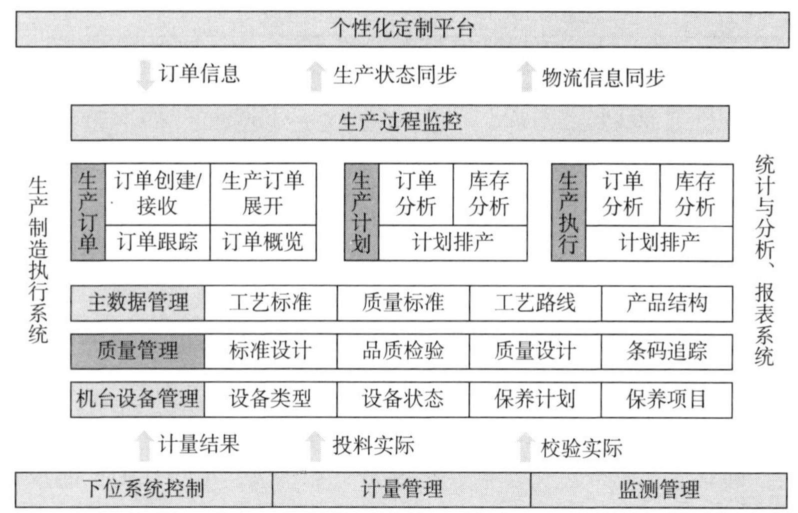

图 11-3　MES 系统架构

针对个性化定制的生产特点，设计出适应小批量、可扩展、模块化的生产线，MES 系统与生产线均可根据消费者需求的变化而迅速进行调整，实现流水线生产“独一无二”的产品，赋予产品的可追溯性，增强宠物食品的安全保障。在 MES 系统、ERP 系统、CRM 系统和 OA 系统共同发挥效力的基础上，乖宝打造出适合本企业的智能工厂。

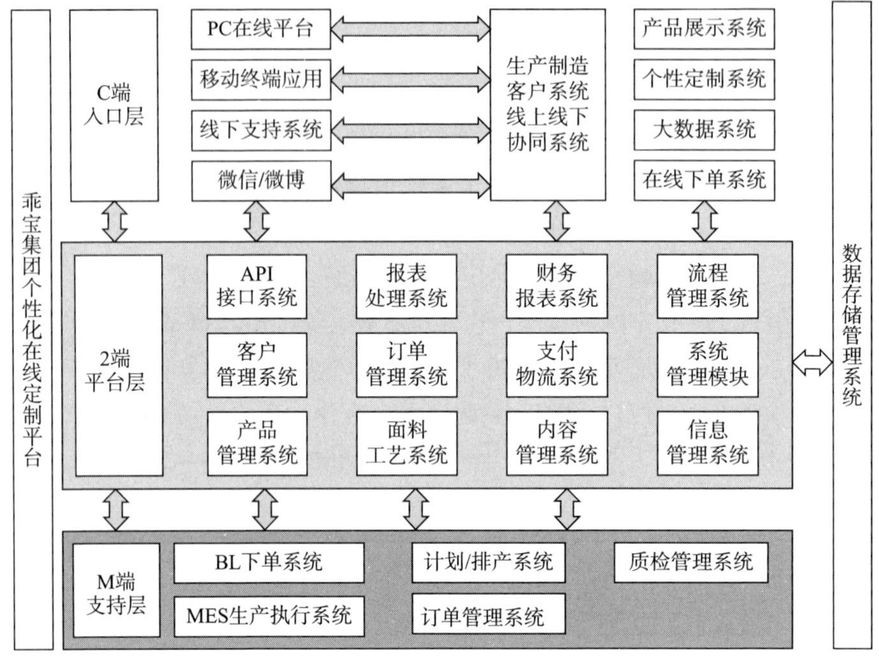

图 11－4　乖宝个性化定制平台系统架构

2017 年 2 月，乖宝正式启动“麦富迪个性化定制项目”，在全国率先推出私人定制手机 App，同时微信公众平台和网络同步推出。这一举措开启了国内业界个性化定制的先河，推动了国内宠物食品由随意喂养的“1.0 时代”、标准普及的“2.0 时代”，进入个性化定制的“3.0 时代”。乖宝的这一个性化定制项目颠覆了“先制造、后销售、再消费”（M2B/B2C）的传统生产模式，确立了“先个性化定制、再制造、后消费”（C2M2C）的现代智能制造的新模式。

这一模式不仅使乖宝集团由线下走向了线上，成为“互联网＋”的电商，扩大了市场份额；更重要的是，积累了客户数据，增强了集团的市场感知能力，由此增强了集团的发展动力和发展信心。2018 年开工建设的总投资 12 亿元的智能工厂，将进一步强化新模式的扩展应用，增强乖宝集团的生产销售能力，提高抵御市场风险的能力，树立在行业发展中的领先优势（见图 11－5、图 11－6）。

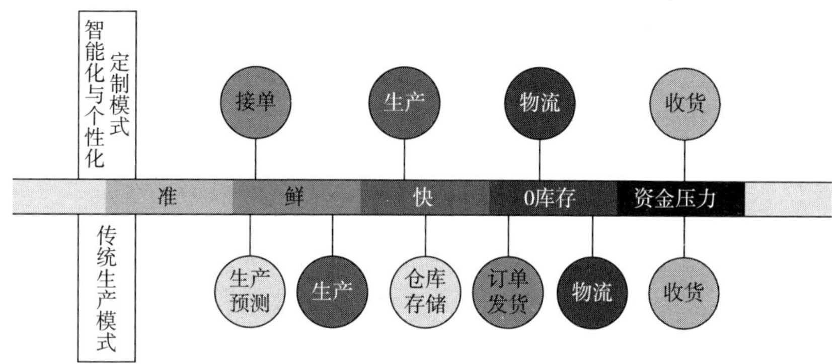

图 11－5　“智能化与个性化定制模式”与“传统模式”流程的比较

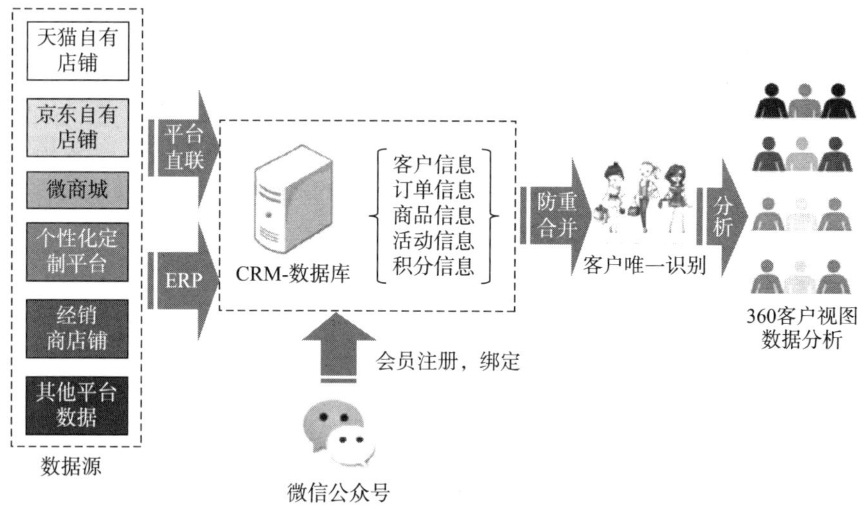

图 11－6　乖宝全渠道数据整合示意

另外，乖宝集团在推进新技术、壮大新产业和发展新模式的同时，积极发展新业态。在做大做强宠物食品制造这一核心产业的同时，乖宝集团积极向宠物用品、宠物活体、宠物医疗、宠物美容、宠物文化、宠物休闲旅游等领域发展渗透。2019 年 1 月，乖宝集团推出全新定制处方粮产品 DOGSCARE，成立了宠物健康护理中心。

三　乖宝集团新旧动能转换的经验启示

乖宝集团能够探索出新旧动能转换的成功之路，究其原因，从企业的层面可以归纳为：解放思想，牢固树立全球视野和持续创新的理念；瞄准方向，推进产业智慧化智慧产业化融合发展；狠抓质量，夯实跨界融合化品牌高端化基础保障；响应号召，积极贯彻落实国家“一带一路”倡议。

（一）解放思想，牢固树立全球视野和持续创新的理念

习近平总书记在纪念马克思诞辰200周年大会上的讲话中指出：“价值先进、思想解放，是一个社会活力的来源。”对于企业发展活力来讲，思想、理念和认识是行动的先导，解放思想是新旧动能转换的先声。解放思想在乖宝集团由无到有、有中生新的过程中发挥了极其重要的作用。在创业之前，乖宝集团创始人秦华曾经担任阳谷县安乐镇副镇长，在当地一家大企业担任高管，有着可观的业绩和丰厚的收入。但秦华并没有安于现状，以较大的勇气、全球的视野和较强的冒险精神，不畏世俗眼光，冲破思想上的种种束缚，在资金比较短缺的情况下，毅然决定自主创业。为了创办聊城乖宝宠物用品有限公司，抵押了自有住房，拿出全部的积蓄，四处筹借资金，最终筹集400万元创业资金。创业难，百事待兴，一事不进则废。企业发展面临着人、财、物等诸多方面的困难，该怎么办？只要思想不滑坡，办法总比困难多。正是由于解放了思想，有了全球发展的大境界、大视野、大情怀，才能够不惧闲言碎语，不畏艰难险阻，不怕千辛万苦，才有了乖宝集团在中美泰三国开设工厂的大格局、大智慧、大事业。2012年以前乖宝集团的经营理念是“做好世界知名宠物食品品牌的贴牌供应商”，2012年之后乖宝集团转变理念，立志做“中国宠物食品的第一品牌、国际知名宠物食品品牌”。转变了理念，老办法不能用，软办法不顶用，硬办法不能用，只能探索新办法。这就需要持续不断地进行创新、创新、再创新。创新处处充满了不确定性，能够成功是一个小概率事件。乖宝集团发展壮大和新旧动能转换的基本经验之一，就是坚持持续创新，把创新作为发展的驱动力，努力把梦想变成现实。当前，乖宝集团在产品创新、工艺技术创新、商业模式创新和管理创新等方面，已经走在了行业前列。

（二）瞄准方向，推进产业智慧化智慧产业化融合发展

进入21世纪以来，人类社会以计算机、互联网和信息技术为主的第三次工业革命方兴未艾，以人工智能、清洁能源、机器人技术、量子信息技术、

虚拟现实以及生物技术为主的第四次工业革命正迎面走来。作为新旧动能转换的主体企业，能否瞄准工业革命的方向，抓住工业革命的机遇，利用工业革命的成果，关系到企业的生死存亡，关系到企业的长远发展。乖宝集团正是紧跟时代发展潮流，充分利用互联网、大数据、云计算、社交网络平台、人工智能、机器人技术和生物技术的最新成果，及时对传统食品制造进行升级换代，建立现代智能工厂，进行个性化定制，把劳动密集型的产业逐步转变为资本、技术和智力密集型的产业，不断提升产业经济价值，进行产业智慧化的转变。进一步来讲，乖宝集团积极推进信息化和工业化深度融合，投资 1000 万元新上 ERP 系统，与智能化工厂的 MES 系统、CRM 系统、OA 系统相融合，在产、供、销、储、财务等环节全面打造信息化管理模式，大大提升了企业运营效率。在推进产业智慧化的同时，大力推动智慧产业化，实现产业智慧化智慧产业化融合发展。乖宝集团利用早期互联网线上交易和后期个性化定制积累了大量的客户需求数据，通过 CRM 系统及时将市场需求信息反馈到生产端和决策端，促进了新投资项目的形成，实现了信息虚拟资源价值化。在产业智慧化智慧产业化融合发展的过程中，以客户为中心，基于为客户创造更多价值的理念，建立了基于互联网的个性化营销模式，以产品和内容而非渠道和广告吸引用户，以海量的具有差异性的产品带动企业快速发展。正在建设的新一代智能工厂，将进一步完善生产线自动化系统，实现全厂 MES、ERP、EMS 等信息化系统的全覆盖，并结合生产机器人、协作机器人、AGV 车等智能装备，从工厂的营销管理、会员客户管理、采购管理、生产管理、物流管理、能源管理等多个角度进行全方位的管理。

（三）狠抓质量，夯实跨界融合化品牌高端化基础保障

新旧动能转换的驱动力靠创新，基础在于产品的质量。质量是企业产品或服务中蕴含的“社会必要劳动时间”的凝结，是企业的生命线，关系企业声誉，关乎行业地位，代表国家形象。习近平总书记指出“质量是企业的立身之本”。在市场经济条件下，企业只有抓好质量，才能把生产产品或提供服务的“个别劳动时间”转化为“社会必要劳动时间”的凝结，才能赢得消费者的认可，从而在激烈的市场竞争中掌握主动。乖宝集团能够在跨界融合化、品牌高端化方面取得显著成效的前提和基础，在于过硬的产品品质和严格的质量管理。在质量标准上，乖宝坚持按照国际一流的先进标准制定企业标准，

按照人类食用的安全卫生标准生产制造宠物食品。在源头管理上，直接管控到养殖场和田间地头，对原料肉、蔬菜和水果的供应商要求通过 Global G. A. P 认证，确保满足国际标准。在检验检测上，乖宝投资 1500 万元设立了高标准的检测中心，投资 800 多万元购买了国际上最先进的抗生素、农残和重金属检测设备，配有宠物食品行业唯一自建的高能电子加速器辐照中心，引进了美国 Waters 液质联用设备，与美国 FDA 的检测手段保持一致。在质量认证上，各个工厂全部通过了国际 HACCP、BRC、FSSC22000 质量安全体系认证及 ES 等社会责任认证，通过了美国食品药品监督管理局（FDA）、加拿大兽医局（CFIA）、欧盟兽医管理局和日本农林水产省（MIFF）的现场审核并获得高度评价。2018 年 5 月，乖宝集团获得了第七届聊城市市长质量奖。2018 年 11 月，乖宝集团与浪潮集团签署质量链战略合作协议，整合双方优势资源，共建“质量链”，优化供应链，打造智慧企业，进一步提升产品质量。

（四）走出国门，积极贯彻落实国家“一带一路”倡议

全面深化改革，能够为新旧动能转换激发活力。同样，扩大开放也能够为新旧动能转换激发新活力。开放不仅仅给企业带来更大的销售市场，更多的是促成了资金、技术、人才、信息等各种生产要素的流动，有利于整合全球资源，融合各国比较优势，在更大的范围内推进创新，应用创新的成果，从而创造出更大的利润空间和更多的发展机会。乖宝集团积极响应“走出去”号召，贯彻落实国家“一带一路”倡议。2017 年，乖宝集团在泰国芭堤雅海域的泰中罗勇工业园投资 5 亿泰铢建成了一个具有国际水平的湿粮和零食工厂，并顺利投产。在泰国建立生产基地和研发中心，是乖宝集团全球化发展战略的重要组成部分，标志着乖宝集团开始整合全球资源，全方位参与国际市场竞争。同年，乖宝集团出资 1500 万美元购买了一家美国工厂和一处研发中心，加快了企业全球化发展步伐。通过选择优化全球布局，逐步建立起原材料、市场和研发的全球优势。这不仅降低了成本，提高了效益，还增强了抗击各种风险的能力。2018 年逐步升级的中美贸易战，对中国的出口产品带来了很大的影响，对乖宝集团国内生产的出口产品也带来了一定的影响。但泰国工厂不受美国加征关税影响，较低的原材料价格，较大的利润空间，弥补了国内同类出口产品在贸易战中的关税损失。作为规避贸易战的最后堡垒，美国工厂已建成年产 5000 万美元的产能，通过宠物食品本土化生产避免了贸

易战的影响。

另外，从政府的角度来讲，对创新的高度重视和激励支持，良好的公共服务，愈加高效的行政运转，营造了良好的投资环境和发展环境，对乖宝集团新旧动能转换发挥了积极重要的引导作用，提供了坚强有力的服务保障。

【聊城发展研究院、聊城大学商学院（质量学院）：张宪昌】

第四篇　专题研究篇

第十二章　顺应产业发展趋势与鲁西集团创新转型升级路径

随着化工产业产能的不断扩张、化工技术的进步及化工产品需求层次的提高，化工产业面对的竞争越来越激烈，传统化工产业内外部环境正发生重大变化，也面临着严峻的困难和挑战。当前，中国化工产业总体规模最大，但全球竞争力不强，大部分大宗化工产品的产能利用率较低，在低附加值的中低端市场，产能过剩、产品同质化严重；但在个性化、差异化、专用化的高端产品市场，则仍需要大量进口。基础化工产品产能过剩、创新能力较弱、高端核心技术缺乏、资源环境约束越来越紧等问题凸显，制约着化工产业可持续发展，化工产业已经走到一个岔路口。目前，中国化工产业正处于转型发展的关键期。当前化工产业发展方向在哪里，化工企业又如何实现转型升级，本研究分析化工产业发展趋势，总结国内外化工龙头企业转型升级经验做法，以鲁西集团为例，分析一个传统化工企业如何在把握化工发展趋势的基础上，实现创新转型升级发展路径。

一　化工产业发展趋势

化工产业是国民经济的基础产业，对于化工产业发展规律和趋势的把握为中国化工企业在新的经济社会条件下创新发展模式和路径，推动企业转型发展提供前瞻性思考，并指导企业的资源配置和能力构建。随着发达国家化工市场逐步成熟和产业技术进步，世界化工行业正在进行新一轮的产业结构调整和转型升级，精细化、高端化、安全化、绿色化、信息化、智能化、园区化、规模化、聚集化、无边界化、融合化、多元化、追求创新驱动和质量效益成为化工行业未来发展的主要方向，本研究结合国外和国内化工行业现状，总结归纳国内化工产业发展的几大趋势。

（一）促进传统化工产品高端化、高端化工产品精细化

化工产业在经历了规模、速度竞争之后，当前进入追求质量效益阶段。国际大型化工企业加快在全球范围内调整布局，在化工产业某一个高端领域占领了制高点，形成了以埃克森美孚、BP 等为代表的综合性石油石化公司，以巴斯夫、亨茨曼为代表的专用化学品公司以及杜邦、拜耳、孟山都等从基础化学品转向现代生物技术化学品的三类跨国集团公司，在相应领域中占据绝对竞争优势。中国的化工产业总量达到世界第一，但是存在结构性矛盾，部分传统化工产品产能严重过剩，以化工新材料为代表的高端化工产品高比例依靠进口，同时，传统化工产业还面临新技术、新能源的巨大压力，传统产品高端化，高端产品精细化专业化开发是化工产业未来的发展趋势之一。

（二）以化工产业安全化和绿色化实现可持续发展

化工行业是高耗能、高排放、高污染和高危险行业，因此，追求安全化和绿色化成为化工企业可持续发展的重要目标。当前中国石化企业面临的发展环境比较严峻，围绕污染防治攻坚战和蓝天保卫战，计划开征环保税、启动新一轮中央环保督查、废水零排放目标势在必行。因此，未来化工产业退城入园、企业搬迁、调控项目投资、备案、总量指标、落实环保政策等推进改革是总体趋势。化工产业在中国迈向高质量发展阶段的过程中，应以“布局合理化、产品高端化、资源节约化、生产清洁化”为目标，优化产业布局，调整产业结构，加强科技创新，完善行业绿色标准，建立绿色发展长效机制，推进全产业链绿色化，实现源头减排、过程控制、末端治理、综合利用全过程绿色发展理念的转变。

（三）推动化工产业数据化、智能化发展

数据是企业21世纪最重要的资产，取之不尽、用之不竭，使用越多越有价值。但是，这里大数据应该是以用户为中心实时数据，是用户自动自发创造的数据，只有基于用户账户体系衍生出来的数据，才有价值，否则将无法对数据进行动态挖掘。大数据在助力化工企业降本增效中可起到重要的作用。但目前企业数据的现状是不真实、不准确、不透明、不共享的。具体来讲，缺乏统一的数据标准和规范，缺乏统一数据管控手段，缺乏统一数据管理系统，数据流向不清晰，数据多源异构、分散存储，存储空间释放“简单粗暴”，计算资源受限制、利用率不高。因此，可以通过建立基于大数据架构下的智能工厂，智能工厂在生产操作协同联动、计划调度协同、日效益优化、三维数字化工厂、设备健康及可靠性管理方面都有良好的实践。通过智能工厂建设，可实现数据自采率达到95%以上，重点环境排放点监测100%，劳动生产率提高10%以上，有效促进了转型升级、提质增效。

从欧美国家提出工业4.0和再工业化战略，到中国大力推进互联网+和“中国制造2025”，从中可以看出化工产业正处于新旧动能转换过程中，与互联网、大数据、云计算、人工智能等信息化技术进行深度融合，主动融入“新一代人工智能发展规划”等国家战略，推动企业生产、管理和营销模式的变革。信息技术与石化行业的深度融合将成为世界石化工程科技发展的趋势之一，到2035年，物联网、大数据、云计算、智能机器人、在线监测分析仪器等过程模拟及在线优化技术，将广泛应用于石化生产过程。

（四）推动化工产业园区化和一体化发展

园区化、产业集群化和一体化成为行业发展趋势。随着工艺技术、工程技术和设备制造技术的不断进步，炼化一体化技术日趋成熟，产业链条不断延伸，基地化建设成为必然，化工园区成为产业发展的主要模式。大型企业提升竞争力的关键在于做好产业链设计，推行精细化管理。大型企业的主要优势在于规模大、上下游一体，高端化是提升，精细化是补充，产业链要设计好，才能够保证效益最大化。此外，还需做好产业链与技术的最佳组合，确保竞争力最强。石化产业通过集群化发展，可以实现产业链和产品链的上下游协同，实现资源循环利用、能源互供的产业集群，不断提升石化产业的

整体竞争力。国外成熟化工园区呈现出如下特点：依托主要消费区，硬件设施完善；装置大型化、炼化一体化普遍，规模效应明显；着重发展高技术含量产品；全方位一体化建设，上下游产业链配合良好；管理专业、高效。国内园区可以向其借鉴的经验有：一体化的集群发展优势、长远的园区发展规划、严格的法律法规、成形的第三方服务、先进的信息化监督、深入的产学研合作、责任关怀的积极推行等。

（五）推动化工产业与其他产业融合化发展

当前，中国化工产业格局正在不断整合和优化，产业发展正在从第一产业阶段向多元化、融合化阶段迈进。产业融合能够优化配置上下游资源，实现 1 +1 >2 的效益，其对化工实现结构性调整的必要性不言而喻。如何从上游贯穿、延伸价值链，加快科技创新，实现化工产业中不同产业链的渗透和交叉，是产业融合发展中需要认清的新形势和新问题。化工产业融合主要体现在，一是化工制造业与化工服务业融合。化工制造业与化工服务业之间融合互动、相互依存的共生态势不断催生新产业新业态新模式，从而推动化工产业结构由产品经济向服务经济转型，由制造化向服务化现代化的生产企业转型，具体业态表现为专业化化工园区、专业化物流供应链、专业化电商咨询机构、招聘人才培训机构等。二是化工与互联网融合。随着信息技术和互联网发展，互联网在逐渐推进和深入化工产业，逐渐在线数据化和智能化演变发展呈现为数字化、集成化、模型化、可视化、自动化五大特征。三是化工工业与金融产业融合。化工产业是资本密集型产业，随着大数据挖掘和有效利用，化工产业将与服务业、商业、金融业全面融合。

（六）以全球化视角并购重组调整业务结构

随着全球化进程加快，产业之间竞争将更多是全球竞争，为了应对全球竞争，除了靠自己投资产业，还需要通过全球并购进行产业整合、产品组合重组、资产重组等。2017 年，全球化工行业潜在交易总额超过 3000 亿美元，其中陶氏化学—杜邦公司、拜耳—孟山都、中国化工集团公司—先正达、普莱克斯—林德的并购调整引起整个化工产业震惊，其中每一笔交易估值为 400 亿 ~700 亿美元。历史上，美国和欧洲的收购方曾在化工并购中占主导地位，而目前中国在全球化工并购活动中的占比稳步增加，成为全球最大的跨境交易发起国，占全球化工并购交易的24%。这一现象表明新兴市场正不断探索全球化路径，进入新市场并不断扩张，以及寻求先进的技术与应用的趋势。这一趋势仍将持续，因为中国的化学品、煤炭和钢铁等供应产业的整合正不断催生出更大规模且更具竞争力的本土企业巨头，这些企业随之又将寻求基于并购的国际化发展战略，从而实现其业务全球化，建成全球供应链，并加速中国市场业务的发展。

（七）以创新提升化工产业发展质量和效益

中国经济已由高速增长阶段转向高质量发展阶段，正处在转变发展方式、优化经济结构、转换增长动力的攻关期。这是关于中国经济发展的重大战略判断，也是化工产业发展必须把握的重大原则，顺应这一趋势，化工产业必须加快增长方式、产业结构、增长动力的调整转型。创新驱动是提升化工产业发展质量和效益的重要路径。化工企业应树立依靠创新发展的理念，把创新驱动战略摆在各发展战略举措之首，突出新能源、化工新材料、专用化学品、节能环保等重点领域，瞄准关键共性技术、前沿引领技术以及颠覆性技术和核心关键装备，强化创新平台建设和国际交流与合作，结合国家重大科技项目和重点工程，培育一批学科带头人，让创新成为石化产业高质量发展的重要支撑和可持续发展的动力源泉。

二　鲁西集团转型升级取得成绩

鲁西集团有限公司为综合大型化工国有控股企业，拥有煤化工、盐化工、氟硅化工、石油化工、化工新材料等产业板块。多年来鲁西集团以化肥为基础，积极贯彻“转方式、调结构”的号召，2004年起，依托园区优势延伸产业链条，推进产业结构转型升级，大力发展循环经济，建设智慧化工园区，走出一条“一体化、集约化、园区化、智能化”的发展之路，迈出“坚持化肥、走出化肥”的成功步伐，实现了产品结构优化升级，业务涵盖化工、化肥、化工装备、新能源装备、设计研发、国际贸易、金融等领域。鲁西集团依托园区一体化布局不断推动化工产业升级，并由基础化工向化工新材料方向转型。公司产业升级、产品品种多，规模优势明显，具有化工园区一体化、智能化优势，生产协同性较好，成本控制优势突出。2018年实现销售收入

410 亿元，其中化肥产品收入占比 18%，非化肥产品收入占比 82%。被中国石油和化学工业联合会命名为“转方式、调结构”典型企业。近年转型升级成绩斐然。

（一）规模和质量效益逐年提升

从图 12－1 可以看出，资产、销售收入和利税从 2001 年的 19.03 亿元、9.74 亿元、1.06 亿元增长到 2018 年的 301 亿元、410 亿元和 55 亿元，年均增速分别为 20.20%、28.31%、31.47%。尤其在金融危机期间，鲁西集团从 2009 年的销售收入和利税迅速增加，10 年时间分别增长了 41 倍和 59.6 倍。从中可以看出，在金融危机期间，鲁西集团不仅没有受到多大影响，反而借此机遇获得了快速发展。

在规模扩大的同时，鲁西集团质量效益也在逐年提升。虽然利税率从 2005 年后，逐年下降，但 2015 年后逐年提升，并在 2018 年达到 13.41%。这与鲁西集团逐渐从化肥主业转变为化工新材料为主业密切相关。尤其是 2015 年后，化工新材料的毛利率提升迅速，具体来看 2015～2017 年公司化工产品毛利率分别为 13.16%、17.84% 和 29.43%，特别是聚碳酸酯、己内酰胺和烧碱等产品价格大幅上升。化肥产品毛利率分别为 16.37%、10.94% 和 12.59%，有一定下降趋势。总体来看，鲁西集团在规模迅速扩大的同时，质量与效益也在逐年提升。

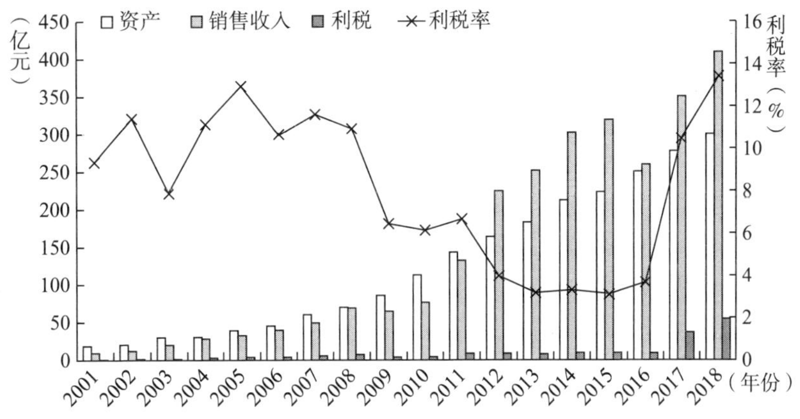

图 12－1　2001～2018 年鲁西集团资产、销售收入、利税和利税率

（二）产品结构调整效果显著

随着资产和收入的增加，公司由基础化工和化肥向化工新材料转型升级，化工产品品种不断丰富、产能不断增加，产品品种数由2010年的28种增加到2018年的百余种，产业结构丰富，有助于分散单一产品价格波动风险。公司已拥有己内酰胺、聚碳酸酯、尼龙6、烧碱、甲烷氯化物、甲酸钠、甲酸、尿素与复合肥年产能20万吨、6.5万吨、7万吨、40万吨、22万吨、20万吨、20万吨、90万吨和170万吨，规模优势明显。

从图12－2可以看出，鲁西集团2010年到2018年化肥产品产量分别从286万吨降低到187万吨，化工产品产量从201万吨增长到680万吨。化肥产品销售收入占比也从2005年的92%下降到2018年的18%，化工产品销售收入占比从2005年的8%上升到2018年的82%。2017年，公司实现营业收入157.62亿元，其中化工新材料业务实现营业收入83.6亿元，占营业收入的54.16%；基础化工业务实现营业收入40.87亿元，占营业总收入的25.93%；化肥业务收入31亿元，占营业总收入的19.67%。从中可以看出，鲁西集团通过不断延伸产业链，推出新项目，研发新产品，产品结构由以化肥产品为主逐渐调整为以化工和新材料产品为主的产品结构，基本形成了由化肥产品为主到肥、化并举、机械制造异军突起的格局，实现了以煤和盐为主要原料、精细化工产品和化工新材料为主导的化工产业集群，并新拓展了金融板块。

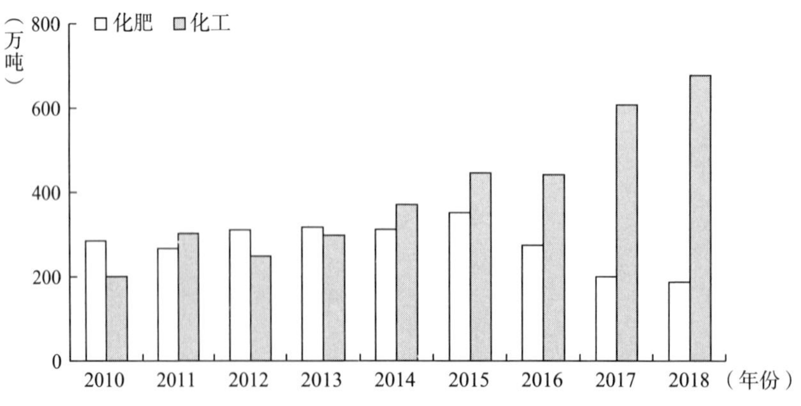

图12－2　2010～2018年鲁西集团化肥产品和化工产品产量

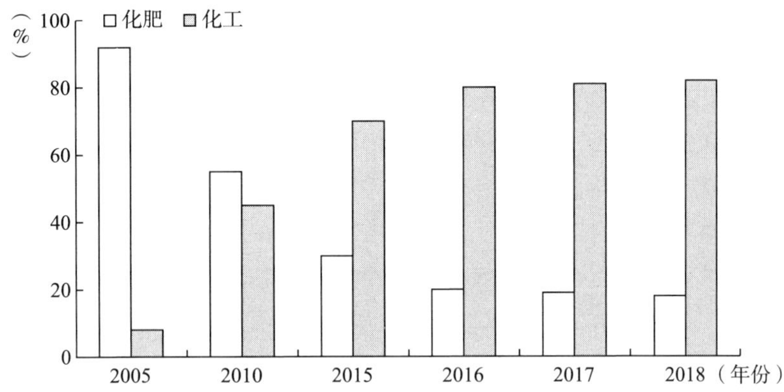

图 12－3　2005～2018 年鲁西集团各种产品销售收入占总销售收入比重

（三）技术创新平台逐步完善

鲁西集团通过不断搭建技术创新平台逐步从模仿创新转变为自主创新。鲁西集团建立了国家级企业技术中心、省级企业技术中心，建立了山东省羰基合成工程技术研究中心博士后科研工作站、院士工作站；在德国成立欧洲研发中心，在新加坡、巴西、香港成立分公司。在印度尼西亚、尼日利亚、阿联酋等国家和地区设立代表处；与北京化工大学、四川大学、郑州大学、东南大学以及相关工程公司、外国公司建立了稳定的合作关系；开发新型高效催化剂 7 种，提高了相关装置的运行质量；“十二五”期间，取得授权专利 311 项，其中发明专利 116 项；取得专有技术 5 项，主持或参与制定行业标准 6 项，获得科技进步奖 15 项。2015 年集团被评为“石油和化工行业优秀技术创新示范企业”。

三　国内外化工巨头转型升级路径的经验借鉴

石油时代已过 100 年，原油带给我们的不仅仅是能源，还有基于原油的各类化工产品，它极大地丰富了我们的生活，包括塑料、合成纤维、合成橡胶、涂料、胶粘剂、有机玻璃、医药等。在这 100 多年中，许多企业抓紧行业发展的先机，利用技术或资源优势，成为化工行业的开创者，又在全球化时代通过成立合资公司、收购兼并等方式，进一步优化产品线，进入新的市场和新的行业，逐渐成为综合性的化工生产企业。这些行业巨头转型优化升级的经验可以给予我们一定启示与借鉴。

本研究根据美国化学学会旗下《化学与工程新闻》杂志发布的2018年度“全球化工50强排行榜”，选取前10大化工生产企业作为典型案例，分析这些化工巨头公司发展历程，总结其发展类型，借鉴其历史成功经验，通过对产业发展规律和趋势的把握为中国大型化工企业在新的经济社会条件下创新发展模式和路径，推动企业转型发展提供前瞻性思考，并借此指导当前企业的转型发展。在榜单中，德国巴斯夫公司连续12次位居榜首，美国陶氏杜邦公司位居第二，中国石化集团位列第三。该榜单按照相关公司2017财年的化学品销售额进行排名。2017年全球化工50强的合计销售收入为8510亿美元，比2016年上涨12.2%，其中只有9家公司的销售额出现下滑。50强化学品公司不仅销售额增长强劲，而且利润更好，没有一家公司亏损，只有13家公司利润下降。由于陶氏与杜邦在2017年8月完成合并，因此榜单中陶氏杜邦的销售额只包括了2017年后四个月杜邦的业绩。而榜单中杜邦的销售额则是该公司2017年前8个月的业绩。

表12－1　全球化工企业10强

单位：亿美元

公司	company	总部	2017年化学品销售额	2016年化学品销售额
巴斯夫	BASF	德国	692	607
陶氏杜邦	DOWDUPONT	美国	625	482
中国石化	Sinopec	中国	553	428
沙特基础工业公司	SABIC	沙特阿拉伯	376	310
英力士	Ineos	瑞士	346	235
台塑集团	FormosaPlastics	中国台湾	321	271
埃克森美孚	Exxonmobil	美国	287	261
利安德巴塞尔工业公司	Lyondellbasell-Industries	荷兰	283	246
三菱化学	Mitsubishi-Chemical	日本	264	234
LG化学	LG CHEM	韩国	232	181

资料来源：《化学与工程新闻》。

（一）化工研发投入规模持续增长，掌控高技术含量、高附加值产品

国际领先的化工公司在科技开发上的投入都十分巨大，通常占其销售收入的4%～5%。欧盟委员会（EU）近日公布了2017版工业研发投入（R&D）排行榜。排行包括2016年会计年度中研究开发投资额在2400万欧元以上的2500家企业，总投资额达7416亿欧元，占全球企业研发投入近90%。2016/2017年，全球化工企业的研发投资则有所下降，降幅为1.9%。共有123家化工企业入围2500强，巴斯夫以18.34亿欧元，研发占比3.2%，位居化工企业榜首；杜邦以15.57亿欧元排名第二，占比为6.7%；陶氏化学、孟山都、先正达分别以15.02亿欧元、14.34亿欧元和13.23亿欧元紧随其后。排名6～10位的是住友化学、三菱化学、旭化成、沙特基础工业公司和东丽株式会社。从中可以看出化工巨头公司研发投资量都较大，尤其是日本化工企业特别重视研发投入，而榜单中没有中国化工企业。构建以市场为导向的科研组织形式，研究开发日趋国际化。陶氏在不断加强自身研发能力的同时，还与多个领域的技术领先机构建立研发合作关系，提高研发效率和效果，巩固技术优势。2011年6月，陶氏与海尔携手推出“魔粒洗”洗衣技术，能显著减少洗衣过程中的耗水量和洗涤剂用量。这一技术是两家企业花了两年时间共同开发的。

表12-2 2017年全球化工研发TOP10

化工排名	全球排名	公司	company	总部	研发投入2016/2017（百万欧元）
1	75	巴斯夫	BASF	德国	1834.0
2	88	杜邦	DUPONT	美国	1556.8
3	92	陶氏化学	DOW Chemical	美国	1502.7
4	99	孟山都	MONSANTO	美国	1434.4
5	110	先正达	Syngenta	瑞士	1323.4
6	117	住友化学	SUMITOMO	日本	1280.1
7	139	三菱化学	Mitsubishi Chemical	日本	1025.8
8	205	旭化成	ASAHI KASEI	日本	646.3
9	252	沙特基础工业公司	SABIC	沙特阿拉伯	505.2
10	261	东丽株式会社	TORAY	日本	481.1

资料来源：全球500强和欧盟委员化2017版工业研发投入排行榜。

（二）运用先进设施、新技术和新方案，实现可持续发展和绿色发展

由于化工行业是一个资本投入大、能源消耗大、风险性大的高危行业，因此，安全、可持续发展和绿色发展就成为每一个化工企业所追求的目标。化工技术注重可持续发展与绿色发展，新材料创新成为竞争核心。对于可持续发展，国际化工协会理事会曾明确指出化工发展的方向：一是形成可持续安全的化工循环产业链。二是进入具有相对弹性、客户化的绿色经济发展之路。化工技术和科技创新是化工行业绿色发展的前提，国家政策对于创新与技术的引导和鼓励是保障。三是在创新方向上，应集中力量关注材料创新，将产品竞争转化为材料竞争，加大能源、资源的节约。诞生于 1986 年拜耳集团，从一家生产颜料的作坊式工厂发展至今成为涉足医药、化工、农业等众多行业的跨国集团，与其利用新技术、新设施解决环保问题有密切关系。1901 年，在德国勒沃库森最早成立的“废水治理委员会”，主要任务是收集工厂排出的废水信息和监测莱茵河河水水质，这标志着拜耳开始从体制上致力于环境保护。拜耳高度重视节约资源的管理和气候保护工作，坚信在日常经济活动中实现可持续发展。拜耳集团于 2007 年开始在全球范围内贯彻执行“拜耳气候计划”，其中最重要的内容就是规定了集团 2005～2020 年的碳排放量控制，在 2005 年的基础上拜耳三大业务集团——拜耳材料科技、拜耳作物科学和拜耳医药保健在 2020 年前力争将其在全球的生产和商务活动中的碳排放分别减少 25%、15% 和 5%，每吨产品的废水排放减少 10%。此外，拜耳集团在员工中设立奖励机制，鼓励员工使用环保型车辆，旨在 2012 年前将车辆的二氧化碳排放在 2005 年基础上减少 20%。拜耳集团致力于可持续发展，并致力于培养、提高作为企业公民的社会责任和道德责任，并将经济、生态和社会责任视为同等重要的企业目标。除了拜耳集团，其他化工巨头都很注重绿色发展，如巴斯夫要求所属各公司经营的所有业务都确保可持续发展，并且在自身发展同时，必须考虑到生态保护和社会责任，这二者的有机结合成为巴斯夫对可持续发展的一个重要要求。巴斯夫认为，可持续发展战略可以带动创新，带来更多的商机；比如，随着节能领域市场需求的日渐成熟，巴斯夫逐步推出一系列与节能相关的新材料和新解决方案。

（三）上下延伸产业链，实现一体化发展

一体化包括横向一体化和纵向一体化，但是化工行业一般是纵向一体化，即沿着核心业务向产业链的上下游扩张，具体又可以分为向上游原材料延伸的前向一体化和向下游产品延伸的后向一体化。一体化的优势在于提高整个产业链的运行效率和下游产品的竞争能力，同时丰富公司的产品线，进入其他领域。较低的一体化是进入门槛较低的上下游，一般是购买上游的原材料进行向上一体化，高端的一体化是进入门槛较高的上下游，一般需要通过技术突破或者外延并购来实现。近年来，全球大型石化公司都集中精力发展核心优势业务并向上下游延伸，实现一体化发展。巴斯夫是一体化典型代表，是全球最大的化工企业，连续多年位居全球化工企业首位。巴斯夫在颜料时代，在不断创新颜料品种同时，开始向上游延伸收购原材料企业，获得一体化原材料竞争优势。在化肥时代，通过购买德国马尔的奥古斯都·维多利亚煤矿，获得生产尿素所必需的煤炭资源，这也是公司一体化的重要体现。在石化时代及全球化时代，公司并购了德国历史最悠久的石油与天然气公司之一的 Wintershall，由此保障了石化原材料的供应，并沿着石化产业链不断向下游拓展新的产品，通过上游一体化保障原料供应及下游一体化拓展产品线，公司产品不断丰富，并进入制药、电子化学品、催化剂、表面处理、个人护理等新行业。国内化工企业万华化学、中国石化、华鲁恒升是一体化公司的代表。

综合巴斯夫一体化进程方向，我们认为向上一体化，尤其是购买基础原材料（煤、油、气等）是最简单的一体化方式，主要由于上游资源不具有专用性，行业集中度不高且区域分散，行业进入门槛较低，一般发生在现有产品市场的竞争较激烈，需要向上一体化降低生产成本的情况下。向下一体化的关键在于下游产品的技术和市场门槛，需要配合技术突破或者通过收购已有公司获得技术优势，一般发生在自主研发能力较强、公司现有产品已处于成熟期且公司现金流稳定的情况下。

（四）退出或改造传统业务领域，进入高端业务领域

重组基础化学品业务，将盈利水平不高、不具有发展潜力的基础化学品业务作为重组重点，通过关停装置、联合生产、退出合资生产企业等方式，

降低和淘汰落后产能，着力发展附加值高、生命周期长的高端业务。三菱化学是日本最大化学品生产公司，为尽快实现整体复苏，致力于退出通用产品业务，通过外部并购重组提高竞争力。公司在经历2008年金融危机和2011年日本大地震的双重打击，生产经营面临严峻挑战，为了改变经营状况，公司自2008年启动转型发展战略，致力于从材料供应商向产品服务商转型，产品结构向高附加方向转移，创新经营模式，中短期内公司将增长型和重组型业务作为调整重点，通过扩大产能、兼并资产等措施发展增长型业务，通过淘汰产能、剥离资产等方式重组落后业务。现阶段，公司主要业务领域分为三大类，即高附加值化学品、基础化学产品及保健品。

（五）以全球化事业兼并、并购和剥离相关业务，重组优势业务领域

合资业务模式是保持基础化学品业务获取现金的能力，通过合资合作推进基础业务的资产轻量化。此前，陶氏在全球自建并拥有生产设施，投入成本很高。采用新模式后，陶氏与当地的大型化工企业合资建厂，节约了大量资金。功能性业务模式有两类。一是向合资企业购买初级化工产品，将其改造成附加值更高的产品。二是通过资产并购夯实功能性业务，使之成为更大和更持久的利润增长基础。比如2009年达成的163亿美元收购罗门哈斯公司的并购交易，增强并扩展了陶氏在特种化学品领域的业务，尤其带来了健全的市场渠道，2008年的6起收购扩大了农用化学品业务的产品组合及市场。2017年更是与化工巨头杜邦公司进行合并，强化了两大巨头在市场的垄断地位。在并购同时，陶氏化学还不断剥离旗下的衰退业务，如2013年剥离了全球甲基锡稳定剂和固定润滑剂业务和催化剂业务。过去近20年，陶氏化学通过业务结构调整，一方面退出现有的成熟业务，另一方面通过兼并、联合、收购和剥离活动，陶氏化学投资一些增速超过整体经济增速的新兴业务领域，逐渐向高端业务倾斜，提升了核心竞争优势。

（六）根据环境变化不断调整企业发展模式，实施差异业务战略

通过分析这些化工巨头发展历程，可以看出化工巨头发展模式因企业而异，其经营范围和产业分布也呈现出不同的特征。在业务发展战略方面主导业务竞争战略也有不同。但从中也可以看出一些共性特征，都有打造百年企业的宗旨和文化、重视合作竞争、实施全球并购达到战略目标、通过技术创

新向下游延伸。具体来看，这些巨头企业在主导发展模式方面，大多实施一体化战略，或者向上游延伸控制原材料，或者向下游延伸垄断高端产品，或者整合中间产品端。在核心业务方面，根据环境变化不断整合业务和调整业务，最终垄断某一个业务领域。在业务战略方面，无具体明确战略，随时调整（见表12－3）。

表12－3　部分化工巨头主导发展模式、核心业务、业务战略

企业	主导发展模式	核心业务	业务战略
陶氏	基础＋高端模式	功能塑料、功能化学品、农用化学品等七大类	不明确
杜邦	由上游向下游转移，超越化工产业链	农业与食品、生物基础材料及先进材料等	差异化（科技领先）
巴斯夫	由（纵横）一体化（全产业链）发展模式到相关多元化	化学品、塑料、燃料和颜料、分散剂汽车和工业涂料、油气等	一体化、规模化导致的成本领先
拜耳	由化工到制药到生命科学公司模式（非相关多元化向专业化）	医药健康、作物科学、材料科技	差异化（科技领先）
三菱	由传统材料供应商向产品制造服务商转型（前向一体化）	工业材料领域、健康护理领域、功能产品领域	差异化（解决方案）
台塑	垂直一体、密集型和多元化混合战略	炼油、石化原料、塑料加工、纤维、纺织、电子材料、半导体、汽车、发电、机械、运输、生物科技、教育与医疗事业等	一体化、规模化、管理改善导致的成本领先
英力士	行业整合、集中战略	化学中间品	收购、整合业务，实现行业聚集
中国石化	一体化	炼油集聚与炼化一体化	控制原材料源头和销售终端

四　鲁西集团创新化工产业转型升级路径

鲁西集团转型升级“蜕变”，与其把握化工产业发展规律和与新时代的数字化、信息化、绿色化、精细化、园区化、无边界化、高端化和智能化项目的大规模投入有关，更离不开对生产方式及商业模式变革的主动适应，以及企业家所具备的创新精神。总体来看，公司产业升级、产品品种多，规模优势明显，完善的化工循环产业链和一体化、智能化的产业园区有效降低产品成本，整体抗风险能力强。

（一）基于优势产业延伸产业链条，实现循环经济发展

延伸产业链的优势在于提高整个产业链的运行效率和下游产品的竞争能力，同时丰富公司的产品线，进入其他领域。鲁西集团以煤化工、盐化工为主线继续延伸，大力发展氟硅化工、石油化工、化工新材料产品链条，相继建成投产了甲酸钠、甲酸、四氯乙烯、己内酰胺、多元醇、过氧化氢、新型制冷剂、煤气化改造、硝基复合肥、尼龙6切片、聚碳酸酯等多个化工项目，进入化工新材料和氟硅材料领域，形成了以煤化工、盐化工、氟硅化工、化工新材料相互交织的循环经济产品网络，化工产品比重不断攀升。

公司利用其工业园一体化优势，建设了多条循环产业链，能有效降低化工产品成本。如新型粉煤气化炉的投产降低了合成气成本，由于合成气是公司化工产业链中重要原料之一，合成气成本降低有利于后续多种化工产品成本的降低。还比如公司氯循环产业链主要产品为烧碱、液氯、氯化苄、氯磺酸、甲烷氯化物、有机硅等，其中甲烷氯化物项目的原料部分由烧碱装置副产的液氯和合成氨的甲醇提供，而该项目副产品盐酸又可以用于公司有机硅项目生产，项目之间的原料和副产品循环利用在一定程度上降低了公司产品生产成本。

（二）建设化工园区，实现聚集化发展

现阶段，园区已经成为企业发展的重要载体，是适应全球经济竞争由单个企业竞争走向价值链竞争的有效途径。鲁西集团积极响应市委市政府“退城进园”号召，打造了一个以企业为主导的“一体化、集约化、园区化、智能化”的化工新材料产业园区，并且具备了大型化工园区安全运行和管控的能力，被中国石化联合会命名为“中国化工新材料（聊城）产业园”，被工信部授牌“中国智慧化工园区试点示范单位”。目前，园区聚集生产要素效应凸显，主要表现在：一是形成了研发、设计、制造、安装与运行管理一体化模式。这种园区运营模式聚集了各种生产要素，利用各个生产装置关联度高、互为产品和原料的特点，协同集约化发展，实现了原料及产品的密闭输送和供给，降低企业的运输成本和损耗，消除了安全隐患和环保风险，成为全国

化工园区的典范。二是园区协同效应凸显。鲁西集团在研发环节建立了国家级技术中心，在海外建立了多家研发中心，开展产学研合作。在设计环节，取得化工行业、装备制造业等多项资质。在制造与安装环节，有自己的装备制造公司，能够制造和安装化工行业大型装置，满足自身发展需要。在化工试车与运行管理中，生产人员提前介入进行运行前调试，实现化工试车开车一次成功。根据生产中运行问题，生产人员与设计人员相结合，使设备、工艺、流程不断得到改造、升级和完善，不断提高装置生产能力和安全生产稳定运行水平。可见，在园区内各个事业部通过相互合作，共同开发新产品、协调上下游产品供应、共享市场信息，降低了交易费用和生产成本、分担研发成本和风险，实现了园区协同效应。

（三）积极促进互联网与生产管理融合，实现智能化发展

传统产业与互联网积极融合，可以改造传统产业，提升传统产业的生产效率，改变传统生产管理和销售模式，也能实现企业的智能化发展，这是顺应信息化、智能化时代要求的。鲁西集团一方面促进互联网与企业生产管理融合，建设了智慧化化工园区，集环境预警、安全管控、应急联动、能源管理、智能安防、三维数字化园区、4G 专网于一体，与生产装置深度融合，形成了安全、环保管理的多层次防控体系，使管理智能化、产品多样化、工艺复杂化、装置大型化的综合化工园区有了安全和环保保障，实现了成本控制、智能管理、资源综合利用和安全环保功能，有助于增强企业竞争力。另一方面积极促进互联网与销售、资本业务的融合，实行互联网商务销售；拓展了互联网金融业务，实现了传统行业与互联网行业的积极融合发展。同时在园区内广泛推广应用 BPM 流程管理系统、SRM 供应商管理系统、CRM 客户管理系统、物流管理系统。2003 年鲁西集团在行业内首先进行先款后货的机制改革，顶住压力遏制了赊销给企业带来的不良影响，改变了整个行业的销售机制，使运作形势更加良好。公司根据订单制定生产计划，采取直销模式，公司通过自身电子商务平台进行化工产品销售和结算，采取款到发货模式。电子商务平台“鲁西商城”，实现从下单支付到物流结算，产品价格公开透明，全部产品 100% 线上交易。2016 年入选工信部智能制造试点示范单位。

（四）坚持安全生态环保优先，推动绿色可持续发展

鲁西集团始终强调“安全第一、质量第二、效益第三”的理念，坚持安全发展、绿色发展、循环发展，走可持续发展之路。一是在安全方面，将“安全第一、质量第二、效益第三”的理念贯穿到整个生产经营活动中，引入杜邦管理理念，加大安全投入，夯实安全管理基础，完善安全管理体系，安全管理水平显著提高；组建山东省危险化学品鲁西应急救援中心，为安全生产保驾护航。在环保方面，发展循环经济，坚持节能减排和环境保护并举；形成了较为完善的环保管理体系，组建了环保监测中心，强化监测职能，建设预警监测网络；治理与管理并重，各类污染物排放指标均优于国家标准。在节能管理方面，源头控制和末端治理相结合，积极开展各类水资源综合利用工作；实施能源梯级利用工程；积极开展节能改造，提高能源效率；建设能源管理中心，引进能源管理体系。二是利用信息化技术改造园区，建立安全防控体系。2012 年在全面实现自动化的基础上，采用实时数据库进行园区集中管控，监测数据涵盖全园区的生产、安全、环保、能源等达 14.6 万点，为智慧化工园区的建设奠定了扎实的基础。2014 年以来，建成了大气四级预警防控体系，入选环保部“化工园区大气风险预警体系”试点单位，并通过专家验收。通过一系列智能化改造，园区建设形成了环保监管、安全监管、应急联动、能源监管、物流服务等五个一体化优势。2014 年以来，环保事故年均下降 64%，轻微及以上安全事故年度发生概率年均降低 49%，应急出警降至 3 分钟以内，救援作战远程指挥和现场动态信息传输实现 100% 无障碍，能源成本下降 6% 以上，危险品物流运输平均运费降低 10% 以上，2016 年运输过程中产品污染事故为零。

（五）坚持企业文化建设和团队建设，增强企业核心竞争力

鲁西集团通过建设企业文化、管理团队和人才选拔制度为转型升级提供了管理后勤保障。一是建设了一支凝聚力较强的干部队伍。员工是企业最重要的资产，团队是企业最大的生产力，优秀的团队是我们最宝贵的财富，是第一核心竞争力。鲁西集团每一阶段的发展都离不开一代又一代鲁西人拼搏奉献和艰辛努力。鲁西集团的发展史就是鲁西人的创造史，企业的发展为广大员工提供了成长的平台，形成了“优秀的鲁西人是我们事业成功保障”的

团队建设理念。目前，张金成董事长带领的管理团队稳定、凝聚力强、人员流失率低、执行力强，满足了企业不断发展的需要，这是保障鲁西集团持续发展的重要资源。近年来，通过不断提高工资标准，做好团队建设，开展员工能力与素质培养活动，建设职工宿舍等方式，提高员工福利水平，让员工获得更多实惠，共享企业发展成果，切实增强了团队的凝聚力和向心力。二是持续建设企业文化，增强鲁西品牌影响力。优秀的企业文化管住了员工灵魂。“创鲁西品牌　做百年企业”愿景、“创新创业、奉献社会、共进美好家园”的企业使命和“忠诚、敬业、勤奋、严谨、责任、创新、诚信、感恩”的核心价值观的鲁西集团的企业文化得到员工高度认同，成为他们共同信奉的价值观，这种认同表现在员工的每一个行动上。鲁西集团创作了自己的企业之歌，每周都要唱歌和举办升国旗仪式。通过各种宣传渠道，持续增强品牌影响力。他们相信，遵循这种价值观是能够给他们带来绩效的，无论是在薪酬上还是在个人发展空间上。三是建立完善的员工干部培训和选拔任用机制。对于员工培训，培训与技能鉴定相融合，实施学分制再教育技能鉴定新模式，提高员工实操技能。完善员工培训和技能鉴定管理办法，分专业、分层级设置学分，员工技能操作水平明显提升。充分利用内部资源创新委培生实训实操模式。落实工资优化方案，建立工资激励制度。开展生产岗位专业技术人员技能提升进修、青年员工安全意识提升、生产岗位高级工再教育等专项培训活动。建立了总部职能榜样展示平台，突出先进示范作用。完善干部选拔任用机制，健全完善干部考评体系；加强后备力量建设，及时发现爱学习、能力强、敢担当、业绩突出的好苗子，积极培养、大胆使用，让他们迅速脱颖而出；建立激励办法，倡导“一岗多能、一人多专”。

（六）坚持技术创新、技术改造和优化工艺流程，实现高标准高质量发展

以国家级技术中心为核心，通过科技创新、技术改造和优化工艺流程，不断引进消化吸收新工艺，自主开发了粉煤加压连续气化核心技术，建设了30万吨/年合成氨装置。实现了由传统固定床间歇制气工艺向粉煤连续加压制气工艺的飞跃，有效提高了煤炭利用率，合成氨生产彻底摆脱了对无烟块煤的依赖，化肥成本大幅降低，同时该装置可掺烧园区内产生的全部有机废水，

实现了园区废水的综合清洁利用。可靠的技术优势，使生产装置达到长周期稳定运行，聚能尿素、稳定性尿素含钾肥、多肽尿素、缓释尿素、聚氨酸尿素、尿素硝铵溶液等十几个品种，产品优等品率持续保持在99%以上。以服务三农为宗旨，通过检测土地、预防病害、辅导施肥服务，研发了专用肥、新型肥料和高端的液体肥、冲施肥，复合（混）肥产品多达600余个，扩大了产品的市场占有率，全面树立了“大型国企鲁西好肥”的品牌形象。

（七）不断调整优化产业结构，朝着高端化方向发展

化工产业的高端化，是企业优化产品结构，进入高附加值的产品领域。从行业生命周期来看，行业处于萌芽期和成长前期，发展前景好，产品利润水平较高，公司盈利水平较高。对于一个企业来说，最好的产品结构应该是拥有各类行业生命周期的产品，通过高端化战略进入新的盈利性强的萌芽行业或细分子行业，有利于保证企业的高盈利能力。企业高端化的途径，主要也是技术突破和外延并购两种。鲁西集团主要是通过自身的技术突破和平台优势，实现产业结构调整和进入高端化产品领域。鲁西集团在转型升级，建设化工新材料产业园过程中，按照延伸产业链条的发展方向，通过化肥产业培养的人才优势和管理经验，实现了所有的项目自主研发、设计、制作、安装和运行，形成了投产一批、建设一批、储备一批、研发一批、具有鲁西特色的园区发展模式，进入持续投入、不断产出的良性发展循环，拓展了产业链条，并出现了高端化项目。

五　结论与启示

本研究通过分析化工产业发展趋势，结合全球化工巨头的发展经验，分析鲁西集团转型升级的做法，可以看出，鲁西集团之所以发展这么快，取得如此好的成绩，与其把握行业发展趋势、结合自身实际、创新发展路径有密切关系。但同时，在看到鲁西集团取得如此成绩时，我们也应该看到鲁西集团转型升级过程中也存在一些问题，如增长方式需由粗放型、规模速度性增长向集约型、质量效益型增长转变，调整一些高排放低效益的业务，增长动能需要从过去依靠要素投入、投资拉动增长方式转变为靠技术进步、管理创新、现代金融、现代服务、数字经济、人力资本等新动力，进一步向下游延

伸产品链等问题，为此，鲁西集团下一步转型升级需要注意以下问题。一是更加注重创新驱动，一旦企业发展到一定规模，需要通过技术创新驱动企业发展到另外一个阶段。二是注重资本运作，进行重组并购调整业务结构，当自身优势发挥到极限，需要向上向下延伸产业链条，而通过资本运作，重组并购相关企业，向高端化高附加值产品方向转变，实现企业再次发展。三是注重积累大数据资产，进一步升级智能化水平。四是以全球化视角关注企业发展和产品结构调整。五是注重商业模式创新，在全球化信息化网络化浪潮冲击下技术变革加快及商业环境变得更加不确定的时代，决定企业成败最重要的因素，已不仅是技术，而且是它的商业模式。化工企业要坚持“以市场为导向、以效益为中心”，更加关注用户的需求，满足用户的需求，为用户创造价值的同时，形成企业自身战略性的竞争优势。

参考文献

罗武：《新环境下我国石油化工产业战略选择》，《中国石油企业》2018 年第 5 期。

田源：《化工产业转型发展路在何方》，《中国石化》2017 年第 6 期。

上海卓代企业管理咨询有限公司：《国际化工巨头发展历程对中国化工大企业的启示》，《化工管理》2016 年第 7 期。

【聊城发展研究院、聊城大学商学院（质量学院）：梁树广】

第十三章　东阿阿胶股份有限公司全产业链质量控制与提升

东阿阿胶从一个手工作坊式的小厂发展成为现代化企业集团，关键在于走了一条以质取胜、以质求强的内涵式发展之路，始终以“滋养生命　滋润生活”为使命，以做强民族产业，实现中医药文化复兴、民族复兴、国家复兴为最高追求，将“质量”作为决定企业生死的基本要素，从战略层面进行规划管理，构建了“全产业链质量控制”模式，形成了“大质量”观的质量文化。通过质量基础能力建设、质量管理体系与质量责任体系建设，把质量安全做到实处，制定并实施以质量创新驱动企业发展，以标准、技术核心能力引领行业发展的质量战略。

东阿阿胶实施全产业链质量控制运营模式，向产业链上下游延伸，通过行业龙头地位带动了产业规模升级，实现了纵向一体化，做大了阿胶产业规模。在探索实践适合企业自身发展道路的同时，推动和维护了整个行业的安全发展。

山东东阿阿胶股份有限公司（以下简称“东阿阿胶”）是中国第一家国营阿胶生产企业，1952 年成立，1996 年在深圳证券交易所上市，拥有中成药、保健品、生物制药等六大门类上百种产品。连续七次入围“中国最具发展力的上市公司 50 强”。

东阿阿胶是全国中药行业首家同时获得 ISO9001 质量管理体系、ISO14001 国际环境管理体系和 GMP 认证的企业。2013 年进行体系整合，以 GMP、ISO9001 为核心，通过了 ISO22001（食品安全管理体系）、HACCP（危害分析与关键控制点）、清洁生产认证、ISO14001（环境管理体系）、OHSAS18001（职业健康安全管理体系）、ISO27001（信息管理体系）等多体系认证。“东阿”牌阿胶于 1980 年、1985 年、1990 年三次荣获国家金质奖，1990 年荣获长城国际金奖，2009 年荣获首届山东省省长质量奖，2013 年、2016 年和 2018 年连续三次获中国质量奖提名奖。

作为国内最大的阿胶及其系列产品生产企业，市场份额呈逐年上升趋势，并保持良性、稳定的发展。近五年主营业务收入复合增长 18.96%；净利润复合增长 32.73%。营业收入 73.72 亿元，净利润 20.44 亿元，同比分别增长 16.7%、10.36%，连续七次入围中国最具发展力的上市公司 50 强。

一　全产业链质量控制的实施背景

中药材质量不稳定，品种混乱，已经制约了中药产品的质量水平。医药保健品市场竞争日益激烈，行业竞争无序，给市场拓展带来了较大压力。

迫于环境的压力，东阿阿胶从战略层面进行了规划管控。2002 年开始在全国建立养驴基地，2009 年起逐步建立地黄、党参 GAP 规范化生产基地。于 2010 年制定了十二五（2011～2015 年，下同）的质量战略：构建“全产业链质量控制”模式，以“厚道做人，地道做事”为准则，聚焦原料、聚焦研发、聚焦营销（顾客）三大重点，实施“全员、全过程、全产业链、全方位”的质量保证措施，确保产品质量安全，确保顾客、供方、合作伙伴及其他相关方的需求得到满足。

“全产业链质量控制”即通过实施纵向一体化战略，将质量管控的范围扩展至整个产业链，对整个产业链进行质量管理，上游控制原料，供应商管理实施“黑名单”制度，一旦违反诚信原则，一律淘汰永不采用；对经销商进行管理，一经发现侵害消费者利益，违背商业道德底线，直接解除合作。建立驴 GAP 养殖、中药材 GAP 种植基地，为扩大原料驴皮的供应，从源头控制原材料的质量。先后投巨资建立 23 个养殖基地，在甘肃和山东分别建立了党参和地黄的 GAP 示范化种植基地。

中游建立了基于近红外及自动化控制的全过程的在线质控系统，针对影响产品质量的某些关键工序或某种产品关键质量特性开展现场质量控制活动，使重点产品、关键工序的生产过程处于受控状态。

下游向分销零售终端施加质量影响，预防质量问题发生，建立起全面、系统的仓储管理和物流配送系统。企业通过实施“基药电子监管码”和“货物流向监管码”，可有效监控产品流量，便于市场秩序的管理和不良反应事件的预防和及时处理。

建立 RFID 的质量追溯体系。中药材驴皮 GAP 生产基地通过应用 RFID 技术，对驴实施皮下植入电子芯片，开始在无棣驴皮 GAP 基地、巴林左旗原料基地实施。建立良种驴养殖过程的质量监控体系，系统记录驴的谱系、生长发育、疫病防治、运输、屠宰、驴皮储藏等信息，以确保驴皮生产质量。

公司以卓越的质量理念，科学的发展模式引领行业发展。20 世纪 80 年代引入全面质量管理，开始系统的质量改进。90 年代开始运行药品生产质量管理规范（GMP）。2000 年开始贯彻实施 ISO9000 标准，进一步规范了质量管理工作、过程和体系。继而建立了全产业链质量控制为基础的“大质量”的管理体系，对企业流程进行再造，建立了企业创新管理体系，通过进行开展 IPD 项目、技术革新、合理化建议、QC 小组活动、技术比武和劳动竞赛等活动，为员工提供创新发展平台。为规范管理、调动员工的积极性，公司制定了创新管理激励办法，合理化建议、QC 小组专项管理和激励办法，设立万元、十万元、百万元的创新贡献奖，在公司内部营造了一种尊重创新、尊重劳动、尊重知识的良好氛围。

二　全产业链质量控制的内容与特征

（一）以聚焦“微笑曲线”两端的指导原则掌控资源

上游：网络建设全程溯源；中游：科技领先（标准——领先行业 20 年）；下游：实施文化营销价值回归工程，向分销零售终端施加质量影响，预防发生质量问题（见图 13－1）。

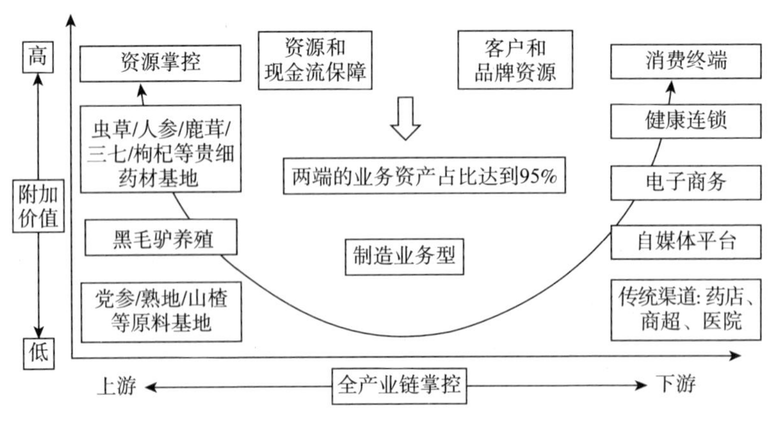

图 13－1　全产业链微笑曲线

（二）以卓越绩效改进系统推动全产业链良性发展和质量控制

通过战略检讨和不定期形势分析来实现绩效改进，通过直接上级与下级绩效辅导和提升改进计划的推进，促进关键岗位人员行为和能力的提升，提升公司管理精细化水平和核心竞争力。

公司形成了以知识资产管理和知识共享为核心的知识管理体系。绩效改进过程的数据、信息和获得的知识通过信息化平台在全公司共享。

（三）以基于平衡计分卡的战略执行与管控体系确保战略落地

公司建立了基于平衡计分卡的战略执行与管控体系，通过自上而下的战略目标分解，形成各层级战略地图和计分卡，做到人人有指标，确保公司级战略目标得到有效承接和落地。通过自下而上的执行，确保战略落地，促进公司战略目标的实现。

（四）以纵向一体化全产业链质量控制模式满足顾客需求

东阿阿胶确定了“全产业链质量控制”的运营模式（见图 13－2），围绕制约因素和优势因素，聚焦原料、聚焦研发、聚焦营销（顾客），通过实施全员、全过程、全产业链、全方位的质量保证，确保质量安全，确保顾客需求得到满足。

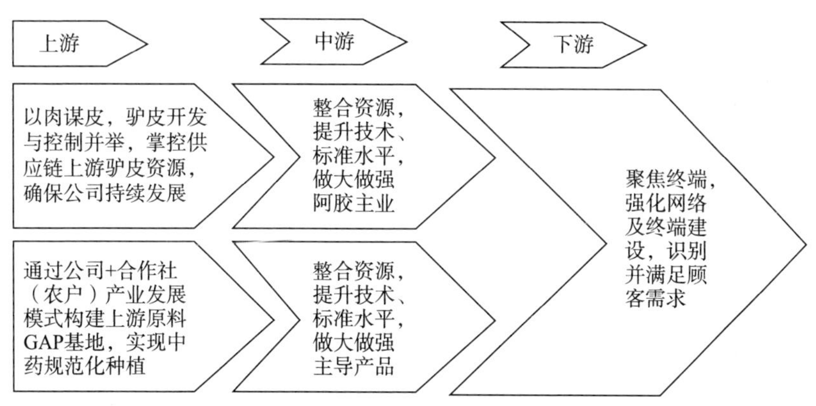

图 13－2　全产业链质量控制模式

三　全产业链质量控制模式的实施途径与方法

（一）调整公司质量战略保障全产业链质量控制模式的实施与发展

1. 信息收集

质量战略制定前期，根据战略制定的信息输入要求，由战略规划部提出信息收集的模板和细则，组织各部门根据各自职能收集分析与产品质量、公司发展方向、战略定位密切相关的产业政策、行业法规、竞争对手等信息数据，战略规划部汇总各部门收集分析的资料，建立由管理团队、外部专家组成的质量战略制定小组，采用 SWOT 分析、波特五力分析、战略地图等工具进行充分研讨，形成战略分析报告（见表 13－1、图 13－3）。

表 13－1　质量战略信息输入内容一览

部门	提报及分析信息内容
战略规划部	国家宏观政策、行业发展规划、产业政策、行业经济发展趋势
质量管理部	质量法律、法规、标准信息，产品质量评估信息、质量成本分析信息、质量新技术、新材料、新设备、新理论信息以及顾客投诉评估报告等
研究院	行业技术趋势信息、同类产品的研发状况、质量水平评估、国内外产品研发最新趋势、公司在研发方面的问题及建议
原料采购部	国内原料信息，竞品供应商信息，原料管理改进建议
市场部	公司产品质量的顾客评价、顾客抱怨、投诉信息，顾客潜在质量需求信息；顾客对竞争对手产品的质量评价等
海外购销部	提供并分析国外驴皮原料采购信息，国外顾客需求信息、问题及改进建议
董秘办	提供上市公司同行信息，提出投资建议
其他部门	根据需要提报并分析相关信息

2. 通过 SWOT 分析制定质量战略

根据分析确定质量战略：构建“全产业链质量控制”模式，以“厚道做人，地道做事”为准则，聚焦原料、聚焦研发、聚焦营销（顾客）三大重点，实施“全员、全过程、全产业链、全方位”的质量保证措施，确保产品质量安全，确保顾客、供方、合作伙伴及其他相关方的需求得到满足。

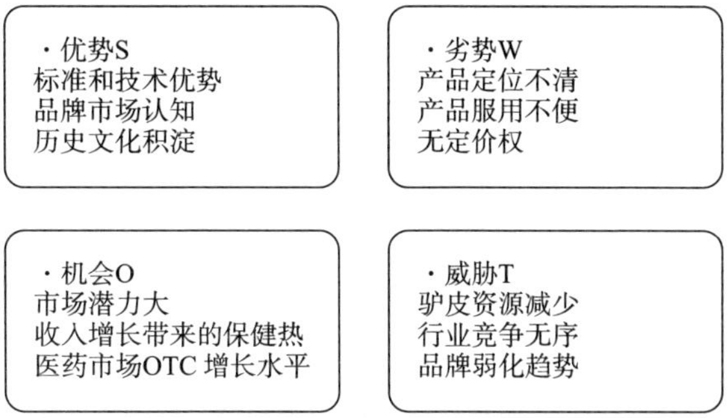

·优势S 标准和技术优势 品牌市场认知 历史文化积淀	·劣势W 产品定位不清 产品服用不便 无定价权
·机会O 市场潜力大 收入增长带来的保健热 医药市场OTC 增长水平	·威胁T 驴皮资源减少 行业竞争无序 品牌弱化趋势

图 13 – 3　SWOT 分析

（二）全产业链质量控制战略实施落地

1. 以掌控原料从源头保障质量

以市场化机制为手段，实施以肉谋皮策略，整合政府、社会等各方资源，采取“公司 + 基地 + 农户”的方式，先后投巨资在山东、辽宁、新疆、甘肃等地建立了 23 个养驴基地。与山东省农业科学院、中国农业大学、西北农林科技大学、山东农业大学，新疆农科院等科研院校联合成立全国第一家驴产业科学研究所。以经济为纽带，公司为龙头，进行毛驴品种改良、繁育技术研究，对养殖户提供技术及增值服务，带动各地农户发展养驴业，提高农民收入。制定《毛驴饲养管理标准》，向养殖户进行推广。建立“中国驴产业网站”，为产业发展提供信息平台。聚焦原料，以肉谋皮策略的实施，不仅使企业掌控了驴皮资源，拓展了企业本身的发展空间，从根本上保障了产品质量，同时，带动了各地农民致富，带动超过 100 万户养驴户，平均每户每年增收 2000 元，拉动物流、餐饮等行业发展，带动养殖创业和就业。

公司采取“公司 + 农户”的产业化发展模式进行地黄、党参的推广种植，并以山东中医药大学为技术依托，开展科学技术研究，为农户提供全程技术指导培训。公司按照《中药材生产质量管理规范》规范生产过程中的各个环节，对生产的每批药材各项指标进行检测，检测结果均符合《中国药典》等相关标准要求。为推进地黄、党参 GAP 基地的建设发展，满足公司生产需求，2012 年 11 月实施并通过地黄 GAP 基地现场认证，2013 年 11 月通过党参 GAP 基地现场检查认证。

2. 以技术和标准引领行业发展

利用公司国家级技术中心、国家胶类工程中心（行业唯一）、院士工作站等资源构建产、学、研平台，整合国内一流科技研发力量，形成以企业为主体、市场为导向、产学研相结合的研发体系。公司参与了自八五版药典以来的历次阿胶标准制定，其中，阿胶羟脯氨酸含量测定方法纳入 2010 版国家药典；原创 DNA 标记技术鉴别驴皮真伪，该方法被收入《山东省中药材》标准，填补了国内空白；承担《中国药典》阿胶、龟甲胶、鹿角胶等产品标准的制定；DNA 分子标记鉴别胶类中药方法、胶原特征肽鉴别胶类中药技术方法等获得六项发明专利；“阿胶现代质量标准研究”和“阿胶药理研究及新产品开发”两项成果达到国际先进水平；基于生物技术的阿胶质量标准研究项目、国家一类新药白介素－11 项目、溶栓生物药瑞通立研发项目连续三次荣获山东省科技进步一等奖。公司在阿胶生产、研发方面积累了竞争性优势，成为行业标准的制定者。产品标准的制定、提高、完善，为国家规范行业发展提供了支持，为企业建立了不可复制的竞争优势，引领了行业发展。

3. 实施大质量管理确保产品质量安全

（1）将“大质量”理念渗透到员工的思想意识中

在东阿阿胶，“大质量”理念已经成为员工的群体潜意识，东阿阿胶的质量管理不是单纯传统意义上的产品质量和服务质量，东阿阿胶创新、扩展了质量管理的内涵，将每个岗位、每个流程节点的工作输出都视为“产品”，将下一流程视为上一流程的客户，每个流程输出的“产品”要以满足下一流程、客户的需求为基本评价标准。公司对每个流程的每件“产品”建立评价指标，形成质量标准，成为评判每项工作的依据。由此，在公司整个层面形成了每个流程讲质量，每个人、每个部门讲质量的局面，并向产业链上下游扩展，影响到供应商、经销商，促使全产业链以价值创造、价值输出为标准，构成全产业链的大质量管理。

（2）以“三个一”为手段打造“大质量”体系

打造一支队伍。先树人品，后做产品。东阿阿胶始终把人的培育作为质量保证的第一步，形成了重质量的组织氛围和人人培养原则。打造了一支过硬的质量队伍，在公司管理团队中，包括总裁、三位副总裁、十几个中层管理干部都曾从事过多年的质量工作。

统一一个语境。质量始于教育，终于教育。公司坚持 30 年开展专项质量培训，员工入公司第一课，就是质量课。质量的语言、ISO9000 的语言是公司的管理语言。质量的方法和工具成为公司管理的基本方法，公司内形成一个“质量场”。

构建一个机制。实施首席质量官和质量受权人制度，由质量研发副总担任质量受权人和首席质量官，享有独立的质量决策权和质量放行权，构建了覆盖全公司的质量责任体系网络。坚持一贯地实施“质量一票否决”“诚信一票否决”，建立了管理人员内部信用制度、内部审计制度以及系统完善的自我约束机制。

（3）形成“全员参与”的质量文化氛围

高层领导重视质量文化建设和实践，东阿阿胶各级领导，特别是高层领导高度重视质量文化建设，成为创建东阿阿胶质量文化的倡导者和推动者。高中层干部中有 40% 的人员来自质量管理一线，这是其“大质量”理念贯彻的保证，也是这种理念实践的结果。

东阿阿胶的产品质量方针是“传承道地品质，创造一流产品，提升顾客生命、生活质量”，东阿阿胶员工继承和发扬厚道做人、地道做事的优良传统，以卓越的工作质量，保证卓越的产品质量；东阿阿胶人通过提供卓越的产品和服务满足顾客需求，将选料纯正、质量上乘作为做事的核心原则；同时东阿阿胶每一名员工深知企业使命，帮助消费者改善提高生命和生活质量。

为鼓励全员性的质量改进和创新，公司设立了万元、十万元、百万元的创新激励，实施质量改进注册管理。近年来累计组织开展 QC 课题 800 余个，创效益 3000 余万元。近五年来，有 26 个 QC 成果获得国家级一等奖。

（4）识别并满足顾客需求，确保顾客满意

按照集成产品研发方法、流程，通过识别顾客需求及潜在需求，开发了桃花姬阿胶糕等消费者满意的产品。挖掘整理阿胶经典验方 3200 余个，精选 60 余个阿胶经典验方用于产品开发及开发储备。这些新产品的开发充分体现了以顾客需求为导向，产品定位明确，有效地满足了市场需求，缩短了研发周期，提高了顾客满意度。

（三）多体系融合增加质量安全管理的全面性

公司实施以 GMP、ISO9001 质量管理体系为核心的多体系管理，自 2000 年导入 ISO9001 质量管理体系，在全公司范围内进行 ISO9001 宣贯培训，聘请国内专家及德国专家到公司讲课，并多次派人外出学习、参观，达到全员培训、深入贯标的目的。2001年东阿阿胶通过ISO14001（环境管理体系）认证，是国内最早通过GMP、ISO9001（质量管理体系）、ISO14000（环境管理体系）三体系认证的中药生产企业。2013年进行了体系整合，以GMP、ISO9001为核心，通过了ISO22001（食品安全管理体系）、HACCP（危害分析与关键控制点）、清洁生产认证、ISO14001（环境管理体系）、OHSAS18001（职业健康安全管理体系）、ISO27001（信息管理体系）等多体系认证。质量管理体系建设有以下特点：

1. 领导重视

公司领导将质量管理体系建设作为保证产品质量最重要的基础来抓，亲力亲为，参与每一个重要环节，在硬件改造、软件改善方面大举投入，在全员中积极宣贯质量理念、方法，形成了良好的实施氛围。公司领导将转变观念和强化全员质量意识作为实施质量管理体系的基础工作，贯穿在质量管理体系实施的全过程。

2. 组织保障

组织保障是实施质量管理体系建设的关键，在质量管理体系的权责落实方面，公司配备强有力的组织保障，由质量行政副总裁任管理者代表、首席质量官、质量受权人，具有独立的质量裁决权，能够确保责权落实到位，不受其他干扰。构建纵向从班组到职能部门到公司层面的权责体系，横跨各职能部门的质量管理网络，确保落实到位。

3. 全员参与是基础

员工参与质量管理体系建设与责任落实的基础是教育培训，公司实施质量体系化管理几十年来，每年制定年度培训计划，对新上岗员工、转岗员工进行“全方位，多层次”的培训，培训内容涵盖法律法规、GMP标准、专业技能等各个方面。

4. 硬件投入是保障

公司实施GMP、ISO9001的十几年来，共投入改造资金20多亿元进行GMP硬件设施改造及软件环境建设，大大提高了质量管理体系实施水平。2011年，总投资55亿元的百亿阿胶生物科技项目开工建设，该项目设计理念定位于国内中药行业领先，国际先进。按国内新版GMP、美国FDA和欧盟GMP生产标准和5A级旅游景区环境标准，由美国五杰公司规划设计，集生产、质量在线检测、物流、文化体验等功能于一体，采用光伏发电机等六大新技术，实现在线检测和全过程控制，单体及整体效能行业领先。

（四）质量创新能力建设推动全产业链质量控制的提升

公司为国家高新技术企业，拥有业内唯一的国家级技术平台（国家胶类中药工程技术研究中心），通过共性的、关键的技术研究，推动行业的发展是中心的目标，此外，公司和国内知名高校和科研机构，如华东理工大、哈工大、中国中医科学院建立紧密的技术研发合作关系，形成了运作成熟的研发平台。高水平科研平台的构建，为质量创新、质量科研打下了坚实的基础。

公司通过高水平技术平台的建设，承担国家科技项目的能力、获得政府及专家认可、行业标准的制定数量、工程技术的开发能力等多方面的评估来组织拥有的技术，公司在胶类中药装备工程化技术、在线质控技术、制备工艺技术、质量标准、产品开发等方面一直走在国内同行业的前列，目前公司产品在全国同系列产品中一直处于领先地位，占据最大的市场份额，代表了国内胶类中药产业技术发展的最高水平，在技术和发展方向上均引领了行业的发展。

公司承担了自 1985 版药典以来历次阿胶标准的制定，首创 DNA 指纹图谱、胶原特征肽阿胶鉴别技术和标准，填补国际空白。《阿胶生产工艺规程》和《阿胶生产岗位操作法》，为国家级保密工艺。

（五）信息化能力建设辅助全产业链质量控制的发展

公司成立了以总裁为组长负责信息化战略规划的领导小组和负责整体实施推进的信息管理部，投资建立了国内领先的信息管理体系。搭建了内部网、综合办公系统、ORACLE 系统，信息系统覆盖整个公司，并建立了较为完善的数据、信息传递、查询体系，在权限范围内的各方面数据、信息基本可以在任何联网的计算机上方便录入、传递、查询，实现了数据和信息准确快速传递、实时共享。

公司业务层面目前有 ERP、HRM、CRM、BI、DRP 等多个系统，涉及销售、生产、质量、财务、采购、设备、人力资源等全部业务，公司管理层面目前有协同办公、企业信息门户、网站群等，设计日常办公、邮件传递、收发文管理、业务流程审批、绩效管理、信息搜集、信息发布等。搭建了 ERP

数据服务器、ERP 应用服务器、WEB 服务器、OA 服务器等 50 余台数据服务器组成的数据中心，设备在供电、网络物理链路连接等方面都采取双备份，并配有 50KVA 的 UPS 供电保障，确保了数据中心安全运转。计算机使用量超过 800 余台。

系统搭建方面，考虑到稳定、安全性，公司利用现有资源组建了东阿阿胶云平台，该平台是一个综合现有的服务器资源、存储能力以及网络能力的，具有自主操作、自助服务、动态资源管理和分配、计算资源的优化以及保护和实时的监控等功能的动态数据中心。通过完善的自服务系统，为平台的客户提供全自动的支持资源，并可在线提交服务请求，与运维团队直接沟通。此外平台还提供应用、虚拟资源和物理资源的统一管理，用户可以选择采用应用托管共享服务，虚拟资源服务和专用物理资源的服务。通过云计算服务门户，实现统一的安全入口，实现对云安全、云管理和服务平台功能的集成展现。主要包括用户认证、在线交流、服务目录、计量查询、资源分析、自助服务、远程应用、数据检索等功能。确保了各系统的安全、稳定运转。

公司引入新的 Oracle ERP、CRM、HRM、BI、Portal 等系统，系统的设计立足于集团管控，考虑到集团信息系统的整合，实现以集团财务为中心的资源共享，避免不同业务部门、不同下属企业采用不同的信息系统，形成信息化孤岛。该系统包括集团财务管理、预算管理、物流管理、生产制造、费用管理、人事管理、客户关系管理、商业智能等主要功能。系统实施历时 12 个月，于 2012 年初正式投入运行。

（六）过程能力建设有效控制全产业链质量控制的质量

卓越的绩效，源自有效的过程控制。公司坚持以大质量的理念进行过程管理，“大质量”就是将各项过程纳入管理，把工作过程输出视为产品（“大产品”），每个“产品”都建立可测量的质量标准，有好坏优劣之分，以质论价进行考核，以过程保障结果。导入国际最先进的 IPD（集成产品开发）流程，设计了符合公司实际的药品和保健品开发流程，依托市场调研及反馈信息、科研院所合作和国家医药发展趋势进行设计开发，满足消费者和新的产品需求，增加产品附加值，采取项目负责制，并制定项目 KPI 关键绩效指标进行管理和考核。项目组由推进团队、研发团队、工艺团队、品保团队等组成，明确分工、团结协作，从而有效保证了确保技术、质量、研发创新的高效运作，提高质量设计的准确性，提高质量效率。

（七）质量责任体系建设为全产业链质量控制保驾护航

质量责任体系的构建既是落实企业质量主体责任的需要，也是构筑质量防线的重要举措，东阿阿胶构建了以“首席质量官”和“质量受权人”为核心的网络式质量责任体系。质量受权人制度，就是由公司的最高治理机构通过一定程序，授予一位管理者最高质量裁决权和放行权，给予其决策独立性，保证其行使质量权限、责任不受任何干扰，确保“一票否决权”能真正落实。质量受权人的核心职责是确保产品质量安全，保证每批上市销售产品均符合上市许可法规和产品质量放行规定。即质量受权人履行的质量管理职责围绕产品放行而展开，是产品质量安全的最终裁决者。公司实施质量受权人管理是对首席质量官制度的补充完善，质量受权人由企业授予，报备上级主管部门，在质量安全方面不仅对企业负责，而且对上级监督部门负责，更加强化了责任，职权更加明确和制度化，是落实企业质量第一责任主体制度的最佳实践。

以质量受权人制度为核心，公司构建了覆盖上下游的质量责任体系，公司每年根据年度目标、法律法规要求，由质量受权人和公司决策层签订质量安全责任状，然后根据每个部门、岗位承担的质量责任，质量受权人和各级负有质量责任的部门领导签订质量责任状，各部门通过分解再把质量责任逐级落实到每位员工。

（1）落实生产过程中的质量责任

按照 ISO9001 管理体系和 GMP 要求建立了“三级”质量控制网络，由质量管理部对质量体系进行整体控制；在各分厂设专职质量监督员按照设定的质量监控点，对生产过程实施有效的监督控制；在各生产班组设兼职质量监督员按照质量标准进行“5S”现场管理，操作人员严格按照岗位 SOP 进行操作并如实对生产过程进行记录，从而保证整个生产过程都处于受控状态并具有可追溯性。并在生产运作过程中运用因果图、控制图、排列图、直方图等统计技术进行趋势分析，预防不合格品发生，确保持续改进，优化工艺流程。一旦发现生产过程中出现的异常或波动，采取“三不”放过原则，即“问题的原因不清不放过，责任不落实不放过，措施不到位不放过”，对问题一抓到底，实施“一票否决”，确保过程质量可控，结果质量可靠。

（2）落实出厂产品的质量责任

公司制定了《产品召回管理办法》《产品召回应急预案》等制度，明确了产品召回的范围、方法、程序、应急响应方案等。设有400、800热线，每月对消费者热线反馈的问题进行统计分析，归口到相应部门进行解决。

（八）文化营销促进价值回归工程保障下游质量

在长期的发展过程中特别重视顾客关系的建立。为实现顾客价值最大化，公司建立了以“价值回归”为中心，从“文化营销”到“营销文化”为现代化市场营销体系，通过积极推行现代营销机制，与全国百强连锁建立战略联盟实施“工商共赢”的营销模式，即对市场零售终端实施ABC三级管理方式，A类重点终端纳入公司战略客户范畴，在销售政策、产品推广、新产品上市等方面给予全力支持，对经销商实施减法原则，优化经销商层次，从经销商商业信誉、网络配送等方面进行优化组合，对分销商实施加法原则，确保各区域分销商的覆盖面。

2007～2012年，公司多次组织全国百强连锁及老字号企业签订战略合作协议，召开“名药、名厂、名店”三名联盟共存共荣高峰论坛会，共同探讨名药、名厂、名店合作新模式。“三名联盟”是价值集成的新观点，是工商之间供应链、服务链的价值集成。“三名联盟”可以联合组织中医大夫坐诊，为顾客提供诊治、健康咨询等增值服务，是一个“多赢”的结果。

通过向分销零售终端施加质量影响，预防质量问题发生，建立起全面、系统的仓储管理和物流配送系统。企业通过实施“基药电子监管码”和“货物流向监管码”，可有效监控产品流量，便于市场秩序的管理和不良反应事件的预防和及时处理。

履约守信，共识双赢，支持合作方，帮助合作方。公司把经销商客户当成合作伙伴和战略联盟，自2007年先后与广州、昆明、成都等9省市的经销商合作设立配送中心，保证了安全、及时、低成本的供货，为经销商客户提供基金举办EMBA培训班，对商家经营管理者和店员进行培训。通过推行控制营销，杜绝了低价窜货、冲货、调拨、压货的现象，使商家实现了经济收益、管理水平、品牌知名度的共同提升（见图13－4）。

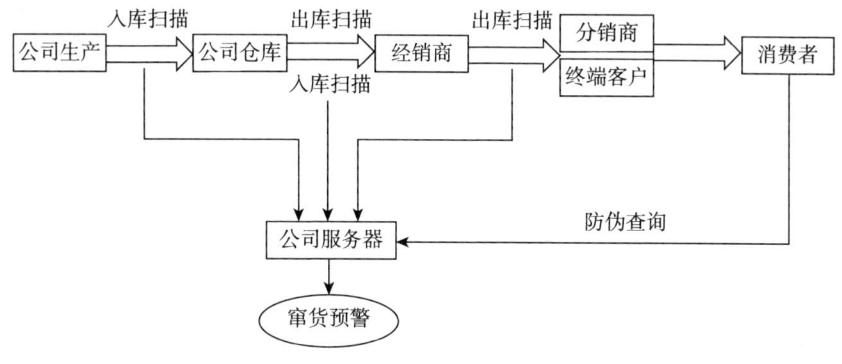

图 13-4　产品流向防伪查询系统

四　全产业链质量控制的成果与展望

通过全产业链模式质量战略的实施，公司产品质量得到保障，经营质量大幅提升。

（一）产品质量和质量管理水平的稳步提升

1. 产品质量国内领先

东阿阿胶产品自上市以来，每年抽检合格率均为100%。公司主导产品实物质量达到国内领先水平，先后获得全国用户满意产品、全国用户满意企业，山东名牌等多项荣誉。

2. 顾客满意度高于竞争对手

顾客满意度反映了关键绩效指标的当前水平和趋势；东阿阿胶采用问卷调查的方法，对顾客满意度进行了调查。公司顾客满意度水平高于竞争对手，部分指标超过标杆企业。

3. 品牌价值位居前三

世界品牌实验室（World Brand Lab）编制的2018年《中国500最具价值品牌》发布，东阿阿胶品牌第十一次登榜，品牌价值较去年增幅达25.4%，总排名上升至184名。2017年12月11日，山东省首次向社会发布全省企业品牌价值评价信息，东阿阿胶股份有限公司凭借803的品牌强度和371.34亿元的品牌价值成为关注的焦点。

（二）企业经济效益呈逐年上升

作为国内最大的阿胶及其系列产品生产企业，市场份额呈逐年上升趋势，并保持良性、稳定的发展。公司主营业务突出，盈利能力不断提高，具有良好的盈利前景，随着市场开拓力度的加大，公司的经营业绩将稳步提高。

近五年主营业务收入复合增长18.96%；净利润复合增长32.73%，ROE平均24.71%，为深沪两市上市1500多家上市公司中投资回报最高的前十家企业之一。2013年实现主营业务收入40.16亿元，同比增长31.42%，利润14.37亿元，同比增长16.46%，缴税8.18亿元，为山东省纳税百强，连续七次入围中国最具发展力的上市公司50强。

【聊城发展研究院、聊城大学商学院（质量学院）：布茂勇】

第十四章　莘县农产品质量安全示范区品牌化建设分析

农产品质量安全事关人民群众身体健康和生命安全，已成为全社会广泛关注的热点，也是各级政府正着力解决的重大问题。但由于农业生产涉及面广、产业链长，且生产高度分散，再加上现行的农业标准体系建设相对滞后、市场准入制度不完善以及市场监管职责不明确等问题，农产品质量安全管理工作的推进面临重重困难。近年来，中国食品国际贸易快速增长，食品安全问题愈发复杂，而国外亦不断提高食品准入门槛。2009 年起，质检总局紧紧围绕党中央国务院关于大力推进农业现代化和实施食品安全战略决策部署，以实施“出口食品竞争力提升工程”为抓手，推进示范区建设。

莘县农产品质量安全示范区（以下简称“示范区”）在农产品种植规模、产品产值等方面走在了全国县（市、区）前列，特别是近年来在品牌建设方面开展了大量的工作，品牌价值大大提升，市场竞争力、区域影响力不断增强。但由于起步较晚，与寿光、杨凌等先进地区相比，在农产品科技研发、大数据建设和品牌知名度等方面还存在一定的差距。

为促进莘县农产品质量安全示范区的跨越发展，响应中央、山东省和聊城市发展战略要求，必须认真研究莘县农产品质量安全示范区存在的优势和不足、机遇与挑战，并借鉴省内外乃至国内外其他农产品质量安全示范区的成功经验和做法，参考专家观点与建议，创新性地提出促进莘县农产品质量安全示范区跨越发展的路径和政策。为此，笔者多次赴省内外进行实地调研，参加或召开了多次品牌建设座谈会，并参见有关品牌建设方面的论坛与峰会，获得了大量政策文献和一手资料，并多次与专家、行家以及莘县的领导干部、企业家、生产一线群众讨论，整理而成了本研究。

在此需要说明，限于篇幅，本研究未能将详细的内部调研结果和结论予以展示，只能给出一般性的研究结果和结论。此外，本研究未包括外部调研

（烟台蓬莱、日照东港区、陕西杨凌）的调研结果和分析结论。感兴趣的读者可以阅读我们关于示范区品牌化建设上的专门结题报告。

本研究余下内容安排如下：第一部分是全国和省市在农产品质量示范区建设方面的建设情况及政策变动；第二部分是莘县农产品质量示范区的内部调研情况；第三部分是研究结论与政策建议。

一　全国各省区市示范区建设情况与政策变化

（一）农产品质量示范区的建设概况

根据“质检总局关于公布2017年国家级出口食品农产品质量安全示范区名单的公告”，截至2017年底，共有289个示范区经年审合格，另外，加上78个新申报示范区，全国共有367个农产品质量安全示范区。其中，山东省共有56个示范区（2017年底检验合格49个，新增7个），数量居全国第1位。分别比第2位的河南省30个示范区（2017年底检验合格23个，新增7个）、第3位的辽宁省24个示范区（2017年底检验合格21个，新增3个）多出26个、32个示范区（见图14－1）。

截至2017年底，在山东省国家级出口食品农产品质量安全示范区名单

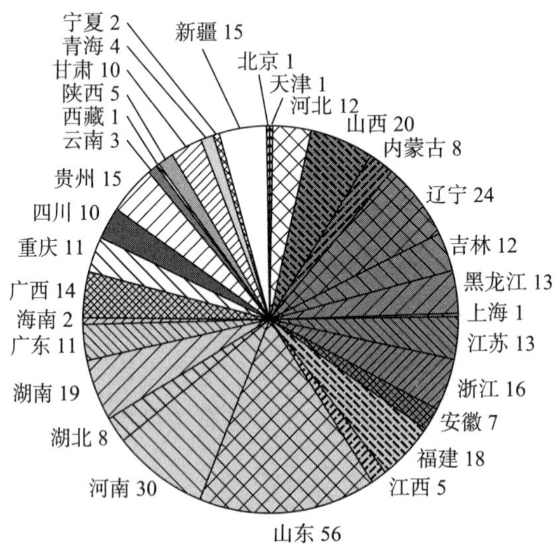

图14－1　2017年底各省区市农产品质量安全示范区数量分布（个）

中，聊城市有6个，占全省数量的10.71%。分别是莘县、阳谷县、聊城经济技术开发区、聊城市东昌府区、东阿县、高唐县国家级出口食品农产品质量安全示范区。

2012年11月，莘县出口食品农产品质量安全示范区被国家质检总局批准为国家级出口食品农产品质量安全示范区，涵盖品种包括蔬菜、瓜果、食用菌及大豆产品。基于莘县蔬菜销售到全国100多个大中城市的市场影响力，2013年莘县被中国蔬菜流通协会授予“中国蔬菜第一县”称号。在莘县的示范和带动下，聊城逐步成为蔬菜种植大市。2014年10月，聊城市被中国蔬菜流通协会命名为“中国蔬菜第一市”。2014年，十八里铺镇被中国蔬菜流通协会命名为“中国蔬菜第一镇”。2016年1月，莘县被国家科技部批准建设山东聊城国家农业科技园区，成为聊城市第一家国家农业科技园区。

（二）国家政策变化

农业品牌化是中国农业和农村经济、农业产业化工作的重要抓手，是农业走向市场的重要手段和落脚点。近两年，农产品品牌建设已然成为中国农业现代化发展的重要举措。2015年中央“一号文件”中指出，要“大力发展名特优新农产品，培育知名品牌”。2016年中央“一号文件”再次强调，要“创建优质农产品和食品品牌”，“培育一批农产品精深加工领军企业和国内外知名品牌”。

党的十九大报告指出，中国经济发展已经进入高质量发展阶段。要实现高质量发展必须建设现代化经济体系，坚持质量第一、效益优先，以供给侧结构性改革为主线，推动经济发展质量变革、效率变革、动力变革。

当前和今后一个时期，中国农产品质量和农产品质量安全示范区的发展在供给和需求两侧都面临着问题，但矛盾的主要方面在供给侧。莘县出口食品农产品质量安全示范区建设形势很好，但一些供给未能很好适应需求变化，一部分传统产品超过需求增长。需求改变，但供给的产品却没有变，技术、质量、标准、服务跟不上。解决这些结构性问题，必须推进示范区供给侧结构性改革。

出口食品农产品质量安全示范区的供给侧研究，目的在于推动示范区结构性改革，从提高供给质量出发，用改革的办法推动建设中的结构调整，矫正要素配置扭曲，扩大有效供给，提高供给结构对需求变化的适应性和灵活性，提高全要素生产率，促进莘县出口食品农产品质量安全示范区持续健康发展。

（三）省市两级政府政策变化

山东省作为农业大省，近年来积极响应中央的号召，先后发布《“食安山东”品牌引领行动方案》《山东省人民政府关于加快推进农产品品牌建设的意见》。2014～2015 年，连续两个省委“一号文件”明确提出要“实施品牌引领战略”。2016 年山东省委“一号文件”明确指出，要实施农产品品种品质品牌提升行动，开展国家有机食品生产基地创建工作，到 2020 年“三品一标”认证产品数量达 10000 个，知名区域公用品牌达 50 个以上。基于价值提升和消费需求的农业品牌化，已成为山东省现代农业发展的新趋势、新常态，并推动山东省农业品牌建设走在全国的前列。

2018 年 2 月山东省政府颁发《山东省新旧动能转换重大工程实施规划》，明确提出深入实施质量强省和品牌战略，打造一批国内外知名的产品、企业、行业和区域品牌，加强质量标准建设，推动“山东制造”向“山东质造”转变，打响“好品山东”“诚信山东”“食安山东”品牌，推动品牌高端化发展。在农业经营领域，重点实现标准化生产、规范化管理、品牌化营销。

聊城市积极响应中央和山东省政府号召，2016 年与浙江大学合作编制《聊城市农产品区域公用品牌战略规划》，成功推出“聊·胜一筹!”聊城农产品整体品牌。2016 年 4 月 19 日，聊城市人民政府在北京举行发布会，盛大发布“聊·胜一筹!”品牌，受到广泛关注，聊城农业发展进入转型升级的新阶段。聊城市率先提出整建制创建农产品质量安全市，先后出台了《关于整建制创建农产品质量安全市的意见》，率先以政府令颁布实施了《聊城市禁止销售使用剧毒高毒农药管理规定》。2018 年，聊城市质量强市战略推行，市委、市政府专门印发《聊城市质量提升行动实施方案》，推进经济高质量发展。“聊·胜一筹!”农产品区域公用品牌形象逐步树立，成为山东省现代化农业发展的靓丽名片。2018 年 7 月，举行山东质量链聊城启动仪式，聊城成为山东 17 地市首个质量链启动城市。聊城大学与浪潮集团合作成立了“质量提升研究中心”，进一步加强质量链和质量强市建设。聊城持续加大创建全国质量强市示范城市的力度，质量强市建设迈出坚实步伐。

二　莘县农产品质量示范区的发展现状

（一）莘县示范区建设成绩

1. 蔬菜种植形成较大规模，带动当地农民收入增加

根据莘县农业局提供的数据，莘县蔬菜种植面积达 100 万亩，拥有日光温室 30 万栋、大中小拱棚 21 万亩、食用菌栽培面积 700 万平方米。全县蔬菜总产量 500 余万吨，全县拥有供港澳蔬菜基地、上海外延蔬菜基地、北京外延蔬菜基地三大基地。截至 2017 年底全县共有 196 个蔬菜品种通过农业部、山东省农业厅有机、绿色、无公害产品认证。

当前，莘县已经形成了七大规模种植片区：（1）以燕店、河店、魏庄等乡镇为主的无公害香瓜种植区，面积近 14 万亩。春季主要种植黄皮、白皮、网纹等香瓜甜瓜品种，秋季主要种植西红柿、辣椒、茄子、黄瓜等蔬菜。主要以日光温室栽培为主，近几年大拱棚种植面积也有很大发展。（2）以董杜庄、俎店、妹冢等乡镇为主的绿色西瓜种植区，面积 10 万多亩。主要种植京欣、鲁青等品种，种植模式以西瓜套种豆角为主，以大拱棚栽培为主。（3）以十八里铺、莘州、燕塔、张鲁为主的无公害蔬菜种植区，主要种植芸豆、黄瓜、西葫芦、茄子、辣椒等，面积 14 万余亩。品种齐全，种植模式多样，以日光温室、大拱棚栽培为主。（4）以张寨、王庄集、燕店等乡镇为主的无公害韭菜种植区，面积逾 2 万余亩，主要以拱棚栽培为主。（5）以朝城、徐庄、古城等乡镇为主的食用菌种植区，品种主要有双孢菇、鲍菇、金针菇、香菇等，栽培面积达 700 万平方米。（6）以莘亭、河店等乡镇为主的葱蒜种植基地，有多年的葱蒜种植习惯，面积 1 万余亩，均为露地栽培。（7）以王庄集、张寨为主的无公害山药种植基地，面积 5000 余亩，均为露地栽培。

蔬菜种植已成为莘县农民收入的主要来源和贫困户脱贫的主导特色产业。据莘县燕店镇村干部介绍，“一个棚投资十几万，基本上一年就能挣回来”。“在温室大棚种植水果黄瓜，一季纯利润能赚 10 万元”的事例已经不少见。蔬菜种植推动莘县农村居民人均可支配收入显著增加。据统计，2017 年，莘县农村人均可支配收入达到 11435.9 元，位居聊城市 11 县市区前列；比上年增长 9.4%，增速位居聊城市 11 县市区第一位。2017 年，在莘县县委、县政府的支持下，通过发展集约高效温室扶贫项目，5200 余名贫困人口实现蔬菜产业脱贫，38 个贫困村村集体平均增收 1 万元以上。

2. 新旧动能转换不断加速，科技应用焕发发展活力

近年来，莘县引进转化农业科技成果 60 多项，拥有国家西甜瓜、光伏食用菌产业创新联盟单位、省级食用菌产业战略联盟单位 3 家，国家大豆产业技术研发中心加工研究室科研基地 1 处，国家“星创天地”两家。建成了鲁西农业科技示范园、现代农业科技馆、董杜庄西瓜博物馆、燕店香瓜博物馆等一批科技基地。建立健全了县、乡、村三级技术服务网络，通过技术培训、宣传引导、示范带动和科技下乡等多种渠道，大力推广“无公害”和“绿色食品”生产技术，不断培育蔬菜产业发展新动能。

在生产设施革新上，加快了高效集约蔬菜温室建设，大力发展现代高效集约的新型钢结构冬暖式大棚、新型钢结构大拱棚和玻璃温室。仅 2017 年，莘县新建、改建高效集约蔬菜温室 2 万余栋、基地 118 处，面积超过 3.5 万亩。按照中共聊城市委、市政府的要求，2017～2018 年莘县参照江苏绿港模式，完成建设一处 500～1000 亩的高标准、全系列蔬菜温室示范园区。

在种植模式革新上，由过去的单一品种种植转变为市场导向的多品种结构调整模式，形成了草菇—秋延黄瓜—早春芸豆、秋延西红柿—早春香瓜、秋延辣椒—早春西瓜间套豆角，草菇—双孢菇等轮作、间作生产模式。在产业链条拓展上，不断引进优良品种，采用水肥一体化等绿色高效技术，初步形成了工厂化育苗。

3. 质量监管体系不断完善，夯实蔬菜产品质量保障

早在 2012 年 9 月，莘县在全市率先建立了农产品质量安全管理和可追溯平台。近年来，莘县以创建农产品质量安全县为契机，大力实施“331”工程，即三级监管、三级检测、县级执法，建立了覆盖农业生产全过程的监管制度，形成了批批有检测、次次有记录的农产品质量检测网络，实现了农业生产化肥使用零增长、农药使用负增长、高毒农药零使用，连续多年蔬菜样品抽检合格率达到 100%。

在三级监管方面，县级成立了农产品质量安全监控中心，各镇街成立了农产品质量安全办公室，每个行政村都配备了农安信息员，打造了一支 1300 多人的监管队伍。在三级检测方面，莘县设立了县农产品质量安全检测中心，在镇街建立了检测站，在大型农产品交易市场、标准化生产基地、农产品加工企业建立了速测室，实行县级抽检、镇级普检、基地市场自检相结合。在县级执法方面，县农业执法大队结合公安、工商、质监等部门成立联合执法队，对全县农资经营、农药生产、肥料生产、基质生产企业实行严厉的拉网式检查。从调查情况来看，74.60%的受访者认为“政府在农产品质量安全方面的监管到位”，78.49%的受访者认为“农产品实施可追溯重要”；72.94%的受访者认为“可追溯农产品比没有追溯信息农产品更安全”。

4. 产业化经营取得新进展，品牌化建设呈现新亮点

在产业化经营方面，采取“专业合作社 + 农户 + 市场”“公司 + 农户 + 市场”等方式，采用统一包装、统一标识，提升了莘县蔬菜市场影响力。截至2017年底，莘县农民专业合作社达2302家，其中省级示范社8家，市级示范社38家；家庭农场198家，省级示范家庭农场1家，市级示范家庭农场8家；省级农业产业化龙头企业5家，市级农业产业化龙头企业38家。在营销渠道方面，建立了莘县农产品电商交易平台，开通了莘县农产品产销网、中国北方瓜菜菌网，成立了莘县电子商务协会，形成了“专业社 + 基地 + 超市（农产品市场）+电子商务”的新型农村电子商务模式。多次举办瓜菜节、产品推介、建设专销区、开展配送直供销售等系列大型活动，进一步拓宽蔬菜销售渠道。

加大了瓜菜菌历史文化、科技知识的宣传力度，建设了董杜庄西瓜博物馆、燕店香瓜博物馆和莘县中原现代农业嘉年华，主动融入“聊·胜一筹!”公用品牌。经过多年建设，莘县先后成功注册了“莘县香瓜”“莘县蘑菇”“莘县西瓜”“莘县韭菜”4个国家地理标志证明商标和“莘县蔬菜”集体商标。截止到2018年4月底，全县“三品一标”品牌总数达到196个，在“聊·胜一筹!”区域公用品牌旗下的18个全市重点农产品区域公用品牌体系中占据4席。2017年11月，“莘县蔬菜”以20.62亿元评估价值进入2017年中国农产品区域公用品牌价值百强，成为聊城市唯一进入全国农产品区域公用品牌价值百强的农业品牌。“莘县西瓜”“莘县香瓜”分别以11.07亿元、8.68亿元价值，位居2017中国果品区域公用品牌价值排行榜第70位、86位，总价值19.75亿元，位居全市果品区域公用品牌价值排行榜首位。

（二）莘县示范区建设不足

1. 产业链价值链有待优化

在与种植户、专业合作社和蔬菜批发市场经纪人的座谈中发现，莘县生产的蔬菜主要是大路菜，高端产品较少。莘县蔬菜精深加工项目还比较少，产业链条较短，产品附加值不高，影响了蔬菜效益的进一步提高。这与农业科研投入不足、高新技术加工能力不够密切相关。除此之外，高端优质产品对劳动力素质、生产环境操作管理有着相对较高的标准和要求。

从产业链和价值链来看，莘县农产品处于产业链和价值链的中间位置，形成了生产环节的数量优势和规模优势。但在优质种子培育、土壤改良等环节存在研发技术的短板，在加工和营销方面尽管最近几年发展有起色，还并未形成独树一帜的竞争优势。

据市农委的领导同志介绍，莘县蔬菜与寿光蔬菜相比较，最根本的差距在于科研的落后，尖端技术及其信息滞后。目前，在莘县还没有关于蔬菜的院士工作站，高端技术匮乏。从整体上可以得出一个基本判断，莘县蔬菜生产已经形成了数量上的规模优势和质量上的竞争优势，但还未形成引领行业发展的领先优势。

2. 龙头企业仍需培育壮大

火车跑得快，全靠车头带。蔬菜产业质量升级中莘县龙头企业数量少，规模小，辐射性较弱，特别是面向国内市场的大型运销、加工龙头企业更少，导致集聚效应、带动效应不明显，蔬菜价格受制于人，并且波动较大。由于缺乏强有力的贸易公司，整合本地蔬菜与外地蔬菜资源的能力较弱，一方面制约了本地蔬菜的销售渠道，另一方面制约了本地蔬菜在国内外的市场竞争力和知名度。在访谈中了解到，当地村干部表达了希望有一支或多支当地的人才队伍组建销售领域的龙头企业的愿望，以整合本地区的蔬菜销售。从事精深加工、育种育苗的企业数量较少，难以形成可持续竞争的高端优质产品。究其原因，不仅有资金不足、技术滞后的客观困难，更多的是思想意识保守，创新精神不够。

3. 劳动力可持续问题显现

从事蔬菜生产的青壮年劳动力缺乏以及劳动力成本攀升，从业者科技文化素质低、操作技能差等现实问题，已成为制约整个国家蔬菜产业质量进一步升级的瓶颈，莘县地区也不例外。据调查，受访者的年龄在 60 岁及以上的比例约占 20%，并且 76.2% 的受访者学历处于初中以下，仅有 23.8% 的受访者学历在高中及以上。除此之外，青壮年劳动力大量流失，比重下降，农村中留守儿童与老人比重逐年加大。随着经济的发展，青壮年劳动力更多会选择外出就业，而不是靠务农持家，进而导致从事蔬菜产业的青年劳动力不足，劳动力综合素质水平低。作为“中国蔬菜第一县”，莘县“未来谁来种菜”已经成为当前必须考虑的现实问题。

三　研究结论与政策建议

（一）研究结论

1. 莘县蔬菜生产的数量较大，形成了较大的市场优势，但尚未取得质量优势

莘县政府和老百姓都非常重视农产品的质量，蔬菜销路问题已经得到基本解决，农民种植大棚蔬菜瓜果的积极性比较高。与此同时，与寿光、杨凌等知名示范区相比较，莘县农产品质量示范区存在有些农产品科技含量不高，龙头企业尚未形成的不足。虽然产业化经营取得一定成绩，但还存在产业价值链有待延长，一二三产业融合度不高等问题。

2. 莘县政府在农产品质量安全建设、品牌推广方面做了一定工作，但力度不够，意识不强，效果不彰

示范区经过多年建设，“莘县蔬菜”的市场知名度和影响力得以大大提高；但莘县农产品品牌建设还有很多不足，比如品牌知名度不高，覆盖区域有限，顾客忠诚度有待提高等。这表明，示范区农产品品牌建设策略仍有待提高。比如宣传力度不够、当地居民品牌意识不强、品牌定位策略尚未进一步明晰，等等。

3. 质量监管体系不断完善，但质量基础设施仍待加强

近年来，莘县大力实施“331”工程，即三级监管、三级检测、县级执法，建立了覆盖农业生产全过程的监管制度，质量监管体系不断完善。但示范区仍然存在质量技术基础（计量、标准、检验检测、认证认可）不牢的问题。比如，检验检测设备缺失、落后，缺乏有经验的质量检测人员。认证认可度不高。标准化建设方面，有影响力的国际标准不足等。

（二）政策建议

一是要提高认识，高度重视质量和品牌建设。当今时代是一个质量的时代，质量是国家的基础。在山东省实施质量强省战略、聊城市建设质量强市的时代背景下，莘县自上而下，必须进一步重视质量和品牌建设，让质量理念逐步深入人心，让质量建设形成行动自觉，化数量优势为质量优势，把国家级生态示范区的牌子擦得锃亮，把莘县香瓜、西瓜、蘑菇、小肉食鸡等莘县代表性产品与生态原产地保护产品结合，把农产品卖得更好，把莘县蔬菜的品牌叫得更响。

二是加强组织领导，加强多方合作，拓展部门纵向和横向对接合作机制。进一步深化贯彻落实“五方合作框架协议”，实现上下级部门之间的优势对接。充分发挥中国检验检疫学会在质量追溯、标准建设、检验检测等方面的人才优势、技术优势和管理经验，指导莘县相关部门业务发展、人才培训和检验检测基地建设。积极发挥第三方检测的作用，验证莘县的农产品质量监管工作是否达到预期，确保农药残留符合国家标准，保障蔬菜供应安全。强化完善莘县县委、县政府各部门的联动机制，形成最大合力。加强蔬菜质量生产源头管理，加大不定期巡查、定期拉网式检查力度，禁用高毒农药，强化农药管理，最大限度地降低农药残留。统一生产标准，加强标准管理。

三是加快农业土地流转，推进种植业适度规模经营，完善营销渠道，推动莘县蔬菜产业发展。要加快培育农业种植龙头企业发展，支持龙头企业做大做强。充分发挥龙头企业引领作用，打造当地生产领域品牌，带动莘县蔬菜产业发展。探索建立蔬菜龙头企业、专业合作社与首农集团食品公司、利群集团采购中心、放心家园等电商平台的合作机制，建立稳定的产供销一体化的商业合作关系。

四是做好顶层设计，健全质量管理模式，完善质量追溯体系。结合“五位一体”质量体系，多方合作，监管和检测技术双轮驱动，软硬件配套推进，切实提升农产品质量，打造莘县农产品区域品牌；强化基地标准化管理和数据支撑，完善检验检疫标准，加强检验检疫力度，完善质量追溯体系。

【聊城发展研究院、聊城大学商学院（质量学院）：高建刚】

第十五章　聊城市轴承产业集群提质增效升级的路径与对策

聊城市轴承产业集群是以聊城临清市的轴承组装加工企业与全国性轴承市场为主体，加上冠县清水镇轴承内外圈锻造、东阿县轴承滚动体制造及东昌府郑家镇的保持器（架）加工等轴承产业上游环节，形成了一个完整的轴承产业链体系及产业集群。虽然起步较早且有相当规模，但多年来聊城轴承一直在产业链中低端徘徊，即使在国内轴承产业也没有真正进入高端市场，产品质量不高、附加值低、缺乏知名品牌等问题一直存在。尤其近年来国内外经济形势的变化，中国经济进入新常态，国家提出高质量发展战略，聊城轴承转型升级压力不断加大，急需与国家高质量发展时代相适应，由原有粗放式发展方式向坚持质量第一、效益优先的高质量发展模式转变。本研究分析聊城市轴承产业集群的发展现状，总结聊城市轴承产业集群质量提升面临的问题，寻找聊城市轴承产业集群提质增效的路径与对策，加快推动聊城市轴承产业集群转型升级高质量发展。

一　产业集群发展的相关理论

聊城轴承作为一个显著的产业集群存在，其发展壮大必须遵循产业集群发展的特有规律。关于产业集群形成及发展特征等问题，学术界有比较成熟的研究。

（一）产业集群内涵界定

经济学家马歇尔、韦伯及管理学大师波特都对产业集群内涵及特征有深入研究。波特总结认为产业集群是特定的产业领域内一群在空间上相互临近相互联系的公司和相关机构，它们因为具有共性和互补性而集聚在一起，有利于降低企业的生产和交换成本，提高规模经济效益，提高企业和产业的市场竞争力。近年来，中国产业集群迅速发展崛起，成为各个不同区域经济的主导力量。

（二）产业集群的形成理论

关于产业集群形成的理论经历了不同演化阶段，从外部经济理论到集聚经济理论，再到新贸易理论、新竞争经济理论等。比较流行与成熟的理论是波特的新竞争经济理论。波特从竞争力的视角对产业集群形成原因进行了深入的研究。认为产业集群是在集群中企业之间的长期稳定的合作与竞争关系所获得的成本费用下降和创新水平的连续上升的基础上形成的。同时，波特强调政府在集群的全球化竞争中的作用。

本研究的聊城轴承产业集群就是由一些中小轴承组装加工及上下游配件企业集聚而自然发展起来的“原发型”集群。发展到后期，受地域经济条件限制，集群的发展仅靠自身力量难以有更大提升，政府的介入和支持必不可少。

（三）产业集群的作用

产业集群主要有以下几个作用特征：相互联系的企业和机构在空间上集聚、不易模仿的根植性、专业化分工与协作、合作网络性和自组织性。

1. 空间集聚性

这是产业集群最显著的特征之一。大量中小企业在一定地域范围内集聚成群，企业间经济活动高度密集。地理位置上的集聚使生产要素集聚，产生规模效应。一方面带来企业、产品的集聚，实现生产的规模效应；另一方面，地理位置上的集聚也有利于集群内企业共享基础设施、营销网络、信息网络等，降低交易费用。虽然群内企业的惨烈竞争暂时降低了利润，但相对于其他地区的企业建立起竞争优势。

2. 分工专业化

专业化分工使集群内的中小企业间形成配套化生产、频繁的信息流动和既竞争又相互合作的关系。这不仅有利于降低集群内企业生产经营的交易费用，而且能够较好地克服中小企业自身经营资源有限的不足，有利于提高生产效率和促进技术创新。

3. 合作网络性

专业化的分工协作使产业集群内的中小企业之间既竞争又合作的关系偏向

于合作。通过企业间信息、知识和技术的频繁交流和共享，集群内企业间的合作关系逐步构成协调一致的对外网络。与此同时，集群内的相关机构之间也建立了有机的、存在密切关联的网络。这样集群内的这些企业和相关机构就形成了利益共同体。它们具备集体意识，能共同协作，提高集群的竞争力。

4. 自组织性

产业集群形成后，具有自组织性，能够通过发挥其外部范围经济和外部规模经济的优势，来增强外部企业进入集群的吸引力，使集群内的中小企业更加集聚、规模不断扩大、优势得到持续累积。

二 聊城市轴承产业集群发展现状

聊城市轴承产业集群（以下简称聊城轴承）是以临清烟店镇全国性轴承市场为基础发展起来的。聊城市烟店轴承市场是目前全国最大轴承专业批发市场，经营轴承型号1.7万余种，2017年年交易额200多亿元，销售网络覆盖30多个国家和地区，不少世界知名轴承制造厂家均在该市场设有直销处或分公司。市场的繁荣带动了产业的发展，形成以烟店为中心辐射周边几个县市、几十个乡镇的集生产、加工、销售为一体的轴承产业集群。目前，聊城轴承产业集群已形成以轴承钢、滚动体、保持器、轴承锻造、热处理、轴承组装等专业化分工明确、配套能力强的产业链条。聊城主要的轴承零配件生产聚集区有冠县清水镇轴承内外圈锻造聚集区、东昌府郑家镇的保持架加工聚集区及东阿县轴承滚动体制造聚集区。

其中，产业集群中核心的临清轴承加工业发展至今，由小到大、从弱到强，由零散到集中、从家庭作坊生产方式向规模企业不断发展壮大，并形成了自己独特的产业优势，成为临清的一大支柱产业。目前，临清市拥有注册轴承生产加工企业2000余家，其中规模以上轴承企业138家、中轴协会员企业18家、理事单位6家、省轴协会员企业54家，从事轴承生产销售的注册个体工商户有4000余户，从业人员有10万余人。2017年7月，被山东省发改委、省财政厅等列入轴承商贸产业集群转型升级示范区。2017年，临清市轴承产业规模以上企业完成工业总产值222.31亿元，实现主营业务收入突破211.66亿元，利润18.11亿元，同比增长19.29%、13.54%和15.98%。2018年，聊城全市滚动轴承产量5.35亿套（见表15－1）。

表 15－1　2013～2018 年聊城市滚动轴承产量及增长情况

年份	2013	2014	2015	2016	2017	2018
滚动轴承产量（亿套）	20.96	24.90	26.75	22.11	24.23	5.35
增长率（%）	7.8	18.6	7.6	－17.3	9.6	－77.9

数据来源：聊城市统计局 2013～2018 年统计公告整理得到。

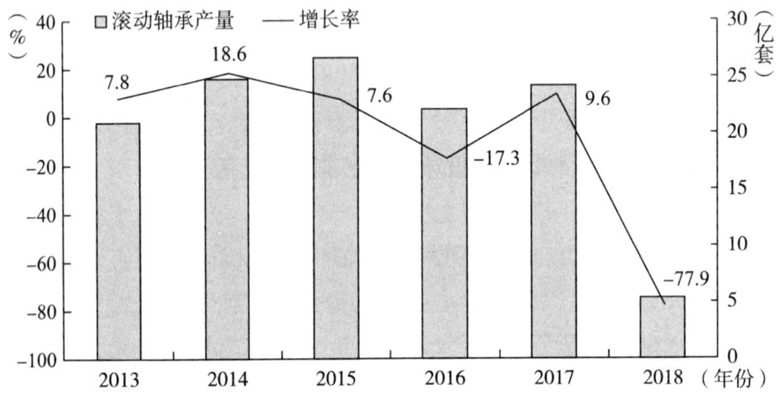

图 15－1　2013～2018 年聊城市滚动轴承产量及增长率

从表 15－1 和图 15－1 来看，2013 年以来，聊城市轴承产业产量以年均 8% 左右的速度增长。但随着 2016 年以来全国整体经济形势不乐观，聊城市轴承产业的产量也有较明显的下滑，2018 年出现 77.9% 的负增长。但仅从产量上并不能说明聊城市轴承产业发展变化的全部问题。随着国家高质量发展及产业转型升级战略的实施，聊城市轴承产业也在不断通过淘汰落后产能、资源优化整合等措施，提高了产品附加值与资源利用效率。以上数据从一个侧面表明，聊城市轴承产业正在逐渐转变过去依靠低端产品以量取胜的历史，向价优质高的新产品新动能转换，因此 2018 年产量下行趋势背后也有产品优化转型的因素在里面。

（一）发展基础

1. 政府高度重视，产业发展及园区规划齐全

市委、市政府高度重视轴承产业发展，成立了洛阳轴承研究所山东研究院、轴承产业技术创新联盟。聊城轴承产业发展上升为市委、市政府“十三五”时期的重大发展战略。市政府工作报告提出，要大力推动轴承等重点产

业集群式发展，支持临清创建全国专用特种轴承产业知名品牌示范区，加快烟店等特色小镇发展。2012 年 5 月，省商务厅批准临清经济开发区设立烟店轴承产业园。2017 年烟店轴承产业园区调增建设用地 1000 亩，用于轴承产业新旧动能转换示范区建设。

2. 全国性轴承专业市场，区位与信息优势得天独厚

从区位优势来看，聊城轴承产业集群处于中原经济区、山东省省会城市群经济圈、山东省西部经济隆起带战略叠加区，是山东经济向西部辐射引领的桥头堡。烟店轴承专业批发市场是全国乃至世界轴承信息的集散地，本地企业有信息优势，全国和世界各地的知名轴承企业均在烟店轴承市场设有直销处或分公司。据中轴协统计，外地客商在烟店轴承市场年采购量占全国轴承交易量的 12% 强。国内外知名轴承品牌大都在烟店轴承市场设立经销处；市场 3100 余家业户中有近一半的业户建立了网络销售平台，实现了线上、线下双平台运营。

3. 轴承产业链条完整，配套企业数量众多

轴承专业市场对周围的轴承产业集群具有较强的辐射带动作用，吸引市场周围县市的企业为临清轴承产业的产成品进行零部件加工，如聊城郑家镇生产轴承保持器，东阿生产钢球，冠县生产轴承锻件等。当地政府按照“延伸链条、补齐短板”的发展思路，不断加大上下游企业培植力度，园区已涵盖轴承钢、轴承钢管、套圈、保持器、滚动体等各个加工销售门类，包含从锻造、车、磨、热处理、装配到检测、销售、物流和科技研发、人才培训、信息中介等专业化明确、配套能力较强的产业体系和链条。其中东昌府区郑家镇是轴承保持架特色产业乡镇、“山东省优质产品制造基地”，保持器产销量居全国第一、全球第三。东阿滚动体生产集群被中国轴承工业协会列为“全国钢球生产基地”。山东东阿钢球集团规模居中国十大钢球企业之首，中国轴承协会常年理事单位，中国钢球和轴承标准制定参与者。

4. 民营经济活力足，市场竞争意识强

聊城轴承产业集群的形成与发展，基本靠当地民营资本原始积累，在技术上通过学习、模仿和改造发展起来的，根基牢靠，参与度高。首先，民营经济机制灵活，其小快灵的特点使其具有先天机动、灵活适应性强的优势，对国内外市场的需求反应迅速。其次，民营经济具有吃苦耐劳、顽强拼搏、勇于突破、敢于挑战的精神品质，学习能力强，对新鲜事物接受能力强，善于模仿与改造。最后，民营经济发展尊重市场规则，是市场经济坚决拥护者，市场竞争意识强。集群内轴承民营企业的发展证明了市场供需基本定律的发展规律。

5. 历史文化底蕴深厚，企业家精神显著

聊城市历史文化底蕴深厚，文化资源丰富，鲁文化尚义，齐文化重商，为鼓励民营市场主体积极承担社会责任提供了宝贵的精神财富和动力源泉。集群中的企业多为中小企业，它们扎根于本土，具有地域根植性。企业家受当地文化影响，多具有吃苦耐劳，勇于开拓精神属性，地方化的产业氛围使本土有着其他县市难以模仿的竞争优势。

（二）存在不足

全国范围内轴承产业有五大集聚区：瓦房店、浙东、长三角、洛阳、聊城。瓦房店是中国轴承产业的发祥地和摇篮，洛阳是新中国成立初期国家重点布局建设的工业基地，它们的轴承行业发展起步早，发展时间长，也有良好的工业基础；而浙东和长三角地区的轴承行业虽然发展时间短，但是经济发展水平和对外开放程度高，地方产业氛围浓厚，其产业集群发展活跃，弥补发展时间短的不足。与其他产业集群相比，聊城轴承产业集群在工业及科技基础、经济发展水平和对外开放程度上均存在不足。

1. 集群大而不强，产品处于产业链条中低端

作为区域分工体系，产业集群是一种把大多数零部件和生产工艺分散于千家万户，由众多小生产组成的社会大生产体系。聊城轴承产业集群是一些中小乡镇企业基于低成本集聚而自然发展起来的产业集群。集群中企业数量众多但个体规模普遍偏小，大多以简单加工为主，停留在低端生产，只重模仿而自主创新能力差，追求的是逐底的利润。产品质量和档次不高，具有产品附加值低、竞争力差的特点。缺乏具有核心竞争力、带动性强、知名度高的龙头企业。现有规模企业缺乏自主创新的内生动力和活力，对集群内的中小企业的辐射带动作用弱。

集群内大部分中小企业的低端生产，造成同质产品大量过剩，挤占了市场资源，同时集群中的“逐底竞争”会使产业集群转移他地甚至衰退消亡。

2. 专业化分工不明确，相互合作水平差

聊城轴承产业集群以乡镇企业、私营企业起步，专业化分工不明确，产成品及零部件大都只在各自的企业内部完成，这使企业自觉不自觉地围绕同类产品进行生产，产成品相似度大。集群内的企业为了争夺市场而降低价格，市场上就逐渐形成了逐底竞争。不仅如此，产品生产不分工还减少了企业之间的交流与合作，使获得的集群效率低，限制了集群创新氛围的形成和集群效应的充分发挥。

3. 缺少生产协调组织，造成无序与恶性竞争

聊城轴承产业集群的企业缺乏强有力的生产协调组织，集群内多数中小企业怀有“宁为鸡头、不做凤尾”的思想倾向，使生产呈现小而全的模式，即独立生产最终产品。这使企业在生产过程中自觉、不自觉地围绕同类产品进行生产，产成品相似度大。最终，不仅使集群内企业间的交流与合作减少，集群效率低下，而且加剧了集群内中小企业之间的激烈竞争，使企业为了争夺市场而降低价格，影响企业经济效益。这些都在一定程度上限制了集群内中小企业规模的扩大。

4. 技术创新能力不强，四大质量基础平台建设有待提高

聊城轴承产业集群技术创新能力相对落后，企业在技术研发、高端人才引进、行业标准制定、设备工艺流程等方面跟国内先进轴承生产基地还存在一定差距。绝大多数轴承企业还没有实现从技术模仿、技术追踪向技术创新转变，缺乏核心、专利技术，致使自身没有拳头产品。产业高质量发展所需的计量、检验检测、认证认可、标准化四大质量基础设施平台建设有待进一步提高，建设、培育和推广品牌的力度还不够大，各检测机构管理及运营效率有待提高。

5. 企业自身管理水平低，质量管控措施不强

企业主整体素质不高，管理水平低，管理人才少。集群内企业现代化管理意识不强，不舍得在招聘和培养高水平管理人员上投资，多采用家族式管理模式，将企业交予家人、亲戚管理，企业产权具有明显的血缘、亲缘和地缘特点。在这种企业制度下，企业主在企业中处于绝对支配地位，决策权、经营权和管理权高度集中，企业资源得不到合理利用，人为地提高了决策与运营成本，降低了企业的盈利水平，阻碍了企业的发展。另外，聊城轴承企业多处于乡镇和农村，各方面条件比不上发展较好的城市，对高水平管理人员的吸引力不大。

三 聊城轴承产业集群提质增效发展对策建议

党的十九大报告及质量强国战略明确提出要加快建设制造强国，支持传统产业优化升级，促进产业迈向全球价值链中高端。轴承产业属于精密机械制造产业，完全符合国家着力发展实体经济的产业政策。集群下一步发展应以实施新旧动能转换重大工程为契机，按照国家高质量发展战略及习近平总书记“腾笼换鸟、凤凰涅槃”的要求，提高集群整体发展质量及轴承产品品质，遏制落后产能的低水平重复建设，为优质轴承项目发展腾出空间。通过推动市场高端化、技术尖端化、质量标准化、产品品牌化，努力实现轴承产业彻底转型。

（一）实施差异化发展，走“专精特新”路子

支持中小企业专业化发展，走差异化发展道路，成为产业链某个环节的强者；精细化发展，生产精良产品，提供精致服务；特色化发展，做到人无我有、人有我特，形成自己的特色产品、特色服务。改变由于重复建设的“复印机效应”所造成的中小企业结构同质化（组织结构、产品结构趋同）、技术单一化（模仿大企业、互相模仿）。差异化战略即让产品或服务区别于竞争对手，提供与众不同的产品与服务的发展策略。一方面，要在聊城市不同轴承企业之间实施差异化发展，引导各轴承企业合理分工，错位经营，避免内部消耗和重复建设，避免轴承企业恶性竞争，实现优势互补。按照“专精特新”的发展路子，鼓励企业做自己拿手的产品，力争进入全国行业细分市场前列。做细分市场的“单项冠军”，专注于一个细分市场，通过差异化，建立成本领先优势，成为产业链某个环节的强者。但在地理市场上则并未细分，而是选择全球化市场。企业必须有全球视角，把全球化当作一种想法、一种思维，从最开始就了解全球市场能够给他们带来巨大的市场以及潜力，探索全球的市场。

（二）推动技术创新，完善质量基础设施建设

改变聊城市轴承产业缺乏核心技术的现状，积极实施“创新驱动发展”战略，推进“两化”融合，加强技术创新和知识产权保护力度，提高企业核

心竞争力。建立健全以企业为主体、市场为导向、产学研用相结合的技术创新体系，合理配置资源，促进研发和创新，全面提升技术创新能力。鼓励企业与科研院所、高等院校等联合建立研发机构、产业技术联盟等技术创新组织，推动企业加强以技术中心为核心的技术创新体系建设。

生产过程智能化。推广应用数字化控制技术，实现装备性能、功能的升级换代。发展以人机智能交互、柔性敏捷生产等为特征的智能制造方式，促进工业机器人在关键生产工序的规模应用，推进生产制造设备联网和智能管控。

完善质量基础设施建设，政府牵头成立以制造技术提升为目的的研发及检验检测中心。提高轴承产品检测中心检测能力和使用效率，整合轴承产品检测资源。研发检测方面，发挥洛轴所山东研究院、省轴承质量检测中心临清检测站等的平台作用，加快智创未来精密轴承科技园建设，为园区轴承产业转型升级提供高水平的技术研发、产品检测服务。

（三）加快新旧动能转换，促进产业转型升级

1. 加快园区建成，促进龙头企业发展

结合聊城市实际，规划、设计、建设好轴承产业新旧动能转换示范区，完善硬件设施，提高服务水平，提供更优惠的政策，积极承接产业转移，吸引知名轴承企业到园区发展；推动聊城市轴承企业与国内外知名企业“联姻”，鼓励企业开展技术、产品、市场等方面的合作，优化资源配置，增强综合竞争力。发挥行业协会作用，鼓励聊城市轴承企业组成产业战略联盟，加强与其他地区交流合作，在更高层次上、更大范围内提高聊城市轴承产业集群的综合影响力。坚持“外引驱动”和“内生培育”两条腿走路，多途径培育行业龙头企业。一方面发挥聊城轴承大市场等多重优势，加强对外招商引资，引进国内外大型龙头企业到本地设厂生产；另一方面加大扶持力度，通过联合、兼并、重组等整合资源。

2. 整顿合并小企业，淘汰落后产能

改变低端市场无序竞争的现状，适度提高行业准入门槛，逐步限制技术水平低、生产能力弱的作坊式小企业进入，合理发展中小企业。逐步淘汰落后产能，引导和支持中小企业转变发展方式，向“专、精、特、新”方向发展，向产业集聚方向发展，并努力融入大型企业的产业链。通过强强联合、差异化，组织形式变革，“团体标准 + 园区管理”等多种途径，引导一批企业

实现“抱团”发展、“融合”发展。借鉴台湾中心卫星工厂制度，推动中小制造业与同类型的大企业开展专业化协作，形成生产网络关系，发挥整体的合作生产力。

3. 加强政府服务职能，完善中小企业辅导体系

建立由行业枢纽平台和产业集聚区窗口平台组成的、互联互通、资源共享的行业中小企业公共服务平台。通过创造良好的合作环境和合作机会，扩大企业间交流与合作，利用企业的比较优势提高竞争力。第一，结合相关辅导机构，成立合作辅导中介机构，提供综合性合作辅导，组成合作交流会，并进行登记。第二，培训合作交流辅导人才。第三，宣传合作观念。第四，举办合作资讯交流、管理经验交流和联谊活动，增强信任以创立合作机会，办理合作交流会成果展等。第五，进行产业情况及合作可行性调研，分析成员间经营情况，寻求共同利益点，策划各项合作方法，并据此拟定具体的合作计划。第六，办理实质合作。第七，推广宣传合作成果。

（四）加强质量管控，提升品牌知名度

1. 实施严格的质量管理

一方面，质量监督管理部门要建立严格的质量监督管理体系，完善并宣传轴承行业质量标准体系，积极推进质量认证工作；积极倡导卓越绩效管理、精益生产、零缺陷等先进理念，逐步提高轴承行业的质量管理意识。另一方面，企业要把产品质量作为其生存发展的生命线，建立并实施严格的质量控制管理体系，在整个生产流程中的各个环节都严格按照 ISO 质量标准体系的要求进行操作；认真开展员工质量教育培训，将保证产品质量作为企业核心文化加以建设。提高企业质量管控流程建设，对企业质量管理流程进行全面培训。

依托有资质的聊城市定点培训机构与企业开展订单培训，实行理论与实践相结合，利用职工业余时间到企业进行培训。有关第三方认证的质量标准与推广，质量意识提升要由政府主导（QC 小组活动与竞赛，设立奖项），在质量与制造管理提升上提供辅助性的咨询辅导。

2. 推动聊城轴承产业团体标准建设

俗话说，一流企业做标准，二流企业做品牌，三流企业下苦力。鼓励轴承企业创建聊城市级、山东省级、国家级新技术实验研究中心，提高产品研

发能力。加快培养一批能够根据客户需求研发产品，进而根据产品数据指标形成行业标准的企业，应该成为突破的重点。

制定临清市轴承产业“团体标准”或技术标准联盟。团体标准旨在整合产业资源和社会资源，建设先进的标准化体系，促进产业健康、快速发展。团体标准下的产品型技术扩散在动力机制方面更适合集群网络环境，通过聊城轴承产业集群团体标准建设，可以规范产业集群内中小企业的竞争秩序，加速企业的技术创新，对于地方政府扶植发展民营企业发挥重要作用。首先，高度重视标准化技术组织的重要作用，鼓励龙头骨干企业和研究机构积极争取成为国际标准化组织技术委员会的正式成员或观察员，参与全国专业标准化技术委员会或分技术委员会相关工作。其次，运用共性关键技术研发成果，制定和推广实施联盟标准。积极动员轴承行业协会、龙头骨干企业、检验检测机构等力量，推进标准化重点项目建设，促进共性关键技术的研发并转化为联盟标准予以推广实施

3. 打造“临清好轴承”区域品牌

建议积极打造“临清好轴承”区域品牌知名度。积极探索“群体品牌”“区域品牌”的发展路子，即几家企业生产的产品按照同一标准同一流程进行检测，检测合格后打上同一品牌进行销售。这样，能够有效降低品牌创建的成本和风险，实现抱团共赢。首先树立核心价值观，核心价值观就是某一社会群体判断社会事务时所要依据的是非标准和必须遵循的行为准则，一旦确立就要坚持到底。其次，打造“品牌价值共同体”。在政府、机关、企业、产业服务单位及客户当中广泛建立统一的“临清好轴承”价值观念，提升区域企业公众的“公共品牌意识”，以“保护和提升区域品牌竞争力”为核心价值观；最后，“临清好轴承”区域品牌为企业品牌背书，帮助其更快进入市场，打消消费者顾虑，增加企业品牌的可信度，缩减消费者购买的决策时间，从而帮助企业打开市场。

4. 加强本土品牌建设

实施品牌化战略，把培育本土品牌上升到发展战略的高度去规划、实施。首先，政府筛选轴承企业进行重点扶持，引导企业老板增强品牌意识，立足做“百年企业”，注册自己的商标，创建自己的品牌，销售自己品牌的产品。只有这样，才是真正的健康发展道路。一些轴承企业已经初步具备了打造国内外知名品牌的能力，有很好的产品基础对品牌建设有很好的支撑力。其次

协助部分骨干轴承企业将其在全国领先的特色产品创建品牌并加以培养。此外，各种类型、不同规模的企业都要在不同层次上进行自主品牌的建设，以品牌建设带动技术研发、带动质量管理、带动企业长远发展。例如协助博特、哈鲁申报山东省驰名商标，支持宇捷、红星、永翔申报山东省著名商标。

（五）积极实施人才战略，吸引高端人才

充分认识人才作为第一资源的重要性，把人才培养工程纳入轴承产业发展战略，充分发挥人力资源价值。

完善人才引进管理配套政策。政府主导人才引进计划，完善人才引进、管理机制，拓展人才引进渠道，优化人才学历与专业结构等，提升学历水平；建立人才资源数据库，为产业的可持续发展储备足够的人力资源。政府出台与人才引进相配套的落户、医疗、职业发展、配偶就业、子女教育等相关政策。

建立多层次的人才培养体系。积极依托聊城大学、聊城职业技术学院与技工学院等，大力开展行业职业人才和专业技术人才培养。同时，依托有资质的聊城市定点培训机构与企业开展订单培训，高薪聘请技术能手、金蓝领技师等人才担任教师，实行理论与实践相结合，利用职工业余时间到企业进行培训。

四　总结

综上所述，我们认为聊城轴承产业已经有了很好的基础，站在了较高的发展平台上，在产业规模、产品种类、市场支撑和企业活力方面积累了一定的优势，未来有较好的发展潜力。但是，在企业品牌建设、质量管理、产品层次和协同合作等方面还存在着较多问题需要解决。今后一个时期，必须紧紧围绕强筋壮骨、转型提质做文章。下一步结合国家质量强国战略、山东省新旧动能转换工程及聊城市质量提升计划，找准经济转型质量提升的关键点。首先，政府形成一套完善的中小企业辅导体系，通过基础设施提升与园区化建设为轴承产业发展提供好的外部环境；其次，可通过建立标准联盟和品牌联盟的方式组织引导小微型轴承企业建立利益共同体，合作共赢，使其形成合力，抱团发展；再次，努力提升聊城轴承的产品质量和品牌价值，通过政

府组织的轴承区域品牌为起点，不断涌现优秀企业品牌；最后，在质量四大基础（计量、认证认可、检验检测、标准化）上下功夫，努力提升轴承产品质量的四大基础，同时把先进质量管控技术应用于企业生产经营过程，提高企业产品质量管控手段。

参考文献

牛辉、何加群：《我国轴承产业转型升级由大到强发展路线图》，《轴承》2014 年第 4 期。

钱帅：《浙江省轴承产业标准化现状及推进对策》，《经济研究导刊》2013 年第 1 期。

陈颖、李兴林、吴参、陈国建：《浙江县域轴承产业集群比较分析及发展策略研究》，《轴承》2012 年第 2 期。

何加群：《中国工业强国战略和轴承产业》，《轴承》2015 年第 1 期。

李大庆、李庆满、吴旋：《基于产业集群的中小企业标准联盟组建策略研究》，《商业经济研究》2016 年第 13 期。

【聊城发展研究院、聊城大学商学院（质量学院）：张延辉】

第十六章　企业质量文化会影响企业绩效吗？
——兼议关注顾客需求的中介作用

企业质量文化是企业和全体成员所认同的关于质量的理念与价值观、基本原则与制度、习惯与行为模式以及其物质表现。与企业文化一样，无论企业是否把它作为一个明确的事项提出来，企业质量文化都是客观存在的，也就是说每个企业都有其企业质量文化。近年来，“三聚氰胺奶粉事件”“电梯吞人事故”“疫苗事件”等质量事件在我国频繁出现。根据国家药品监督管理局的通报，“疫苗事件”涉事企业编造生产记录和产品检验记录，随意变更工艺参数和设备，严重违反《中华人民共和国药品管理法》《药品生产质量管理规范》有关规定。李克强总理就“疫苗事件”做出批示：“此次疫苗事件突破人的道德底线，必须给全国人民一个明明白白的交代。”这些质量事件凸显了企业对产品或服务质量的不重视，造成了广大消费者对其产品或服务的不信任，综合反映了企业质量文化的大致状况，从而引起了笔者对企业质量文化的思考。组织文化作为企业一种重要的无形资源，能够带来持久的竞争优势。[①] 有研究证明，重视企业文化的公司其经营业绩远远高于不重视企业文化的公司。

作为企业文化重要组成部分的企业质量文化，究竟是否会对企业绩效产生影响呢？此外，位于七大质量管理原则之首的“以顾客为关注焦点”，在企业质量文化影响企业绩效的过程中，是否发挥作用呢？本研究试图回答这两个问题。

---

① J. B. Barney, “Firm Resources and Sustainable Competitive Advantage,” *Journal of Management* 17 (1991): 99 – 120.

一　理论回顾与研究假设

（一）理论回顾

企业质量文化是企业文化的重要组成部分，二者的关系见图 16－1。企业文化自 20 世纪 80 年代开始成为西方学术界的研究热点，中国自 20 世纪 90 年代初期逐渐掀起了研究企业文化的热潮。企业质量文化自 20 世纪 90 年代开始被学者研究，进入 21 世纪之后才真正受到广泛关注与重视。[①] 目前，中国对企业质量文化的研究仍处于起步阶段。

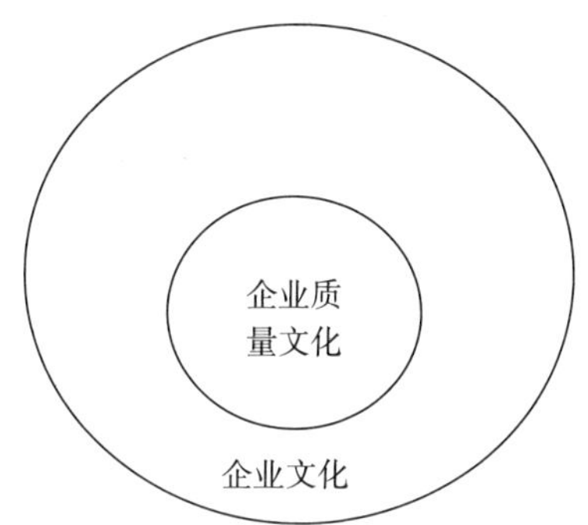

图 16－1　企业质量文化与企业文化的关系

1. 企业文化对企业绩效影响的实证研究

企业文化对企业绩效具有显著的正向影响，这一结论已得到国内外学者众多研究的支持。Kotter and Heskett[②] 在 1987～1991 年长达 11 年的考察期内，对美国 22 个行业 72 家公司的企业文化和经营状况进行了深入研究，他们发现，企业文化对企业绩效有着重大的作用；凡是具有重视所有关键管理要素（消费者要素、股东要素、企业员工要素）、重视各级管理人员的领导艺术的公司，其经营业绩远胜于那些没有这些企业文化特征的公司。在 11 年的考察期中，前者总收入平均增长 682%，后者则仅达 166%；企业员工增长前者为 282%，后者为 36%；公司股票价格前者增长 901%，后者为 74%；公司净收

---

① 罗国英：《质量文化概述》，《中国质量》2015 年第 10 期。

② J. P. Kotter, and J. L. Heskett. 1992. *Corporate Culture and Performance*. New York: Free Press.

入前者增长为756%，后者仅为1%。Liviu et al.①分析了质量文化对罗马尼亚金属建筑业公司客户关系的影响，他们于2014年9月至2015年8月对23家公司的263名管理人员进行了问卷调查，主要研究结果表明，质量文化与顾客关系之间存在着非常强的正相关关系。针对中国企业文化的研究也证实了这一结论。张旭和武春友②的研究结果显示，组织文化与公司绩效具有显著的正相关关系。刘志雄和张其仔③利用上市公司公开资料证实了企业文化强势的企业通常具有较好的企业绩效。

学者们除了关注企业文化对企业绩效的影响，还研究了不同企业文化对企业绩效影响的差异性。Denison and Mishra④进行了基于调查的组织文化研究，发现员工的参与会带来优秀的财务绩效。张旭和武春友⑤的研究结果显示，公司规模对组织文化与公司绩效的关系具有调节作用，小企业文化与绩效的关系更强，而行业类型对其关系没有调节作用。李海和张勉⑥提出，契合本企业内部情境的文化是路径依赖的、难以模仿的，因此能够成为企业核心竞争力，能够为企业带来可持续竞争优势。他们利用一个540名参与者的样本检验了文化契合度对企业绩效的影响，结果显示，文化契合度高或者说“难以模仿”的企业文化对绩效具有积极影响。王少杰⑦使用工商人类学研究方法，对四家最具有代表性的企业文化建设案例进行的研究发现，企业文化演化的不同阶段对企业绩效的影响不同。贾建锋等⑧利用东北、华北、长江三角洲和珠江三角洲13个城市企业中的高层管理者填答的302份有效问卷，验

① I. Liviu, H. C. Salagean, and I. Beleiu, “The Imapact of Quality Culture and Leadershipon Customer Relationship in Organizations from the Romanian Metal Construction Industry,” *Amfiteatru Economic* 19 (2017): 1050－1063.

② 张旭、武春友：《组织文化与公司绩效关系的实证研究》，《南开管理评论》2006年第3期。

③ 刘志雄、张其仔：《企业文化对上市公司绩效的影响》，《财经问题研究》2009年第2期。

④ D. R. Denison, and A. K. Mishra, “Toward a Theory of Organizational Culture and Effectiveness,” *Organization Science* 6 (1995): 204－227.

⑤ 张旭、武春友：《组织文化与公司绩效关系的实证研究》，《南开管理评论》2006年第3期。

⑥ 李海、张勉：《企业文化是核心竞争力吗？——文化契合度对企业绩效的影响》，《中国软科学》2012年第4期。

⑦ 王少杰：《企业文化演化路径及对绩效影响的实地研究——基于工商人类学视角的分析》，《山西财经大学学报》2015年第7期。

⑧ 贾建锋、闫佳祺、王男：《高管胜任特征与企业文化的匹配对企业绩效的影响》，《管理评论》2016年第7期。

证了企业文化对企业绩效的正向影响，并发现在高管胜任特征调节作用下，不同类型的企业文化会对企业绩效产生差异性影响。

2. 企业文化对企业绩效的影响机理研究

企业文化是如何对企业绩效产生影响的？普遍被接受的观点是，企业文化对企业绩效的影响是间接产生的，如通过提高企业员工行为的方向一致性、降低企业成本以及激励企业员工努力工作等。有学者从企业文化的功能视角说明了企业文化对企业绩效的作用机理。Kotter and Heskett① 指出，企业文化的绩效收益主要源自三种效应：目标设定效应、协调效应和激励效应。因此，企业文化不仅有利于企业领导层的凝聚，并形成明确的企业发展思路，而且有助于企业把核心价值观传递给员工，把他们凝聚起来，进而对企业发展产生显著的正影响。与 Kotter and Heskett 的研究类似，戴化勇和鲍升华②认为企业文化主要通过控制规范、黏合凝聚、决策导向三个作用对企业绩效产生影响，并通过数据对其进行了验证，研究结论表明上述三个作用符合企业文化和企业绩效之间的关系。李巍和鲍升华③则从企业文化属性——客观存在、路径依赖、层次具象、系统作用和演进滞后，以及企业文化管理作用的特点——影响的全面性、作用的间接性、管理效用的根本性、系统作用的复杂性、作用效果的双面性和管理功能的不可替代性，对企业文化影响企业绩效给出解释，从而从社会学和管理学视角阐释了企业文化作用机理产生的根源。

除了从功能视角以及社会学和管理学视角研究企业文化对企业绩效的作用机理之外，许多学者还从不同的角度对此进行补充。庄爱玲等④基于对顾客感知与企业文化、企业竞争力关系的认识，选择若干知名手机制造商为研究对象，获得顾客对手机制造商市场导向企业文化的感知，在实证分析基础上，验证以顾客忠诚度为中间变量的市场导向企业文化对企业竞争力的作用机制，并进一步对世界知名企业——诺基亚与摩托罗拉企业文化的市场导向程度与企业竞争力进行了比较分析。结果显示，通过构建市场导向企业文化，企业更加关注顾客需求，真正以实现顾客满意为经营目标，从而提高了企业的顾

① J. P. Kotter, and J. L. Heskett. 1992. *Corporate Culture and Performance*. New York: Free Press.

② 戴化勇、鲍升华：《企业文化对企业绩效的影响机制研究》，《江汉论坛》2011 年第 7 期。

③ 李巍、鲍升华：《企业文化作用机理研究》，《江汉论坛》2010 年第 11 期。

④ 庄爱玲、余伟萍、赵吉壮：《市场导向企业文化对企业竞争力作用机制实证研究》，《华东经济管理》2010 年第 12 期。

客忠诚度，促进企业竞争力的提升。创新文化是企业文化的组成部分，基于顾客创新视角的创新文化是企业中形成的一种鼓励和支持顾客创新的氛围，有利于企业创新质量的提高。荆宁宁等[①]重点探索了顾客创新在创新文化与创新质量之间的中介作用。利用对江苏省35家创新型企业的问卷调查进行了实证研究，结果表明，创新文化对创新质量有显著的直接正向影响，同时通过顾客创新对创新质量有显著的间接正向影响。企业质量文化作为一种文化软实力，并不能通过直接增加销售经营数据提升企业财务绩效，而是通过间接作用于企业非财务绩效以此提高企业绩效。在这个过程中最为关键的就是间接作用的中介者——利益相关者。只有通过利益相关者把质量物质、制度、精神落实，才能实现企业质量文化提升企业绩效的作用。[②] 温素彬等[③]以利益相关者理论和认知心理学为基础的研究发现，企业文化对资产收益率（ROA）和净资产收益率（ROE）具有显著的正向影响作用；利益相关者认知在企业文化对财务绩效的正向影响关系中具有显著的调节作用。价值观是企业文化的核心，而愿景是价值观的重要构成。汪丽和茅宁[④]以中国各行业的182家公司为研究样本，不仅证实了共同愿景与决策质量之间存在显著的正相关关系，而且证实了共同愿景在企业价值创造过程中的作用机理——共同愿景通过影响决策承诺，进而影响战略决策质量。

3. 企业质量文化对企业绩效影响及其作用机理的研究

尽管企业质量文化的相关研究仍处于起步阶段，但是已有学者关注到企业质量文化对企业绩效的影响。2014年4月，美国质量协会（ASQ）与“福布斯观察”（Forbes Insights）共同开展的质量文化调查报告公布。调查结果显示，具有质量文化的企业可以带来更好的绩效。[⑤] 武汉大学质量发展战略研究院基于CEES（中国企业员工匹配调查）做过一个实证研究，通过对570余家

---

① 荆宁宁、黄申奥、李德峰：《创新文化、顾客创新、社交媒体与创新质量之间的关系——有调节的中介效应模型》，《宏观质量研究》2017年第4期。

② 赵宏春、刘兰凯、卢伟卫：《企业质量文化对企业绩效的作用机理》，《标准科学》2016年第4期。

③ 温素彬、李慧、焦然：《企业文化、利益相关者认知与财务绩效——多元资本共生的分析视角》，《中国软科学》2018年第4期。

④ 汪丽、茅宁：《共同愿景、决策承诺与决策质量关系实证研究》，《预测》2006年第6期。

⑤ 凯姆：《质量文化为企业带来更好的绩效（国际质量科学院院士伊丽莎白·凯姆演讲纪略）》，《上海质量》2014年第11期。

企业的质量文化定位进行调查，发现只有那些将质量文化的核心定位成为顾客创造价值的企业，才拥有最好的经营业绩。[①] 程虹和陈文津[②]则探讨了不同企业质量文化类型对企业利润是否产生影响及其影响程度，他们将1210家制造业企业的质量文化划分为创造能力、专业精神、满足需求、员工参与和质量控制等5种类型企业质量文化，结果表明，满足需求型质量文化对企业利润的影响尤为显著；设立质量文化对企业进行自愿性认证、建立客户数据库、研发交流的频次及售后服务支出等质量方面的投入，以及进行出口、推出新产品等质量产出均具有显著的正向影响，从而提升企业的盈利水平。赵宏春等[③]在企业质量文化建设三元模型的基础上进行延伸，结合企业绩效的非财务指标，建立基于利益相关者的企业质量文化对企业绩效作用的三元模型。企业质量文化三元模型利用中华三元哲学，剖析中国企业质量文化的根本性，经过深层次发掘研究得到建设企业质量文化的核心要素有三：诚信、创新、责任。

（二）研究假设

1. 企业质量文化与企业绩效

众多研究已证实企业文化对企业绩效有显著影响。根据GB/T 32230－2015《企业质量文化建设指南》的定义，企业质量文化是企业和全体成员所认同的关于质量的理念与价值观、习惯与行为模式、基本原则与制度以及其物质表现的总和。企业质量文化从精神、制度、行为与物质等四个层面对企业经营管理产生积极影响，从而提高企业绩效。基于此，本研究做出如下假设：

H1：企业质量文化对企业绩效有显著的直接正向影响。

2. 关注顾客需求在企业质量文化影响企业绩效过程中的作用

国际标准化组织（ISO）将质量定义为“客体的一组固有特性满足要求的程度”，并将“以顾客为关注焦点”放在七大质量管理原则之首，这充分体现

① 程虹、许伟：《质量创新战略：质量管理的新范式与框架体系研究》，《宏观质量研究》2016年第3期。

② 程虹、陈文津：《企业质量文化异质性与企业利润关联的实证研究》，《管理学报》2017年第7期。

③ 赵宏春、刘兰凯、卢伟卫：《企业质量文化对企业绩效的作用机理》，《标准科学》2016年第4期。

了满足顾客需求是质量的基础。优秀的企业质量文化关注顾客需求，并进而影响企业绩效。现有研究也已证实质量文化与顾客关系之间存在着非常强的正相关关系①；创新文化通过顾客创新对创新质量有显著的间接正向影响②。基于此，本研究做出如下假设：

H2：企业质量文化通过关注顾客需求对企业绩效产生影响（关注顾客需求的中介作用）。

3. 企业质量文化与产品质量

朱兰质量研究院执行副院长鲁贝斯勒认为“企业文化、企业作风、企业行为反映在全面质量管理上，就是质量文化”③。企业质量文化形成于全面质量管理的实施过程，进而对企业的最直接影响体现在企业的产品和服务质量上。基于此，本研究做出如下假设：

H3：企业质量文化对产品质量有显著的直接正向影响。

4. 关注顾客需求在企业质量文化影响产品质量过程中的作用

与研究假设 H2 同理，本研究做出如下假设：

H4：企业质量文化通过关注顾客需求对产品质量产生影响（关注顾客需求的中介作用）。

根据上述理论假设，得出企业质量文化与企业绩效、产品质量之间关系的研究框架，如图 16－2 所示。

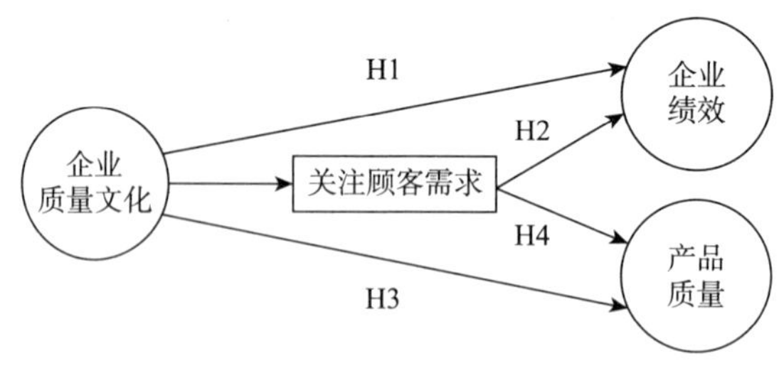

图 16－2　研究框架

① I. Liviu, H. C. Salagean, and I. Beleiu, “The Imapact of Quality Culture and Leadershipon Customer Relationship in Organizations from the Romanian Metal Construction Industry,” *Amfiteatru Economic* 19 (2017): 1050－1063.

② 荆宁宁、黄申奥、李德峰：《创新文化、顾客创新、社交媒体与创新质量之间的关系——有调节的中介效应模型》，《宏观质量研究》2017 年第 4 期。

③ 罗国英：《质量文化概述》，《中国质量》2015 年第 10 期。

二　研究设计

（一）数据说明

本研究使用的数据来自聊城大学聊城质量发展研究中心开展的“聊城市制造业企业质量管理与质量创新调查”。该项调查问卷分为电子问卷与纸质问卷两种形式，采用李克特 7 级量表，分两次实施。2018 年 10 月，在聊城市质量监督部门与经信部门的协助下，向 63 家聊城市规模以上制造业企业发送电子问卷，获取问卷 175 份。2018 年 11 月，向参加聊城市重点产业集群企业培训班的学员发放 230 份纸质问卷，收回问卷 168 份。两次调查累计收回问卷 343 份，剔除缺失、空填和无效问卷，获取有效问卷 185 份，共涉及 118 家制造业企业。被调查对象基本信息如表 16－1、表 16－2 所示。

表 16－1　被调查对象基本信息

人口统计学变量		样本数	比例（%）
性别	男	135	73.0
	女	50	27.0
年龄	20－29 岁	33	17.8
	30－39 岁	89	48.1
	40－49 岁	48	25.9
	50 岁以上	15	8.1
学历	高中及以下	64	34.6
	大/中专	82	44.3
	本科	35	18.9
	研究生	4	2.2
所属部门	高层管理者	45	24.3
	中层经理	54	29.2
	质量管理部门	25	13.5
	研发/技术部门	6	3.2
	生产部门	12	6.5
	其他	43	23.2

表 16－2 被调查对象所属企业基本信息

统计学变量		样本数	比例（%）
企业性质	国有企业	4	3.4
	私营企业	114	96.6
所属行业	机械制造	68	57.6
	服装纺织	5	4.2
	化工制造	2	1.7
	食品	8	6.8
	橡胶和塑料制造	3	2.5
	医药	1	0.8
	其他	31	26.3
员工人数	300 人以下	114	94.1
	300～1000 人	4	3.4
	1000 人以上	3	2.5
主营业务收入	2000 万元以上	83	70.3
	2000 万～3000 万元	10	8.5
	3000 万～4 亿元	21	17.8
	4 亿～20 亿元	1	0.8
	20 亿元以上	3	2.5

调查问卷包含了企业的基本数据，如企业性质、员工人数、业务收入等；与企业质量文化建设、推进以及影响相关的内容；与企业绩效相关的企业销售增长、利润率增长、市场占有率增加、员工满意度增加等内容；与产品质量相关的产品质量可靠性、顾客满意度、一次检验合格率等内容。该项调查问卷内容能够衡量企业质量文化与企业绩效，并为获取企业文化与企业绩效之间的关系提供了必要的信息。

（二）变量定义

调查问卷中的变量测量指标及其问项主要借鉴企业质量文化主流研究文献上的主要观点，并结合聊城市企业实际情况和专家意见后确定的。企业质量文化测量指标借鉴郑立伟等①、程虹和许伟②，包括 3 个二级指标：质量文

① 郑立伟、商广娟、采峰：《质量文化评价及实证研究》，《世界标准化与质量管理》2008 年第 10 期。

② 程虹、许伟：《质量创新战略：质量管理的新范式与框架体系研究》，《宏观质量研究》2016 年第 3 期。

化建设、质量文化推进和质量文化影响，共涉及4个三级指标。企业绩效测量指标借鉴赵宏春等①、程虹和陈文津②，包括2个二级指标：非财务绩效和财务绩效，共涉及4个三级指标。产品质量测量指标借鉴Prajogo and Sohal③，包括2个二级指标：质量特性和质量绩效，共涉及3个三级指标。关注顾客需求测量指标借鉴程虹和许伟④，包括1个二级指标，共涉及3个三级指标。各变量测量指标的测量问项与主要文献来源如表16-3所示。

表16-3　变量测量指标

测量指标	指标代码	测量问项
企业质量文化测量		
质量文化建设	CB1	高层领导对质量文化建设的重视程度
	CB2	质量文化行为规范和制度对员工的约束力
质量文化推进	CD1	企业质量文化对持续改进的重视程度
质量文化影响	CI1	质量文化对企业的质量创新和质量提升的影响
企业绩效测量		
非财务绩效	NFP1	企业的市场占有率持续增加
	NFP2	企业员工满意度持续增加
财务绩效	FP1	企业销售额持续增长
	FP2	企业销售利润率持续增长
产品质量测量		
质量特性	QC1	企业产品质量的可靠性持续提升
	QC2	企业产品质量的一致性较高
质量绩效	QP1	产品一次检验合格率较高

① 赵宏春、刘兰凯、卢伟卫：《企业质量文化对企业绩效的作用机理》，《标准科学》2016年第4期。

② 程虹、陈文津：《企业质量文化异质性与企业利润关联的实证研究》，《管理学报》2017年第7期。

③ D. I. Prajogo, and A. S. Sohal, "The Multidimensionality of TQM Practices in Determining Quality and Innovation Performance: An Empirical Examination," *Technovation* 24 (2004): 443-453.

④ 程虹、许伟：《质量创新战略：质量管理的新范式与框架体系研究》，《宏观质量研究》2016年第3期。

续表

测量指标	指标代码	测量问项
关注顾客需求测量		
关注顾客需求	DR1	企业能够利用大数据分析获取顾客需求
	DR2	企业能够通过售后和反馈体系获取顾客需求
	DA1	企业顾客满意度不断提升

三　实证结果与分析

（一）信度分析

为了验证本项调查问卷结果的稳定性和可靠性，本研究采用 Cronbach's α 系数进行信度分析。分析结果如表 16－4 所示。由表 16－4 可知，该调查问卷的四类变量的 Cronbach's α 系数均大于 0.7，总体 Cronbach's α 系数为 0.954，说明该问卷具有良好的信度。

表 16－4　变量的信度指标

类别	指标编码	Cronbach's α
企业质量文化	CB1、CB2、CD1、CI1	0.928
企业绩效	NFP1、NFP2、FP1、FP2	0.934
产品质量	QC1、QC2、QP1	0.935
关注质量需求	DR1、DR2、DA1	0.867
总体信度	（包含以上所有指标编码）	0.954

（二）描述性统计与相关性分析

变量的描述性统计如表 16－5 所示。由表 16－5 可知，所有变量的均值集中在［5.28，5.75］，标准差集中在［0.901，1.176］，这说明样本公司之间在企业质量文化、企业绩效、产品质量与关注顾客需求等方面均存在一定的差异。表中的各相关系数显示，反映企业质量文化的各指标与反映企业绩效、产品质量的各指标之间均在 1% 水平下显著正相关，这与研究假设 H1、

H3 相一致；反映关注顾客需求的各指标与反映企业质量文化、企业绩效与产品质量的各指标之间也在 1% 水平下显著正相关，这说明顾客需求对企业质量文化影响企业绩效和产品质量的过程存在一定作用。

表 16－5　变量描述性统计及相关系数

变量	指标编码	均值	标准差	CB1	CB2	CD1	CI1	NFP1	NFP2	FP1	FP2	QC1	QC2	QP1	DR1	DR2	DA1
企业质量文化	CB1	5.63	1.019	1													
	CB2	5.37	1.092	.758	1												
	CD1	5.45	.957	.803	.770	1											
	CI1	5.48	.976	.778	.679	.790	1										
企业绩效	NFP1	5.47	1.002	.437	.512	.511	.485	1									
	NFP2	5.61	.943	.448	.574	.593	.485	.773	1								
	FP1	5.47	1.010	.417	.531	.498	.446	.823	.785	1							
	FP2	5.28	1.176	.453	.590	.533	.470	.737	.731	.875	1						
产品质量	QC1	5.75	1.023	.584	.614	.633	.655	.676	.765	.670	.650	1					
	QC2	5.69	.983	.551	.593	.683	.636	.658	.793	.695	.651	.883	1				
	QP1	5.74	.919	.505	.498	.582	.600	.673	.670	.630	.575	.774	.828	1			
关注顾客需求	DR1	5.31	1.066	.494	.577	.493	.490	.554	.527	.438	.484	.573	.514	.501	1		
	DR2	5.64	.901	.534	.475	.573	.566	.469	.479	.390	.441	.569	.532	.515	.719	1	
	DA1	5.67	.906	.603	.488	.645	.626	.567	.578	.459	.424	.665	.653	.623	.618	.744	1

注：变量之间的相关系数均在 1% 水平下显著相关。

（三）假设检验

1. 企业质量文化对企业绩效的直接正向影响

反映企业质量文化的各指标与反映企业绩效的各指标的回归分析结果如表 16－6 所示。由表 16－6 可知，在控制了企业性质及其所属行业的基础上，4 个企业质量文化衡量指标与 4 个企业绩效衡量指标之间均存在显著的正相关关系，从而证实了企业质量文化对企业绩效的直接正向影响。因此，研究假设 H1 成立。

表 16－6　企业质量文化对企业绩效的直接影响分析结果

企业质量文化		CB1			CB2			CD1			CI1		
企业绩效	指标编码	β	调整后 R^2	模型 F 值	β	调整后 R^2	模型 F 值	β	调整后 R^2	模型 F 值	β	调整后的 R^2	模型 F 值
	NFP1	.398	.141	3.398	.517	.240	5.614	.498	.219	5.099	.465	.201	4.688
	NFP2	.440	.217	5.052	.584	.351	8.901	.574	.337	8.418	.462	.241	5.642
	FP1	.371	.119	2.978	.559	.280	6.679	.494	.213	4.953	.428	.167	3.924
	FP2	.439	.177	4.155	.607	.338	8.478	.520	.244	5.726	.444	.187	4.355

注：1. 所有 β 值与模型的 F 值均在 1% 水平下显著。2. 控制变量为企业性质与企业所属行业。

2. 关注顾客需求在企业质量文化影响企业绩效过程中的中介作用

对于中介效应假设进行检验的依据是温忠麟等（2004）提出的中介效应检验程序。中介效应的检验步骤如下。

（1）Step1：检验自变量对因变量是否具有显著作用，若不显著则停止检验。由表 16－6 可以看出，企业质量文化的 4 个衡量指标对企业绩效的 4 个衡量指标均具有显著作用。

（2）Step2：包括依次进行的两个检验，即 Step2－1 和 Step2－2。Step2－1：检验自变量对中介变量的作用是否显著。本研究即检验企业质量文化对关注顾客需求的作用是否显著。Step2－2：检验当自变量和中介变量同时进入对因变量的回归方程中时，中介变量的作用是否显著。本研究即检验当企业质量文化和关注顾客需求同时进入对企业绩效的回归方程中时，关注顾客需求的作用是否显著。

（3）Step3：若 Step2 的两个检验结果均显著，则证明存在中介效应。若自变量和中介变量同时进入回归方程后自变量仍然显著，则为部分中介效应；若自变量不再显著，则为完全中介效应。

（4）Step4：若在 Step2 的两个检验结果中至少一个不显著，则进行 Sobel 检验。若 Sobel 检验结果显著就表明中介效应显著，否则不显著。

对关注顾客需求的中介作用检验的分析结果见表 16－7 ~ 表 16－9。

表 16－7　关注顾客需求中介作用检验的回归分析结果 1：因变量为 NFP1

中介变量		DR1		DR2		DA1	
β	Step1	Step2－1	Step2－2	Step2－1	Step2－2	Step2－1	Step2－2
自变量：CB1	.398**	.481**	.169① .476**	.534**	.214* .345**	.581**	.111 .494**
自变量：CB2	.517**	.548**	.300** .397**	.484**	.381* .283**	.492**	.316** .408**
自变量：CD1	.498**	.468**	.301** .422**	.576**	.340** .274**	.642**	.230** .418**
自变量：CI1	.465**	.477**	.260** .431**	.560**	.304** .289**	.613**	.199** .435**

注：1. *，** 分别表示在5%，1%水平下显著。上标①表示在10%水平下显著。2. 4 个自变量对应的 Step2－2 β 的两个数据中，上面为自变量 β 值，下面为中介变量 β 值。3. 控制变量为企业性质与企业所属行业。

从表 16－7 可以看出，①企业质量文化的 4 个衡量指标对关注顾客需求的 3 个衡量指标均具有显著作用；②当企业质量文化和关注顾客需求同时进入对企业绩效 NFP1 的回归方程中时，关注顾客需求的 3 个衡量指标的作用均显著，由此证明企业质量文化对企业绩效 NFP1 的影响中存在通过关注顾客需求的中介作用；③当企业质量文化和关注顾客需求同时进入对企业绩效 NFP1 的回归方程中时，企业质量文化绝大多数衡量指标仍然显著。因此本研究认为，企业质量文化对企业绩效 NFP1 的影响中存在通过关注顾客需求的部分中介作用。

表 16－8　关注顾客需求中介作用检验的回归分析结果 2：Step2－2 β

因变量	NFP2			FP1			FP2		
中介变量	DR1	DR2	DA1	DR1	DR2	DA1	DR1	DR2	DA1
自变量：CB1	.254** .388**	.274** .311**	.180① .447**	.204* .349**	.238* .249*	0.167 .352**	.268** .354**	.294** .271**	.304** .231*
自变量：CB2	.430** .280**	.468** .239**	.408** .358**	.444** .211*	.486** .152①	.442** .239**	.484** .225*	.516** .188*	.532** .154①

续表

因变量	NFP2			FP1			FP2		
中介变量	DR1	DR2	DA1	DR1	DR2	DA1	DR1	DR2	DA1
自变量：CD1	.425**	.453**	.362**	.361**	.403**	.339**	.373**	.401**	.428**
	.318**	.210*	.330**	.284**	.157	.241*	.314**	.208*	.144
自变量：CI1	.285**	.303**	.201*	.280**	.318**	.247*	.278**	.301**	.315**
	.371**	.285**	.426**	.311**	.198①	.295**	.347**	.256*	.211①

注：1. *，** 分别表示在5%，1%水平下显著。上标①表示在10%水平下显著。2. 4 个自变量对应的 Step2 - 2 β 的两个数据中，上面为自变量 β 值，下面为中介变量 β 值。3. 控制变量为企业性质与企业所属行业。

从表 16 - 8 可以看出，①与 NFP1 相似，当企业质量文化和关注顾客需求同时进入对企业绩效 NFP2 的回归方程中时，关注顾客需求的 3 个衡量指标的作用均显著，企业质量文化所有衡量指标仍然显著，因此，企业质量文化对企业绩效 NFP2 的影响中存在通过关注顾客需求的部分中介作用；②与非财务绩效指标 NFP1、NFP2 不同，当企业质量文化和关注顾客需求同时进入对企业财务绩效 FP1、FP2 的回归方程中时，关注顾客需求的部分衡量指标的作用不显著。具体而言，在 24 个情况下有 6 个情况不显著，如检验企业质量文化 CD1 对企业绩效 FP1 的影响时，关注顾客需求的衡量指标 DR2 的作用不显著，因此需要进行中介效应检验步骤的 Step4，即进行 Sobel 检验。企业质量文化对企业财务绩效 FP1、FP2 影响中关注顾客需求中介作用检验的 Sobel 检验结果如表 16 - 9 所示。

表 16 - 9　关注顾客需求中介作用检验的分析结果：Sobel 检验结果 1

因变量	FP1			FP2		
中介变量	DR1	DR2	DA1	DR1	DR2	DA1
自变量：CB2	/	1.604	/	/	/	2.051*
自变量：CD1	/	1.520	/	/	/	1.332
自变量：CI1	/	1.850①	/	/	/	1.884①

注：* 表示在 5% 水平下显著。上标①表示在 10% 水平下显著。

从表 16 - 9 可以看出，在 6 个 Sobel 检验中有 1 个显著，即有 1 个情况证实关注顾客需求的中介作用显著存在。总体而言，企业质量文化对企业财务绩效影响中，24 个情况下有 5 个情况不存在关注顾客需求的中介作用，占比约为 21%。这说明，调研数据不能证实企业质量文化对企业财务绩效影响中关注顾客需求中介作用的显著存在。

综合表 16－7 至表 16－9 的分析可知，企业质量文化对企业非财务绩效的影响中存在通过关注顾客需求的部分中介作用，调研数据不能证实企业质量文化对企业财务绩效的影响中存在通过关注顾客需求的中介作用。因此，对于企业非财务绩效而言，研究假设 H2 成立。

3. 企业质量文化与产品质量

反映企业质量文化的各指标与反映企业产品质量的各指标的回归分析结果如表 16－10 所示。由表 16－10 可知，在控制了企业性质及其所属行业的基础上，4 个企业质量文化衡量指标与 3 个企业产品质量衡量指标之间也均存在显著的正相关关系，从而证实了企业质量文化对企业产品质量的直接正向影响。因此，假设 H3 成立。

表 16－10　企业质量文化对产品质量的直接影响分析结果

自变量		CB1			CB2			CD1			CI1		
产品质量	指标编码	β	调整后 R^2	模型 F 值	β	调整后 R^2	模型 F 值	β	调整后 R^2	模型 F 值	β	调整后 R^2	模型 F 值
	QC1	.552	.319	7.848	.596	.361	9.266	.607	.369	9.556	.629	.415	11.392
	QC2	.537	.330	8.193	.571	.359	9.193	.662	.459	13.390	.611	.419	11.526
	QP1	.454	.271	6.448	.436	.253	5.950	.537	.342	8.585	.563	.384	10.120

注：1. 所有 β 值与模型的 F 值均在 1% 水平下显著。2. 控制变量为企业性质与企业所属行业。

4. 关注顾客需求在企业质量文化影响产品质量过程中的中介作用

对关注顾客需求的中介作用检验的分析结果见表 16－11。

表 16－11　关注顾客需求中介作用检验的回归分析结果：Step2－2 β

因变量	QC1			QC2			QP1		
中介变量	DR1	DR2	DA1	DR1	DR2	DA1	DR1	DR2	DA1
自变量：CB1	.371**	.359**	.261**	.402**	.366**	.259**	.311**	.264**	.158①
	.375**	.360**	.501**	.282**	.320**	.479**	.299**	.357**	.509**

续表

因变量	QC1			QC2			QP1		
中介变量	DR1	DR2	DA1	DR1	DR2	DA1	DR1	DR2	DA1
自变量：CB2	.415**	.427**	.361**	.440**	.417**	.342**	.271**	.255**	.184*
	.331**	.350**	.479**	.240**	.318**	.465**	.303**	.375**	.512**
自变量：CD1	.441**	.423**	.312**	.557**	.532**	.425**	.416**	.367**	.250**
	.353**	.318**	.459**	.224**	.224**	.369**	.260**	.296**	.447**
自变量：CI1	.476**	.468**	.371**	.500**	.471**	.363**	.455**	.414**	.313**
	.321**	.288**	.422**	.232**	.250**	.404**	.227**	.265**	.408**

注：1. *，** 分别表示在5%，1%水平下显著。上标①表示在10%水平下显著。2. 4个自变量对应的Step2－2 β的两个数据中，上面为自变量β值，下面为中介变量β值。3. 控制变量为企业性质与企业所属行业。

从表16－11可以看出，①当企业质量文化和关注顾客需求同时进入对产品质量的回归方程中时，关注顾客需求的3个衡量指标的作用均显著，由此证明企业质量文化对产品质量的影响中存在通过关注顾客需求的中介作用；②当企业质量文化和关注顾客需求同时进入对产品的回归方程中时，企业质量文化多数衡量指标仍然显著。因此本研究认为，企业质量文化对差评的影响中存在通过关注顾客需求的部分中介作用。因此，研究假设H4成立。

四　结论与管理启示

（一）结论

企业质量文化是企业文化的重要组成部分。在文献梳理的基础上，本研究提出以关注顾客需求为中介变量的企业质量文化与企业绩效之间关系的理论框架，试图回答“企业质量文化是否会对企业绩效产生影响?”“‘以顾客为关注焦点’的质量管理原则在企业质量文化影响企业绩效的过程中是否发挥作用?”这两个问题。本研究利用“聊城市制造业企业质量管理与质量创新调查”数据，通过对118家聊城市制造业企业问卷调研数据的分析，得到以下主要结论：①企业质量文化对企业绩效有显著的直接正向影响；②关注顾客需求在企业质量文化影响企业非财务绩效的过程中发挥显著的中介作用；③企业质量文化对产品质量有显著的直接正向影响；④关注顾客需求在企业质量文化影响产品质量的过程中发挥显著的中介作用。

（二）管理启示

根据笔者近年来对聊城市制造业企业的调研情况来看，与国内总体情况类似，目前聊城市绝大多数制造业企业对企业质量文化的了解尚较浅显，并未将企业质量文化建设作为一项重要工作来抓。尽管如此，在国家质量强国战略的指引以及激烈的市场竞争压力下，越来越多的企业愈发重视质量，大大推进了企业质量相关规范和制度的制定与实施、开展质量提升与持续改进活动、重视企业质量文化建设工作。这使企业的市场占有率、企业员工满意度与产品质量等得到改善。为了更好地促进聊城市制造业企业提高绩效、提升产品质量与服务质量，结合本研究的结论提出以下管理建议：①从高层领导重视、质量制度规范的制定与执行、持续改进以及重视质量创新等角度开展企业质量文化建设；②通过多种途径加强对顾客需求的关注，如利用大数据分析顾客需求、建立有效的顾客需求搜集与处置机制等，将“以顾客为关注焦点”真正落到实处。

【聊城发展研究院、聊城大学商学院（质量学院）：刘秀红、王肖利】

图书在版编目(CIP)数据

聊城经济发展研究报告. 2018－2019 / 王志刚，马中东主编. -- 北京：社会科学文献出版社，2019.6

ISBN 978－7－5201－4937－2

Ⅰ.①聊… Ⅱ.①王… ②马… Ⅲ.①区域经济发展－研究报告－聊城－2018－2019 Ⅳ.①F127.523

中国版本图书馆 CIP 数据核字(2019)第 095987 号

聊城经济发展研究报告（2018－2019）

主　　编 / 王志刚　马中东

副 主 编 / 杨宏力　梁树广　宁朝山

出 版 人 / 谢寿光

责任编辑 / 孙以年　韩莹莹

出　　版 / 社会科学文献出版社 · 人文分社（010）59367215

地址：北京市北三环中路甲 29 号院华龙大厦　邮编：100029

网址：www.ssap.com.cn

发　　行 / 市场营销中心（010）59367081　59367083

印　　装 / 三河市龙林印务有限公司

规　　格 / 开 本：787mm × 1092mm　1/16

印 张：16　字 数：269 千字

版　　次 / 2019 年 6 月第 1 版　2019 年 6 月第 1 次印刷

书　　号 / ISBN 978－7－5201－4937－2

定　　价 / 128.00 元

本书如有印装质量问题，请与读者服务中心（010－59367028）联系